深圳学派建设丛书
(第六辑)

动产抵押法律制度研究

Study on the Legal System of Chattel Mortgage

李珏 著

中国社会科学出版社

图书在版编目（CIP）数据

动产抵押法律制度研究/李珏著. —北京：中国社会科学出版社，2019.6

（深圳学派建设丛书. 第六辑）

ISBN 978 - 7 - 5203 - 4488 - 3

Ⅰ.①动… Ⅱ.①李… Ⅲ.①动产—抵押—制度—研究—中国 Ⅳ.①D923.34

中国版本图书馆 CIP 数据核字 (2019) 第 095282 号

出 版 人	赵剑英	
责任编辑	王　茵	马　明
责任校对	任晓晓	
责任印制	王　超	

出　　版	中国社会科学出版社	
社　　址	北京鼓楼西大街甲 158 号	
邮　　编	100720	
网　　址	http://www.csspw.cn	
发 行 部	010 - 84083685	
门 市 部	010 - 84029450	
经　　销	新华书店及其他书店	
印　　刷	北京明恒达印务有限公司	
装　　订	廊坊市广阳区广增装订厂	
版　　次	2019 年 6 月第 1 版	
印　　次	2019 年 6 月第 1 次印刷	
开　　本	710×1000　1/16	
印　　张	17	
插　　页	2	
字　　数	249 千字	
定　　价	69.00 元	

凡购买中国社会科学出版社图书，如有质量问题请与本社营销中心联系调换
电话：010 - 84083683
版权所有　侵权必究

《深圳学派建设丛书》
编委会

顾　　问：王京生

主　　任：李小甘　吴以环

执行主任：陈金海　吴定海

总序：学派的魅力

王京生[*]

学派的星空

在世界学术思想史上，曾经出现过浩如繁星的学派，它们的光芒都不同程度地照亮人类思想的天空，像米利都学派、弗莱堡学派、法兰克福学派等，其人格精神、道德风范一直为后世所景仰，其学识与思想一直成为后人引以为据的经典。就中国学术史而言，不断崛起的学派连绵而成群山之势，并标志着不同时代的思想所能达到的高度。自晚明至晚清，是中国学术尤为昌盛的时代，而正是在这个时代，学派性的存在也尤为活跃，像陆王学派、吴学、皖学、扬州学派等。但是，学派辈出的时期还应该首推古希腊和春秋战国时期，古希腊出现的主要学派就有米利都学派、毕达哥拉斯学派、埃利亚学派、犬儒学派；而儒家学派、黄老学派、法家学派、墨家学派、稷下学派等，则是春秋战国时期学派鼎盛的表现，百家之中几乎每家就是一个学派。

综观世界学术思想史，学派一般都具有如下特征：

其一，有核心的代表人物，以及围绕着这些核心人物所形成的特定时空的学术思想群体。德国19世纪著名的历史学家兰克既是影响深远的兰克学派的创立者，也是该学派的精神领袖，他在柏林大学长期任教期间培养了大量的杰出学者，形成了声势浩大的学术势力，兰克本人也一度被尊为欧洲史学界的泰斗。

其二，拥有近似的学术精神与信仰，在此基础上形成某种特定的学术风气。清代的吴学、皖学、扬学等乾嘉诸派学术，以考据为

---

[*] 王京生，现任国务院参事。

治学方法，继承古文经学的训诂方法而加以条理发明，用于古籍整理和语言文字研究，以客观求证、科学求真为旨归，这一学术风气也因此成为清代朴学最为基本的精神特征。

其三，由学术精神衍生出相应的学术方法，给人们提供了观照世界的新的视野和新的认知可能。产生于20世纪60年代、代表着一种新型文化研究范式的英国伯明翰学派，对当代文化、边缘文化、青年亚文化的关注，尤其是对影视、广告、报刊等大众文化的有力分析，对意识形态、阶级、种族、性别等关键词的深入阐释，无不为我们认识瞬息万变的世界提供了丰富的分析手段与观照角度。

其四，由上述三点所产生的经典理论文献，体现其核心主张的著作是一个学派所必需的构成因素。作为精神分析学派的创始人，弗洛伊德所写的《梦的解析》等，不仅成为精神分析理论的经典著作，而且影响广泛并波及人文社科研究的众多领域。

其五，学派一般都有一定的依托空间，或是某个地域，或是像大学这样的研究机构，甚至是有着自身学术传统的家族。

学派的历史呈现出交替嬗变的特征，形成了自身发展规律：

其一，学派出现往往暗合了一定时代的历史语境及其"要求"，其学术思想主张因而也具有非常明显的时代性特征。一旦历史条件发生变化，学派的内部分化甚至衰落将不可避免，尽管其思想遗产的影响还会存在相当长的时间。

其二，学派出现与不同学术群体的争论、抗衡及其所形成的思想张力紧密相关，它们之间的"势力"此消彼长，共同勾勒出人类思想史波澜壮阔的画面。某一学派在某一历史时段"得势"，完全可能在另一历史时段"失势"。各领风骚若干年，既是学派本身的宿命，也是人类思想史发展的"大幸"：只有新的学派不断涌现，人类思想才会不断获得更为丰富、多元的发展。

其三，某一学派的形成，其思想主张都不是空穴来风，而有其内在理路。例如，宋明时期陆王心学的出现是对程朱理学的反动，但其思想来源却正是前者；清代乾嘉学派主张朴学，是为了反对陆王心学的空疏无物，但二者之间也建立了内在关联。古希腊思想作为欧洲思想发展的源头，使后来西方思想史的演进，几乎都可看作对它的解释与演绎,"西方哲学史都是对柏拉图思想的演绎"的极端说法,却也说出了部分的真实。

其四,强调内在理路,并不意味着对学派出现的外部条件重要性的否定;恰恰相反,外部条件有时对于学派的出现是至关重要的。政治的开明、社会经济的发展、科学技术的进步、交通的发达、移民的会聚等,都是促成学派产生的重要因素。名噪一时的扬州学派,就直接得益于富甲一方的扬州经济与悠久而发达的文化传统。综观中国学派出现最多的明清时期,无论是程朱理学、陆王心学,还是清代的吴学、皖学、扬州学派、浙东学派,无一例外都是地处江南(尤其是江浙地区)经济、文化、交通异常发达之地,这构成了学术流派得以出现的外部环境。

学派有大小之分,一些大学派又分为许多派别。学派影响越大分支也就越多,使得派中有派,形成一个学派内部、学派之间相互切磋与抗衡的学术群落,这可以说是纷纭繁复的学派现象的一个基本特点。尽管学派有大小之分,但在人类文明进程中发挥的作用却各不相同,有积极作用,也有消极作用。例如,法国百科全书派破除中世纪以来的宗教迷信和教会黑暗势力的统治,成为启蒙主义的前沿阵地与坚强堡垒;罗马俱乐部提出的"增长的极限""零增长"等理论,对后来的可持续发展、协调发展、绿色发展等理论与实践,以及联合国通过的一些决议,都产生了积极影响;而德国人文地理学家弗里德里希·拉采尔所创立的人类地理学理论,宣称国家为了生存必须不断扩充地域、争夺生存空间,后来为法西斯主义所利用,起了相当大的消极作用。

学派的出现与繁荣,预示着一个国家进入思想活跃的文化大发展时期。被司马迁盛赞为"盛处士之游,壮学者之居"的稷下学宫,之所以能成为著名的稷下学派之诞生地、战国时期百家争鸣的主要场所与最负盛名的文化中心,重要原因就是众多学术流派都活跃在稷门之下,各自的理论背景和学术主张尽管各有不同,却相映成趣,从而造就了稷下学派思想多元化的格局。这种"百氏争鸣、九流并列、各尊所闻、各行所知"的包容、宽松、自由的学术气氛,不仅推动了社会文化的进步,而且也引发了后世学者争论不休的话题，中国古代思想在这里得到了极大发展，迎来了中国思想文化史上的黄金时代。而从秦朝的"焚书坑儒"到汉代的"独尊儒术"，百家争鸣局面便不复存在，思想禁锢必然导致学派衰落，国家文化发展也必将受到极大的制约与影响。

深圳的追求

在中国打破思想的禁锢和改革开放 30 多年这样的历史背景下，随着中国经济的高速发展以及在国际上的和平崛起，中华民族伟大复兴的中国梦正在进行。文化是立国之根本，伟大的复兴需要伟大的文化。树立高度的文化自觉，促进文化大发展大繁荣，加快建设文化强国，中华文化的伟大复兴梦想正在逐步实现。可以预期的是，中国的学术文化走向进一步繁荣的过程中，具有中国特色的学派也将出现在世界学术文化的舞台上。

从 20 世纪 70 年代末真理标准问题的大讨论，到人生观、文化观的大讨论，再到 90 年代以来的人文精神大讨论，以及近年来各种思潮的争论，凡此种种新思想、新文化，已然展现出这个时代在百家争鸣中的思想解放历程。在与日俱新的文化转型中，探索与矫正的交替进行和反复推进，使学风日盛、文化昌明，在很多学科领域都出现了彼此论争和公开对话，促成着各有特色的学术阵营的形成与发展。

一个文化强国的崛起离不开学术文化建设，一座高品位文化城市的打造同样也离不开学术文化的发展。学术文化是一座城市最内在的精神生活，是城市智慧的积淀，是城市理性发展的向导，是文化创造力的基础和源泉。学术是不是昌明和发达，决定了城市的定位、影响力和辐射力，甚至决定了城市的发展走向和后劲。城市因文化而有内涵，文化因学术而有品位，学术文化已成为现代城市智慧、思想和精神高度的标志和"灯塔"。

凡工商发达之处，必文化兴盛之地。深圳作为我国改革开放的"窗口"和"排头兵"，是一个商业极为发达、市场化程度很高的城市，移民社会特征突出、创新包容氛围浓厚、民主平等思想活跃、信息交流的"桥头堡"地位明显，是具有形成学派可能性的地区之一。在创造工业化、城市化、现代化发展奇迹的同时,深圳也创造了文化跨越式发展的奇迹。文化的发展既引领着深圳的改革开放和现代化进程,激励着特区建设者艰苦创业,也丰富了广大市民的生活,提升了城市品位。

如果说之前的城市文化还处于自发性的积累期,那么进入21世纪以来,深圳文化发展则日益进入文化自觉的新阶段:创新文化发展理念,实施"文化立市"战略,推动"文化强市"建设,提升文化软实力,争当全国文化改革发展"领头羊"。自2003年以来,深圳文化发展亮点纷呈、硕果累累:荣获联合国教科文组织"设计之都""全球全民阅读典范城市"称号,原创大型合唱交响乐《人文颂》在联合国教科文组织巴黎总部成功演出,被国际知识界评为"杰出的发展中的知识城市",三次荣获"全国文明城市"称号,四次被评为"全国文化体制改革先进地区","深圳十大观念"影响全国,《走向复兴》《我们的信念》《中国之梦》《迎风飘扬的旗》《命运》等精品走向全国,深圳读书月、市民文化大讲堂、关爱行动、创意十二月等品牌引导市民追求真善美,图书馆之城、钢琴之城、设计之都等"两城一都"高品位文化城市正成为现实。

城市的最终意义在于文化。在特区发展中,"文化"的地位正发生着巨大而悄然的变化。这种变化首先还不在于大批文化设施的兴建、各类文化活动的开展与文化消费市场的繁荣,而在于整个城市文化地理和文化态度的改变,城市发展思路由"经济深圳"向"文化深圳"转变。这一切都源于文化自觉意识的逐渐苏醒与复活。文化自觉意味着文化上的成熟,未来深圳的发展,将因文化自觉意识的强化而获得新的发展路径与可能。

与国内外一些城市比起来,历史文化底蕴不够深厚、文化生态不够完善等仍是深圳文化发展中的弱点,特别是学术文化的滞后。近年来,深圳在学术文化上的反思与追求,从另一个层面构成了文化自觉的逻辑起点与外在表征。显然,文化自觉是学术反思的扩展与深化,从学术反思到文化自觉,再到文化自信、自强,无疑是文化主体意识不断深化乃至确立的过程。大到一个国家和小到一座城市的文化发展皆是如此。

从世界范围看，伦敦、巴黎、纽约等先进城市不仅云集大师级的学术人才，而且有活跃的学术机构、富有影响的学术成果和浓烈的学术氛围，正是学术文化的繁盛才使它们成为世界性文化中心。可以说，学术文化发达与否，是国际化城市不可或缺的指标，并将最终决定一个城市在全球化浪潮中的文化地位。城市发展必须在学术文化层面有所积累和突破，否则就缺少根基，缺少理念层面的影响，缺少自我反省的能力，就不会有强大的辐射力，即使有一定的辐射力，其影响也只是停留于表面。强大的学术文化，将最终确立一种文化类型的主导地位和城市的文化声誉。

近年来，深圳在实施"文化立市"战略、建设"文化强市"过程中鲜明提出：大力倡导和建设创新型、智慧型、力量型城市主流文化，并将其作为城市精神的主轴以及未来文化发展的明确导向和基本定位。其中，智慧型城市文化就是以追求知识和理性为旨归，人文气息浓郁，学术文化繁荣，智慧产出能力较强，学习型、知识型城市建设成效卓著。深圳要建成有国际影响力的智慧之城，提高文化软实力，学术文化建设是其最坚硬的内核。

经过30多年的积累，深圳学术文化建设初具气象，一批重要学科确立，大批学术成果问世，众多学科带头人涌现。在中国特色社会主义理论、经济特区研究、港澳台经济、文化发展、城市化等研究领域产生了一定影响；学术文化氛围已然形成，在国内较早创办以城市命名的"深圳学术年会"，举办了"世界知识城市峰会"等一系列理论研讨会。尤其是《深圳十大观念》等著作的出版，更是对城市人文精神的高度总结和提升，彰显和深化了深圳学术文化和理论创新的价值意义。

而"深圳学派"的鲜明提出，更是寄托了深圳学人的学术理想和学术追求。1996年最早提出"深圳学派"的构想；2010年《深圳市委市政府关于全面提升文化软实力的意见》将"推动'深圳学派'建设"载入官方文件；2012年《关于深入实施文化立市战略建设文化强市的决定》明确提出"积极打造'深圳学派'"；2013年出台实施《"深圳学派"建设推进方案》。一个开风气之先、引领思想潮流的"深圳学派"正在酝酿、构建之中，学术文化的春天正向这座城市走来。

"深圳学派"概念的提出，是中华文化伟大复兴和深圳高质量发展的重要组成部分。竖起这面旗帜，目的是激励深圳学人为自己的学术梦想而努力，昭示这座城市尊重学人、尊重学术创作的成果、尊重所有的文化创意。这是深圳 30 多年发展文化自觉和文化自信的表现，更是深圳文化流动的结果。因为只有各种文化充分流动碰撞，形成争鸣局面，才能形成丰富的思想土壤，为"深圳学派"的形成创造条件。

深圳学派的宗旨

构建"深圳学派"，表明深圳不甘于成为一般性城市，也不甘于仅在世俗文化层面上造成一点影响，而是要面向未来中华文明复兴的伟大理想，提升对中国文化转型的理论阐释能力。"深圳学派"从名称上看，是地域性的，体现城市个性和地缘特征；从内涵上看，是问题性的，反映深圳在前沿探索中遇到的主要问题；从来源上看，"深圳学派"没有明确的师承关系，易形成兼容并蓄、开放择优的学术风格。因而，"深圳学派"建设的宗旨是"全球视野，民族立场，时代精神，深圳表达"。它浓缩了深圳学术文化建设的时空定位，反映了对学界自身经纬坐标的全面审视和深入理解，体现了城市学术文化建设的总体要求和基本特色。

一是"全球视野"：反映了文化流动、文化选择的内在要求，体现了深圳学术文化的开放、流动、包容特色。它强调要树立世界眼光，尊重学术文化发展内在规律，贯彻学术文化转型、流动与选择辩证统一的内在要求，坚持"走出去"与"请进来"相结合，推动深圳与国内外先进学术文化不断交流、碰撞、融合，保持旺盛活力，构建开放、包容、创新的深圳学术文化。

文化的生命力在于流动，任何兴旺发达的城市和地区一定是流动文化最活跃、最激烈碰撞的地区，而没有流动文化或流动文化很少光顾的地区，一定是落后的地区。文化的流动不断催生着文化的分解和融合，推动着文化新旧形式的转换。在文化探索过程中，唯一需要坚持的就是敞开眼界、兼容并蓄、海纳百川，尊重不同文化的存在和发展，推动多元文化的融合发展。中国近现代史的经验反复证明，闭关锁国的文化是窒息的文化，对外开放的文化才是充满生机活力的文化。学术文化也是如此，只有体现"全球视野"，才能融入全球思想和话语体系。因此，"深圳学派"的研究对象不是局限于一国、一城、一地，而是在全球化背景下，密切关注国际学术前沿问题，并把中国尤其是深圳的改革发展置于人类社会变革和文化变迁的大背景下加以研究，具有宽广的国际视野和鲜明的民族特色，体现开放性甚至是国际化特色，也融合跨学科的交叉和开放。

二是"民族立场"：反映了深圳学术文化的代表性，体现了深圳在国家战略中的重要地位。它强调要从国家和民族未来发展的战略出发，树立深圳维护国家和民族文化主权的高度责任感、使命感、紧迫感。加快发展和繁荣学术文化，尽快使深圳在学术文化领域跻身全球先进城市行列，早日占领学术文化制高点，推动国家民族文化昌盛，助力中华民族早日实现伟大复兴。

任何一个大国的崛起，不仅伴随经济的强盛，而且伴随文化的昌盛。文化昌盛的一个核心就是学术思想的精彩绽放。学术的制高点，是民族尊严的标杆，是国家文化主权的脊梁；只有占领学术制高点，才能有效抵抗文化霸权。当前，中国的和平崛起已成为世界的最热门话题之一，中国已经成为世界第二大经济体，发展速度为世界刮目相看。但我们必须清醒地看到，在学术上，我们还远未进入世界前列，特别是还没有实现与第二大经济体相称的世界文化强国的地位。这样的学术境地不禁使我们扪心自问，如果思想学术得不到世界仰慕，中华民族何以实现伟大复兴？在这个意义上，深圳和全国其他地方一样，学术都是短板，与经济社会发展不相匹配。而深圳作为排头兵，肩负了为国家、为民族文化发展探路的光荣使命，尤感责任重大。深圳的学术立场不能仅限于一隅，而应站在全国、全民族的高度。

三是"时代精神"：反映了深圳学术文化的基本品格，体现了深圳学术发展的主要优势。它强调要发扬深圳一贯的"敢为天下先"的精神，突出创新性，强化学术攻关意识，按照解放思想、实事求是、求真务实、开拓创新的总要求，着眼人类发展重大前沿问题，特别是重大战略问题、复杂问题、疑难问题，着力创造学术文化新成果，以新思想、新观点、新理论、新方法、新体系引领时代学术文化思潮。

党的十八大提出了完整的社会主义核心价值观，这是当今中国时代精神的最权威、最凝练表达，是中华民族走向复兴的兴国之魂，是中国梦的核心和鲜明底色，也应该成为"深圳学派"进行研究和探索的价值准则和奋斗方向。其所熔铸的中华民族生生不息的家国情怀，无数仁人志士为之奋斗的伟大目标和每个中国人对幸福生活的向往，是"深圳学派"的思想之源和动力之源。

创新，是时代精神的集中表现，也是深圳这座先锋城市的第一标志。深圳的文化创新包含了观念创新，利用移民城市的优势，激发思想的力量，产生了一批引领时代发展的深圳观念；手段创新，通过技术手段创新文化发展模式，形成了"文化+科技""文化+金融""文化+旅游""文化+创意"等新型文化业态；内容创新，以"内容为王"提升文化产品和服务的价值，诞生了华强文化科技、腾讯、华侨城等一大批具有强大生命力的文化企业，形成了读书月等一大批文化品牌；制度创新，充分发挥市场的作用，不断创新体制机制，激发全社会的文化创造活力，从根本上提升城市文化的竞争力。"深圳学派"建设也应体现出强烈的时代精神，在学术课题、学术群体、学术资源、学术机制、学术环境方面迸发出崇尚创新、提倡包容、敢于担当的活力。"深圳学派"需要阐述和回答的是中国改革发展的现实问题，要为改革开放的伟大实践立论、立言，对时代发展作出富有特色的理论阐述。它以弘扬和表达时代精神为己任，以理论创新为基本追求，有着明确的文化理念和价值追求，不局限于某一学科领域的考据和论证，而要充分发挥深圳创新文化的客观优势，多视角、多维度、全方位地研究改革发展中的现实问题。

四是"深圳表达"：反映了深圳学术文化的个性和原创性，体现了深圳使命的文化担当。它强调关注现实需要和问题，立足深圳实际，着眼思想解放、提倡学术争鸣，注重学术个性、鼓励学术原创、不追求完美、不避讳瑕疵，敢于并善于用深圳视角研究重大前沿问题，用深圳话语表达原创性学术思想，用深圳体系发表个性化学术理论，构建具有深圳风格和气派的学术文化。

称为"学派"就必然有自己的个性、原创性，成一家之言，勇于创新、大胆超越，切忌人云亦云、没有反响。一般来说，学派的诞生都伴随着论争，在论争中学派的观点才能凸显出来，才能划出自己的阵营和边际，形成独此一家、与众不同的影响。"深圳学派"依托的是改革开放前沿，有着得天独厚的文化环境和文化氛围，因此不是一般地标新立异，也不会跟在别人后面，重复别人的研究课题和学术话语，而是要以改革创新实践中的现实问题研究作为理论创新的立足点，作出特色鲜明的理论表述，发出与众不同的声音，充分展现特区学者的理论勇气和思想活力。当然，"深圳学派"要把深圳的物质文明、精神文明和制度文明作为重要的研究对象，但不等于言必深圳，只囿于深圳的格局。思想无禁区、学术无边界，"深圳学派"应以开放心态面对所有学人，严谨执着，放胆争鸣，穷通真理。

狭义的"深圳学派"属于学术派别，当然要以学术研究为重要内容；而广义的"深圳学派"可看成"文化派别"，体现深圳作为改革开放前沿阵地的地域文化特色，因此除了学术研究，还包含文学、美术、音乐、设计创意等各种流派。从这个意义上说，"深圳学派"尊重所有的学术创作成果，尊重所有的文化创意，不仅是哲学社会科学，还包括自然科学、文学艺术等。

"寄言燕雀莫相唉，自有云霄万里高。"学术文化是文化的核心，决定着文化的质量、厚度和发言权。我们坚信，在建设文化强国、实现文化复兴的进程中，植根于中华文明深厚沃土、立足于特区改革开放伟大实践、融汇于时代潮流的"深圳学派"，一定能早日结出硕果，绽放出盎然生机！

前　言

"法律是治国之重器，良法是善治之前提。"党的十八届四中全会进一步明确了全面依法治国在中国法治史上具有重大的里程碑意义。它的全会公报将良法作为善治的前提写进决议，极具开创意义。全会公报还进一步指出中国立法的重要性及存在问题，"建设中国特色社会主义法治体系，必须坚持立法先行，发挥立法的引领和推动作用，抓住提高立法质量这个关键"。"法治建设还存在许多不适应、不符合的问题，主要表现为：有的法律法规未能全面反映客观规律和人民意愿，针对性、可操作性不强"等问题。党的十九大报告是划时代的报告，它指出，"经过长期努力，中国特色社会主义进入了新时代，这是我国发展新的历史方位"。报告中再次强调"坚持全面依法治国。全面依法治国是中国特色社会主义的本质要求和重要保障"。我们可以看到，习近平新时代中国特色社会主义思想的发展及定位，总目标是建设中国特色社会主义法治体系。建设中国特色社会主义法治体系，就必须更加完善中国特色社会主义法律体系。社会主义市场经济本质上是法治经济。社会主义市场经济的发展，离不开中国特色社会主义法治保障，离不开法律体系的完善，也就更加需要科学的立法活动以回应市场经济发展实践。

动产抵押制度，乃是民法具体制度，它是对传统担保物权体系的颠覆，而担保物权作为物权法体系的重要组成部分，对促进资金融通和商品流通，保障债权的实现，推动经济的发展起着举足轻重的作用。中国《物权法》虽然承认了动产抵押制度，但从整体来看，动产抵押有关立法还比较粗糙，有些地方亟须细化，甚至有些地方还有错误，难以发挥该制度的功能，无法平衡动产担保交易人的利益,保障交易安全。因此,动产抵押制度研究,对于物权法乃至民法的研究极具理论意义和实践意义。在理论上,有利于建立更为合理的动产抵押制度,从而推进民法基础理论的深入发展。在实践上,指导司法实践,动产抵押其应用最为广泛的领域即是银行抵押贷款,研究这一理论有利于防范金融风险,确保担保债权的实现。

综上所述,无论是从理论上还是实践上,都有必要对动产抵押法律制度进行深入研究。笔者也正是因为有此信念,才决心花大力气深入研究动产抵押,以期在新时代全面建设法治国家之时,对中国担保制度的发展及对中国民法的发展尽一份绵薄之力。也希望这一研究能够起到抛砖引玉的效果,以共同推进动产抵押法律制度学术研究的发展,进而推进市场经济领域动产抵押的实务开展。

目 录

绪 论 ·· （1）
 一 问题的提出与研究目的 ··· （1）
 二 研究方法 ·· （3）
 三 研究思路 ·· （5）
 四 研究范围与框架 ··· （6）

第一章 动产抵押概说 ··· （7）
 一 动产抵押的界定 ··· （7）
 二 动产抵押制度的历史发展 ·· （17）
 三 动产抵押在各国的立法现状 ······································· （19）
 四 小结 ·· （23）

第二章 动产抵押制度取舍分析 ·· （31）
 一 动产抵押制度功能分析 ··· （31）
 二 影响动产抵押制度功能发挥的根源 ······························ （40）
 三 让与担保能否取代动产抵押 ······································· （46）
 四 小结 ·· （53）

第三章 动产抵押公示方式的选择 ····································· （62）
 一 动产抵押公示方式的立法例 ······································· （62）
 二 改革现有公示方式的必要性 ······································· （66）
 三 改革动产抵押公示方式设想 ······································· （70）
 四 小结 ·· （83）

第四章　动产抵押设定辨析 …………………………………（97）
　　一　动产抵押的设立行为是物权行为还是债权行为 ………（98）
　　二　动产抵押的设立行为是要式行为还是非要式行为 ……（102）
　　三　动产抵押的公示是登记生效主义还是
　　　　登记对抗主义 …………………………………………（109）
　　四　动产抵押的标的物范围是限制主义还是
　　　　非限制主义 ……………………………………………（118）
　　五　动产抵押权的善意取得 ………………………………（129）
　　六　小结 ……………………………………………………（130）

第五章　动产抵押效力探究 …………………………………（144）
　　一　动产抵押的一般效力 …………………………………（144）
　　二　抵押权人与第三人利益的冲突与协调 ………………（153）
　　三　抵押人与抵押权人、第三人利益的冲突与协调 ……（163）
　　四　动产抵押权对抵押物的效力范围 ……………………（166）
　　五　动产抵押担保债权的范围 ……………………………（175）
　　六　小结 ……………………………………………………（179）

第六章　动产抵押权的冲突与实现 …………………………（195）
　　一　受让人的所有权与动产抵押权的冲突 ………………（195）
　　二　双重抵押权的次序问题 ………………………………（200）
　　三　动产抵押权与质权的冲突问题 ………………………（203）
　　四　动产抵押权与留置权的冲突问题 ……………………（206）
　　五　动产抵押权的实现 ……………………………………（212）
　　六　小结 ……………………………………………………（219）

结　论 ……………………………………………………………（237）

参考文献 ………………………………………………………（243）

后　记 ……………………………………………………………（251）

绪　论

一　问题的提出与研究目的

　　近现代社会，随着商品经济的发展，与商品经济社会相适应的法律制度随之完善。商品经济实质上是交易经济，财产的归属与财产的流转至关重要。财产的交换主要是通过契约来完成，因此，债权制度具有重要意义，正如日本学者我妻荣先生曾指出的，债权在近现代社会处于优越地位。债权具有平等性，不具有优先效力；债权是请求权，只能要求对方当事人履行债务，一旦对方当事人陷入破产状态或无力清偿债务，债权人的债权就难以实现。由于债权的特性，为了保障债权的实现，创立了债的担保制度。世界上大多数国家都有债的担保制度，通过在债务人或第三人的财产上设定担保物权，可以对该担保物实行优先权，从而担保债权的实现。担保物权的类型主要有抵押权、质权、留置权，而抵押素有"担保之王"的美誉。

　　传统担保物权，抵押权的标的主要是不动产，不动产一般价值比较大，不能移动，不动产物权变动通过登记的方式，不需要移转占有；质押权的标的一般是动产，动产物权的变动一般是采用移转占有的方式。动产的价值一般比较小，并需要把标的物交付给质权人，而质权人虽然占有着标的物但不能随意处分，只能等到债务人不能清偿到期债务时才能行使担保物权，由于所有权人失去了对标的物的占有实际上并不能对标的物使用、处分。正因如此，浪费了社会的资源，不能发挥物尽其用的价值。许多国家通过改革担保物权制度，以适应社会经济发展的需要，如，动产抵押权的创设，美国《动产担保交易法》建立了动产担保制度，等等。

虽然很多国家都制定了动产抵押制度，但是，在动产抵押的标的物范围、动产抵押的设定与公示方式、动产抵押权的效力、动产抵押权的实现等方面立法和学理上都有争议，如何规范动产抵押制度值得研究。

当前社会，世界上大多数国家基本上实行的都是市场经济体制，市场交易中货币资金非常重要，它贯穿于生产、分配、交换、消费等经济生活的各个环节，离开货币资金就无法完成上述经济活动，因而金融也逐渐成为市场经济的核心。资金融通最经常的方式莫过于借贷，银行即是专门从事货币资金的融通的机构，通过吸收公众存款，向需要使用货币资金的人发放贷款，从而完成相应金融服务。银行贷款，是银行与贷款人之间形成的债权债务关系，如果贷款人不偿还借款或无力偿还，银行的债权即无法实现，可能危害到银行的债权人即广大存款人的利益，严重的情况，可能导致金融危机的爆发。因此，一般情况下银行贷款都要求贷款人提供担保，以保障债权的实现。经过几次金融危机，各国也在逐渐完善本国的金融法制。所以，对于银行贷款尤其要防范风险的发生。如果动产抵押被广泛应用于银行借款担保，而在动产抵押制度不完备的情况下，势必导致债权人受到危害，严重的可能会酿成银行出现大量呆账、坏账，甚至引发银行破产倒闭，对社会金融安全带来隐患。所以，在引入动产抵押制度时要本着小心谨慎的态度，以确保交易安全。

就"担保之王"抵押而言，可以用来抵押的标的物从不动产逐渐扩至动产。我国 2007 年颁布的《物权法》也规定了动产抵押制度，但是我国的动产抵押制度还不够完善，在动产抵押的公示方式、公示效力上还存在潜在风险，在设定抵押的标的范围上还不够明确，在动产抵押法律关系中对各方当事人利益的保护，尤其是对抵押权人和交易第三人的效力还需要进一步探讨等。所以，有必要对动产抵押的基本原理重新梳理，对现有的动产抵押制度进行重新审视，以求能够建立一个完善的动产抵押制度，发挥法律制度促进社会进步、保护交易人利益的目的。本书即是探讨动产抵押的制度，研究动产抵押制度的功能，有没有必要建立动产抵押制度，动产抵押制度本身存在的缺陷，如何对它的固有缺陷进行弥补，并重点研究动产抵押制度的基本内容即动产抵押的公示、动产抵押的设定、动产抵押的范围、动产抵押的效力以及动产抵押权的实现问题。目的在于建立一个完备的动产抵押制度，发挥动产担保的功能，保障动产担保顺利进行，降低交易风险，促进我国社会主义市场经济的健康发展。

全面研究动产抵押制度，对防范动产抵押制度所带来的风险，以及对我国动产抵押制度的完善，有着重要的理论意义和实践意义。

理论意义：本书试图通过研究动产抵押制度的历史发展状况和国内外有关动产抵押的立法例，依据民法的一般法理，重新审视动产抵押制度，研究这一课题有利于民法基本理论的深入发展，有利于建立更为合理的动产抵押制度。

实践意义：动产抵押制度应用最为广泛的领域即是银行抵押贷款，研究动产抵押的基本制度有利于防范金融风险，确保担保债权的实现，对我国社会主义市场经济的发展也会起着保护和推动作用。研究本课题，可以指导立法工作，也可以指导司法实践工作。

二 研究方法

对于科学研究来说，用于研究的方法本身是否科学和正确，是决定研究活动成败的关键因素。因而各学科都特别重视研究的方法和方法的研究。法学的研究方法是多种多样的，在众多的具体研究方法中，有一些方法在揭示法律现象的矛盾特殊性方面发挥着特别重要的作用或者在法学各分支学科中具有普遍的适用性，这些方法便构成了法学研究的基本方法。动产抵押制度，乃是民法中一具体制度，对动产抵押的研究需要利用民法的基本研究方法，并结合动产抵押的特殊性，采取多种有效方法对其研究，才能更好地研究动产抵押这一法律现象。本书主要采取了以下几种研究方法。

（一）历史分析方法

任何一个制度都有其缘起的背景和发展的历程，通过回顾其历史，可以更好地观察该制度的成因和意义，总结历史上的经验教训。动产抵押制度的产生有着特定的社会历史背景，通过分析动产抵押制度形成的原因，可以探寻该制度的意义和价值，为动产抵押制度寻找历史依据，并为进一步研究动产抵押制度做好铺垫。

（二）比较分析方法

比较分析方法，是以法律规则为中心，通过比较各国和地区的相关制度的异同，探寻相似之处和差别，为本国该问题的解决和制度建设提供借鉴。为了担保债权的实现，各国和地区基本上都有担保法律规则，但是以动产进行抵押还是各有不同，即便是建立起动产抵押制度的国家，具体规则还是有差异。当然，一个国家的法律制度，与其民族精神、社会价值、政治、经济、文化等都是有密切联系的，通过对各国和地区动产抵押立法例的比较，分析其优越的一面和不足之处，探寻其他国家和地区的优良制度，为我所用。比较分析方法，可以开阔我们的视野，为解决相似问题提供思路，学习先进的理论和立法经验，也是法律后进国家快速赶超先进国家的一种途径。

（三）价值分析方法

价值分析是从应当如何的角度进行评价研究。法律本身就是一套价值判断标准，研究法律必然意味着要对各种利益和行为的是非善恶做出判断，甚至可能要对法律本身做出肯定或否定的评价。动产抵押，是建立在动产之上的抵押权，目的是担保债权的实现，必然要照顾到交易的效率价值和安全价值，也应该充分尊重私法自治的精神和公平原则。在对各国和地区动产抵押制度进行评判时，也离不开效率和安全的价值准则，在具体设计动产抵押制度时，更应以效率和安全价值为指导。本书在对动产抵押进行研究时，充分尊重了私法自治的精神，把公平、效率、安全的价值运用到动产抵押制度的每一个环节。

（四）利益衡量的方法

利益衡量的方法，来源于西方的利益法学，利益法学强调法律的目的在于谋求社会利益，认为法律不过是立法者为解决各种利益冲突而定出的一些原则。利益衡量方法也逐渐在司法实践中广泛运用，成为法官审判案件，解释法律的一种重要方法，法官根据具体案情，找出各种冲突的利益，进行衡量，平衡冲突的利益关系，做出裁判。法律规则也就是要解决各种冲突和纠纷，定分止争，尤其民法，民事权利本质上就是一种利益，发生利益冲突时，如何让利益平衡显得非常重要。动产抵押法律关系中，也会牵涉到抵押人、抵押权人、第三人的利益冲突与平衡的问题，运用利益衡量的方法来研究这一问题，有利于合理安排各方当事人的权利，以使得动产抵押制度能够更好地发挥社会价值。

（五）实证研究的方法

实证分析方法的主要特点就是通过对经验事实的观察和分析来建立和检验各种理论命题。所谓经验事实，指的是可以通过人们的直接观察或间接观察被发现和确定的事实因素。动产抵押制度就是解决传统的动产质押不能满足社会日益增长的融资需求而产生的制度，但是动产是以占有为公示方式，传统的抵押权是设定在不动产之上，以登记为其公示方式，把动产与抵押结合起来，在法律逻辑上如何使其融洽衔接，是动产抵押能否发生制度功能的关键。因此，通过对有关动产抵押在社会应用中出现问题的考察和分析，对动产抵押规则内部逻辑体系以及动产抵押在整个物权法，甚至民法体系中的实证分析，都是有必要的。

三 研究思路

动产抵押制度无论是在各国和地区的立法上，还是在担保制度的理论上都有着很大的分歧和争议。本书就是想通过对动产抵押制度的历史考察和各国立法的实证比较，具体分析动产抵押制度形成的原因以及立法上的不同，找出对该制度认识的分歧和争议的焦点，进一步挖掘动产抵押制度的价值和制度弊端。对动产抵押制度进行利弊分析，重点剖析动产抵押内在的风险和弊端的症结，从规避风险角度审视动产抵押制度并进行完善动产抵押制度的思考，找出设计动产抵押制度的关键。通过分析，发现动产抵押权的公示制度是动产抵押制度成败的关键，然后沿着这一思路，具体分析如何完善动产抵押制度的公示制度。在动产抵押的设定、动产抵押的效力以及动产抵押权的冲突以及实现上，通过比较各国和地区的立法例，为完善我国动产抵押制度寻找理论依据以及设计具体方案。

四 研究范围与框架

本书首先在第一部分开宗明义严格界定动产抵押的含义以及对各国有关动产抵押立法进行考察；第二部分分析动产抵押制度的利弊，即动产抵押制度的意义以及动产抵押存在的制度风险，分析建立动产抵押制度的必要性以及动产抵押制度存在固有风险的症结所在；第三部分研究动产抵押的公示方式，因为只有设计出一个好的动产抵押的公示方式才能克服动产抵押制度带来的风险，所以在这一部分重点论证动产抵押的公示方式；第四部分研究动产抵押的设定，具体分析当事人如何设立动产抵押担保，设立动产抵押所需的形式，动产抵押权形成的要件以及可以设立动产抵押的标的范围；第五部分分析动产抵押的效力，重点分析抵押人、抵押权人以及第三人之间的利益关系以及如何平衡抵押权人和第三人之间的利益冲突，以确保交易的公平和安全；第六部分研究动产抵押权的冲突与实现，重点分析抵押权人如何实现其抵押权以及抵押权在与其他权利冲突时的优先顺序问题等。

第一章 动产抵押概说

一 动产抵押的界定

人类在认识过程中,把感性认识上升到理性认识,需要对所感知的事物的共同本质属性抽象出来,通过概括,从而形成概念。概念是反映事物的本质属性的思维形式,同时也是人们认识事物的一个起点,在对社会科学研究的过程中也不可绕过事物的概念,它是我们研究某个问题的出发点,如果所说的概念是不同的,就无法对某个问题进行深入讨论,会出现"鸡同鸭讲"的结果。所以,在对动产抵押基本制度研究之前,有必要先对有关动产抵押的概念进行界定。分析动产抵押的概念,也有必要先分析动产的概念、抵押的概念,最后分析动产抵押的概念,方能更好地体现逻辑思维。

(一) 动产

动产,是财产法上的一个概念。动产的概念,有立法上的界定,也有学理上的界定。

1. 动产的立法界定

在立法上,如《法国民法典》通过列举的方式对动产做了详细的描述,《法国民法典》第527条,"财产,依其性质或由法律确定为动产";第528条,"能从一处搬往另一处,或者诸如牲畜等能自行行动的物体,或者仅在受外力作用而改变位置的物体,例如,无生命之物,依其性质为动产";第529条,"以可追索之款项或动产物品为标的的债与诉权,在金融、商业、工业公司内的股份与利息，虽然附属于这些事业的不动产属于公司，仍依法律之规定为动产""自国家或个人领取的永久性定期金或终身定期金，依法律规定，亦为动产"；第531条，"各种船只、船舶、船上使用的风车与沐浴设备，以及广而言之，一切未经柱石固定的加工设备以及不构成房屋之部分的任何设备，均为动产"；第532条，"拆卸建筑物所得的材料，归集起来将用于新建筑的，至工人将其再使用于某一新建筑时为止，为动产"等，这些都是对动产的描述和列举。

《瑞士民法典》第713条，"性质上可动之有体物，及能受法律上支配之自然力，不属于土地者，为动产所有权之标的"。

《日本民法典》第86条，"不动产以外的物，一概为动产""无记名债权，视为动产"。

我国台湾地区的"民法典"第67条，"称动产者，为前条所称不动产以外之物"。

我国大陆地区没有对动产做出立法界定，只是在《物权法》第2条规定了"本法所称物，包括动产和不动产"。

2. 动产的学理界定

在学理上界定动产时，有与不动产相互比较得出动产概念的，也有对动产进行抽象概括的，如，梁慧星先生所言，"动产系指不动产以外之物，例如汽车、珠宝、图书等"[①]，"所谓动产是指不动产以外的物，亦即动产是土地和其上定着物以外的物"[②]。郑玉波也是通过与不动产相比较得出的动产概念，"动产即为不动产以外之物，则不动产之意义明了后，动产之意义，则亦迎刃而解矣"[③]。王泽鉴先生亦是引用了我国台湾地区"民法"第66条、第67条的规定讲述了动产的概念，"动产为不动产以外之物"[④]。

3. 小结

综合对动产的立法、学理界定，动产概念一般与不动产概念相关联，除了《法国民法典》对动产做了详细的列举之外，一般都是

---

① 梁慧星：《民法总论》，法律出版社1998年版，第84页。
② 梁慧星、陈华彬：《物权法》，法律出版社1997年版，第33页。
③ 郑玉波：《民法总则》，中国政法大学出版社2003年版，第272页。
④ 王泽鉴：《民法总则》，中国政法大学出版社2001年版，第209—210页。

称动产为不动产之外的物。所以，只要弄清楚不动产的范围，不动产之外的物自然就是动产了。不动产，在不同国家和地区的立法上，一般指的是土地及其定着物。不动产一般不可移动，移动会损坏物的经济用途和经济价值，如土地固然不可移动，土地之上的建筑物亦不可移走搬迁，否则，只能毁坏其经济用途，土地之上的定着物，所谓定着，是固定、附着的意思，定着物、附着物，当然也难以移动，或者说移动之后，不能再发挥定着物的使用价值，所以这些物，统统为不动产。既然，物分为动产和不动产两类，不动产之外的物自然归为动产。

所以，动产，首先是物。物，本身有广义和狭义之分。广义之物，泛指世间一切物理上所称之物，即所谓动物、植物、矿物，人亦包括在内。狭义之物，是法律上所称之物，能为权利客体之物，人作为主体自然不应包含在物之范围内。法律上所称的物，是能为人力所支配的有体物和自然力。物有一定使用价值，能够满足人们生活需要，如房屋可以供我们居住，土地可以供人们耕种或在其上建设建筑物，机器可供人们使用，衣服可供人们穿戴，粮食可供人们食用等，对人无用之物，不能满足人们的需要，主体不必要为之争夺，并不会产生利益冲突，不能为法律上的物。物须是能够为人力所支配的，人力所不能及的、不能控制的，虽是客观存在的，但亦不能作为权利客体进行交换，如天上的星辰，虽是客观之物，但以现有的科技，人类还无法掌控，不会成为交易的客体。物须是稀缺的，如果不是稀缺之物，该物虽有使用价值，但也无须用于交换，无交换价值，如飘荡在人们周围的空气，人们虽然需要，但谁都可以得到，无须通过交换的方式获得，不是法律所称之物。另外，物还应该是有体物或是自然力，像发明创造、商标、著作等人类的智力成果，其是人类智慧的结晶，自然皆非物，不能成为物权的客体，只是知识产权的客体。所以，作为动产的物，当然需要符合物权客体物的标准。

其次，动产是不动产之外的物。不动产根据各国的立法和学界的观点，一般是指土地及其定着物。土地，是人力所能支配的地表及其上下。定着物，主要是指定着在土地之上的房屋等建筑物或构筑物以及林木等。

除了不动产之外的物，都是动产，动产的范围可谓十分广泛。相对于不动产不可移动，动产一般可以移动，移动也不会使动产丧失使用用途和经济价值。不动产一般价值比较大，还比较固定、不可移动，所以在物权的变动上以及设定担保时，与动产就有所不同。厘清动产的内涵和范围，对于动产抵押制度的研究有一定意义，它是动产抵押研究的基础和前提，一般抵押权是设立在不动产之上的，而动产抵押需要将抵押权设定在动产之上，所以，也只有对动产与不动产的差异有明确的认识，尤其是对动产与不动产的公示方式和物权变动方式有充分的把握，才能更好地把握动产抵押制度。

（二）抵押

抵押，是一种债的担保制度。一般债的担保制度，有人保和物保，人保也就是保证，由第三人作为债务人的保证人，以增加债务人的责任财产，保证履行债务，以此担保债权人的债权实现；物保，主要是在债务人或第三人提供的物上设定担保，一旦债务人不能履行债务，债权人可以就担保标的物优先受偿，主要有抵押权、质权、留置权三种制度。

抵押权为罗马法以来近现代各国民法最重要的担保物权制度，所谓抵押权，是指债权人对于债务人或第三人提供的、作为债务履行担保的财产，于债务人不履行债务时，得就其卖得价金优先受偿的权利。

抵押权有如下特征：

第一，抵押权是一种担保物权。抵押权是就供担保的不动产所卖得价金优先受偿的权利，是以支配不动产的交换价值，确保债权清偿为目的，具有优先清偿效力，自属担保物权之一种。

第二，抵押权是在债务人或第三人提供的财产上设定的物权，一般是就债务人或第三人提供的不动产设定抵押。

第三，抵押权是不转移标的物的占有的物权。抵押权的成立与存续，不以转移标的物的占有为必要，这一点与质权、留置权不同，并且抵押权的行使不需要转移标的物的占有，提供抵押物的人仍可以占有、使用标的物，只是在债务人不能履行债务时，再由抵押权人实行抵押权。

第四，抵押权是就标的物卖得的价金优先受偿的物权。担保物权是以其具有优先清偿效力或留置效力，发挥其担保作用。质权、留置权，标的物都是由质权人、留置权人占有，不仅有优先受偿效力还有留置效力，而抵押权的标的物没有转移占有，就不具有留置效力，仅仅有优先受偿效力。

质权，是指为了担保债务的履行，债务人或者第三人将其动产或者财产权利移交给债权人占有，当债务人不履行债务或者发生当事人约定的实现质权的情形时，债权人有就其占有的财产优先受偿的权利。在质权关系中，享有质权的债权人称为质权人，提供动产或者权利的债务人或第三人为出质人，出质人转移给债权人占有以供作债权担保的动产或权利，称为质物或质押物。从质权的概念和质权关系中，可以看出质权与抵押权虽然都是一种担保物权，具有附从性、不可分性、物上代位性等特征，也都是对标的物交换价值的支配，本质上属于优先受偿权，但质权与抵押权也有着明显的不同，如抵押权一般是建立在不动产或不动产财产权利之上，无须转移占有，而质权则是建立在动产或一定权利之上，就动产质权而言需要转移对标的物的占有，如不转移占有，则不能设立动产质权，丧失对质押物的占有，则会导致质权的消灭。

留置权，是指债权人合法占有债务人的动产，在债务人逾期不履行债务时，债权人有权留置该动产，以迫使债务人履行其债务，并在债务人仍不履行债务时，就该动产优先受偿的权利。留置权作为一种担保物权，也是对标的物交换价值的支配，本质上属于优先受偿权。但留置权与抵押权、质押权不同的是，留置权是一种法定担保物权，只有满足法定的条件下，债权人的债权与可留置的动产有一定牵连关系时，才可以成立，而且留置权属于二次效力的物权，即留置权人先就该留置物进行留置，债务人仍不能清偿债务时，才可以就该标的物进行拍卖、变卖或折价，就取得的价金优先受偿。在标的物上，留置权与质权相同，而与一般的抵押有所不同。

正是由于动产的财产价值、流动性与不动产有根本的差异,因而,动产物权一般采取占有作为公示方式,动产物权的变动,采用转移对物的占有,即交付的方式;而不动产财产价值比较大、具有固定性,则采取登记的公示方式,不动产物权的变动,采用设立或变更登记的方式。所以,动产质权、留置权都需要转移占有的公示方式,倘若未能占有标的物,则不具备行使质权或留置权的条件。但抵押权的设立,抵押人仍占有着标的物,无须将抵押物转移占有,抵押人仍可对抵押物进行使用、收益、处分,相反,抵押权人则不能占有该抵押物,更无从获取使用、获取物的收益和对物进行处分这些权能,仅仅是对标的物的交换价值的支配,即当债务人于债务履行期届满时而不能清偿到期债务,也即抵押权实现条件具备时,抵押权人则可以通过行使抵押权,将该抵押物拍卖、变卖或折价,而取得的价金优先受偿。因此,就抵押权制度而言,设定抵押权无须转移标的物的占有,这一点是抵押制度与质押制度、留置权制度最显著的区别。

(三) 动产抵押

关于动产抵押的概念,各国立法和学者观点并不一致。我国台湾学者刘春堂将动产抵押定义为:所谓动产抵押,是指抵押权人对债务人或第三人不移转占有,而就其提供担保债权的动产设定抵押权,于债务人不履行契约时,抵押权人可以占有抵押物,并得出卖或申请法院拍卖,就其卖得价金优先于其他债权而受清偿的担保方式。[1] 谢在全先生将动产抵押定性为一种特殊抵押权,"动产抵押权者,乃指以动产为标的物所设定之抵押权,其与普通抵押权之主要不同即在标的物为动产,故亦为特殊抵押权之一种"[2]。

动产抵押权在传统民法学界有普通动产抵押权和特殊动产抵押权之分。普通动产抵押权一般是在各国民法典或专门的担保法、物权法中规定的动产抵押权。特殊动产抵押权,还包括一些特别法中

---

[1] 刘春堂:《判解民法物权》,中国台湾三民书局1987年版,第97页。
[2] 谢在全:《民法物权论》下册,中国政法大学出版社1999年版,第698页。

规定的动产抵押权,如民用航空法、海商法中的航空器抵押权、船舶抵押权等。正如谢在全先生所言,"依现行法制,动产抵押有下列三种:一是'动产担保交易法'所规定之动产抵押权,此即为普通之动产抵押权,二是船舶抵押权,三是航空器抵押权"①。迄今为止,日本立法都没有承认一般意义上的动产抵押权,② 只是在一些特别法如《海商法》《自动车(汽车)抵押法》《航空器(飞机)抵押法》《建设机器抵押法》《农业动产信用法》《工场抵押法及矿场抵押法》中,规定了船舶、航空器、汽车、农业动产、建设机器等动产可以设定动产抵押。③

动产抵押权有广义和狭义之分,狭义上的动产抵押权指的是普通动产抵押权,广义的动产抵押权,除了普通动产抵押权之外,还包括特殊动产抵押权。也有人对广义的动产抵押权与狭义的动产抵押权有不同理解,从可设定动产抵押权的标的物进行分类,把只规定特殊动产可设定抵押的动产抵押称为狭义的动产抵押权。除了特殊动产还包括其他动产都可设定动产抵押权,即是广义上的动产抵押权。但一般的动产抵押概念还是在广义上使用的,如王利明先生所言,"动产抵押(英文为 chattel mortgage, moveable hypothec,法文为 hypothèque mobilière)与传统抵押权的不同之处,就在于其抵押的标的是动产"④。

综上所述,普通动产抵押权与特殊动产抵押权区别在于标的物的范围,特殊动产抵押权标的物限定在一些特殊动产,这些动产一般具有可识别性,属于可识别动产。所谓可识别动产,指具有与同类动产相区别的规格、出厂编号等特殊标志(如交通工具、大型机器设备)的动产。那些可识别动产之外的不具有独特特征、不能与其他相同的种类物相区别的动产,可谓一般动产。而广义的动产抵押权,只要是动产都可以设定动产抵押权。

---

① 谢在全:《民法物权论》下册,中国政法大学出版社1999年版,第698页。
② 高圣平:《动产抵押制度研究》,中国工商出版社2004年版,第471页。
③ [日]近江幸治:《日本民法的展开——特别法担保法》,载梁慧星《民商法论丛》第17卷,香港:金桥文化出版有限公司2000年版,第374页。
④ 王利明:《试论动产抵押》,《法学》2011年第1期。

笔者认为动产抵押，是指债务人为担保其债务的履行，在债务人或第三人所有的动产不转移占有地设定抵押，当债务人不能偿还债务时，抵押权人可以就抵押标的物拍卖或变卖所得价金优先受偿的担保。动产抵押权，是以动产为标的物所设定的抵押权。

传统抵押制度，即普通抵押权或一般抵押权制度，是债权人对于债务人或第三人不转移占有而供其债权担保的不动产或不动产财产权利，当债务人不履行到期债务时，债权人可以就该不动产或不动产财产权利卖得价金优先受偿的担保物权制度。例如，债务人甲欠债权人乙100万元人民币，甲为担保债务之清偿，与债权人约定，由债务人提供自有一套商品房作为抵押，当债务人不清偿到期债务时，债权人可就该房产进行拍卖或变卖，获得价金优先受偿以实现抵押权，从而保障债权人的债权得以实现；再如，甲房地产开发公司，为筹集开发房地产项目的资本，向某银行乙贷款，将甲的建设用地使用权作为抵押，当甲公司不能清偿到期债务时，乙可以根据抵押合同约定，实行抵押权，从而担保其债权优先受偿。

动产抵押与传统抵押相比，有相同的地方。第一，动产抵押是抵押制度的一种，也是一种担保物权，动产抵押具备一般抵押的特征，如从属性、不可分性、物上代位性等。第二，动产抵押与传统抵押一样，可以不转移标的物的占有。抵押权是对标的物交换价值的支配，设定抵押不是为了使用标的物。动产抵押不转移标的物的占有，抵押人仍然可以占有、使用抵押物、获取收益。第三，抵押权人享有优先受偿权。当债务人不履行债务时，抵押权人可以就抵押物拍卖或变卖所得价金优先受偿，目的是担保债权人债权的实现。

动产抵押与传统抵押相比，最大不同就在于标的物上，动产抵押是在动产上设定的抵押权，而传统抵押是建立在不动产之上或不动产相关的权利之上，如房地产、建设用地使用权、宅基地使用权、农村土地承包经营权等。

正是由于传统民法中动产与不动产自然性质的不同，在物权的公示方式上，动产以占有、不动产以登记为公示方式，所以在设定担保物权时，动产一般只能设定质权，不动产设定抵押权。动产抵押制度，突破了传统民法抵押权客体只能限定在不动产范围之内、动产只能设定质权的局限，动产亦可设定抵押。随之而来的问题就是动产物权以占有为公示方式，以转移占有为物权变动的条件，不动产物权以登记为公示方式，而变更登记则是不动产物权变动的条件。传统的质押权建立在动产之上，而其以占有为公示方式，抵押权建立在不动产之上，以登记为公示方式，无须转移标的物的占有，而抵押制度与动产相结合的动产抵押制度，其物权变动的公示方式，是否转移占有，与相关担保权的冲突等问题就亟须廓清，所以，动产抵押制度对传统民法理论和民事立法带来了很大的影响，需要进行深入研究。

在大陆法系国家，如法国、德国、日本等国家，大都有财团抵押制度。所谓财团抵押，是指以企业的财团为标的物而设立的抵押。与普通抵押权是以抵押人的个别财产设定抵押权来担保债权的优先受偿不同，财团抵押权是以债务人或第三人的各个不动产、动产和其他财产权利集合而成一个财团设定抵押权来担保债权的优先受偿。而财团，是指由企业的建设用地使用权、地上建筑物及其附属设施、设备、知识产权等财产的一种集合财产。财团既不是单纯的不动产，也不是单纯的动产，更不是单纯的权利，而是企业的不动产、动产以及权利的综合体，财团抵押权是在该财产的综合体之上而设立的抵押权。日本的财团抵押制度比较发达，日本采用法国的财团制度，先后制定了铁道抵押法、工场抵押法、矿业抵押法、渔业财团抵押法以及关于轨道抵押的法律等。我国《物权法》第180条第2款规定，抵押人可以将建筑物和其他土地附着物，建设用地使用权，"四荒"土地承包经营权，生产设备、原材料、半成品、产品，正在建造的建筑物、船舶、航空器，交通运输工具，以及法律、行政法规未禁止抵押的其他财产，一并抵押。此处所称"一并抵押"，这种抵押权就属于财团抵押。财团抵押虽涉及有关动产也可以一并作为抵押的标的物，单就动产而言，也可以说是动产抵押，但并不属于本书所要研究的动产抵押制度，该处的动产设定抵押，大多是将动产与其他不动产、权利等相结合组合成一个财团进行抵押。财团抵押与动产抵押的主要区别在于：财团抵押是以财团这个物的集合体为标的物，动产抵押则是以某项可供抵押的动产为抵押物。所以，财团抵押的设立、公示方式以及财团抵押的效力等具体制度安排，也将与动产抵押制度有所不同。

另外，在英美法系国家还流行一种浮动抵押制度。所谓浮动抵押，是指经当事人书面协议，企业、个体工商户、农业生产者将现有的生产设备、原材料、半成品、产品设定抵押，于债务人不履行到期债务或发生当事人约定的实现抵押权的情形时，债权人有权就抵押物拍卖、变卖，所得价款优先受偿的一种抵押。浮动抵押制度滥觞于英国19世纪后半叶的判例法，在英国法上，浮动抵押权的标的物，可以是企业一部分财产，也可以是企业全部财产，原材料、成品、商品、应收账款、商誉等无形资产均可成为浮动抵押权的标的物。在美国，可以作为浮动抵押权担保的标的物主要有：货物、半无形资产、完全无形资产等。我国《物权法》第181条规定，经当事人书面协议，企业、个体工商户、农业生产经营者可以将现有的以及将有的生产设备、原材料、半成品、产品抵押，债务人不履行到期债务或者发生当事人约定的实现抵押权的情形，债权人有权就实现抵押权时的动产优先受偿。英美法系的浮动抵押与大陆法系的财团抵押制度有相似之处，都可以将企业的多个财产甚至全部财产作为一个集合用来担保，但浮动抵押与财团抵押也有根本的区别，财团抵押在抵押权设定的同时，标的物即该财产的集合业已固定化，而浮动抵押在抵押权设定之时抵押物并不确定，可以是现有的或将有的财产作为抵押物，只有在抵押权实行时抵押物才得以特定下来，所以浮动抵押和财团抵押制度在具体制度设计上理应有所不同。从我国《物权法》第181条的规定来看，我国也规定了浮动担保制度，但我国的浮动担保可供抵押的标的物，仅限于生产设备、原材料、半成品、产品等动产。因此有人将该条法律规定的抵押制度也称为动产抵押制度。但是，笔者认为，虽然我国《物权法》第181条规定的抵押标的物限于动产，但与一般的动产抵押制度还是有所区别，该条规定的抵押制度，其抵押物是变动不居的，是将"现有的或将有的"动产作为抵押物，同时企业的这些生产设备、原材料、半成品、产品，尤其是半成品、产品将来都要作为商品进行出售,由于其标的不固定,很明显符合浮动担保制度的特征,而一般动产抵押,是将某项动产作为抵押物而设定的抵押,其标的物是单一、特定而且固定的。当然如果说我国浮动抵押是设立在动产基础上,也可以勉强说成是动产抵押,但这应该属于广义上的动产抵押,其标的物的范围、抵押物的转让所涉及的抵押权的追及效力等,都有其自己的特色。所以,笔者还是坚持应将浮动抵押与动产抵押制度区别开来,只有明确区分动产抵押与浮动抵押,才能更好地设计动产抵押制度和浮动抵押制度,将二者混为一谈,不仅不能够清晰地表达该项制度,还容易造成法律关系的混乱,最终将该二制度演变成不伦不类,不能正确发挥动产抵押和浮动抵押的制度功能,影响融资的实现以及我国社会主义市场经济的效益价值的实现,因此,基于此种考虑,本书研究的也正是一般的动产抵押,而不包括该种浮动抵押制度。

二 动产抵押制度的历史发展

从动产抵押制度的历史发展来看,罗马法最先创立了该制度。在罗马法上,先有质权后有抵押权,质权是担保物权的最初形态,先前质权以不动产为标的,后来发展为仅以动产为标的,设定质权还须转移标的物的占有。由于在不动产或不动产用益物权上设定担保,交付占有十分困难,罗马法学家在吸收希腊法的基础上创立了抵押权制度。

共和国末年和帝政初期,贫苦农民仅能以其农具或牲畜为担保而租种土地,但是,按照质权制度须转移担保物的占有,其结果是农民无法耕作。有鉴于此,大法官萨尔维乌斯认为,佃农保留农具和牲畜的占有权,若其果然无法缴纳租金时,债权人可以提出"对物诉讼"(即著名的塞尔维亚那之诉),请求扣押作为担保物的农具和牲畜,并以其变卖价金自行偿清,此制度因其较之质权更为便捷和优越,迅即扩展至罗马境内,非农民债务也大量采用。① 动产抵押自此产生。

以后随着不动产物权制度的发展,抵押仅以不动产为标的,不需要转移标的物的占有。质押则仅以动产为标的,并转移占有。最终形成抵押和质押两种相互并立的担保物权制度。由于动产上设定不转移占有的抵押权,缺乏公示制度的支撑,对交易安全有所妨害。故而,动产抵押制度并未得到普遍建立。

罗马法的抵押制度对大陆法系国家产生了一定影响。典型的两大法系国家的法律在担保物权的结构上采取了两分法的模式,按照这种模式,担保物权的体系是以动产与不动产的区分而分别形成质押和抵押制度的,动产实行质押,不动产实行抵押。按照这种模式实际上已经否定了动产抵押制度。如《法国民法典》"动产不得设定抵押权",《德国民法典》同样对动产抵押不予认可。

然而,随着市场经济的发展,动产的种类、数量及价值发生了巨大的变化,有些动产的价值甚至超过了不动产,同时经济的发展带来融资的需求,传统的不动产抵押制度和动产质押制度面临着许多新问题。

法国遂在民法典之外另立特别法以求动产抵押制度之设,以实现动产的担保及用益权能。法国法规定诸如船舶、航空机、汽车、耕耘机、家畜、农业动产、收获物、旅馆营业用具、石油、石油生产物及营业财产可以设定动产抵押权。德国实务界还发展出了两个制度,所有权保留和让与担保。在日本,日本民法本不承认动产抵押,将抵押物限定于不动产。为适应经济的需要,日本通过特别法将抵押制度扩大适用于动产,其中规定,对于船舶、航空机、汽车、农业用动产、建设机械等可以设定动产抵押权。

在英美法系国家,将物的担保设在动产上并不存在理论和立法上的障碍,原因在于英美属于判例法国家,设立动产抵押权并不存在大陆法系国家所谓物权法定原则的障碍。英美法系动产抵押比较发达,根据英美法的理念,将物的所有权分为法定所有权和实益所

---

① 周枏:《罗马法原论》,商务印书馆1994年版,第394页。

有权，抵押权人取得前者，抵押人保有后者，不因动产或不动产而有所差异。在英国，只要债务人拨出财产以担保债务的履行，抵押即告成立，动产抵押成为抵押制度的应有之义。美国于1952年制定《统一商法典》以前，其继受英国普通法，动产抵押分为两种，即以担保权为基础的动产抵押与以所有权为基础的动产抵押。"二战"后经济迅速发展，为简化法律关系、方便交易、合理保障交易当事人的利益，其颁布实施了《统一商法典》。该法典在形式和名称上废除了《统一动产抵押法》《统一附条件买卖法》及《统一信托收据法》三种担保制度，仅规定一种担保形式即"担保约定"，从而使该法在动产抵押、附条件买卖、信托收据以及一切双方当事人依契约创设的担保利益上均可适用，当事人可以根据自身的利益选择适合自己的担保方式，尤其是对于动产，既可选择质押，也可选择抵押。

由上可以看出，随着市场经济的发展，动产抵押制度也开始活跃起来，并被很多国家立法所接受。

三 动产抵押在各国的立法现状

（一）大陆法系国家和地区动产抵押立法现状

大陆法系国家，民法典制定时基本上沿袭了罗马法的做法，以土地为中心构建抵押权制度，动产只能成为质押权的标的，不能成为抵押权的标的，如《法国民法典》第2119条明文规定"动产不得设定抵押"。但随着各国经济的发展，工商业的兴起，对资金融通产生了巨大的需求，企业的资产除有限的厂房和土地外，绝大部分为机器设备等动产，这就为动产抵押制度的发展提供了社会基础。大陆法系国家在民法典之外逐步建立起动产担保制度。

法国先后制定（或修订）了《海上抵押权法》（1882）、《河川船舶之登记与河川抵押权法》（1917）、《农业担保证券法》（1906）、《旅馆业担保证券法》（1913）、《航空法》（1924）、《收获物证券担保法》（1935）等，这些特别法中规定诸如船舶、航空机、汽车、耕耘机、家畜、农业动产、收获物、旅馆营业用具、石油、石油生产物及营业财产可以设定动产抵押权。在2006年法国担保法改革以后，也有所谓"不转移占有的质押"这种方式已经类似于动产抵押了。

德国民法实务上承认了一些非典型担保，即动产让与担保和所有权保留。德国还先后制定了《农地用具租赁人员资金融通法》（1926）、《有关已登记船舶及建造中船舶权利之法律》（1940）、《船舶登记法》（1940）等，规定对于船舶、航空机、海底电缆、农地用具租赁人属具（如牛、马、锄锹等）及营业财产可以设定动产抵押权。

日本通过特别法将抵押制度扩大适用于动产。相关的特别法有：《海商法》（1899）、《工厂抵押法及矿业抵押法》（1905）、《农业动产信用法》（1933）、《汽车抵押法》（1951）、《航空机抵押法》（1953）、《建设机械抵押法》（1954），其中规定，对于船舶、航空机、汽车、农业用动产、建设机械等可以设定动产抵押权。

我国台湾地区，动产抵押制度的产生经历了一个曲折的过程。1929年因当时工业不发达，以机器设备进行融资担保并不普遍，因此，未规定动产抵押制度。只在1939年颁布的"海商法"和1953年颁布的"民用航空法"中对船舶抵押权和航空器抵押权做了规定。但其后台湾地区工商业迅速昌盛，1955年，台湾地区制定了工厂抵押法和工厂财团登记办法，确认了财团抵押。1958年，台湾地区倡议制定不转移占有的动产担保，全面继受美国法，于1963年公布了"动产担保交易法"，该法确立了三种动产担保方式：动产抵押、附条件买卖和信托占有，从而以法律的形式确立了动产抵押制度。

（二）英美法系国家动产抵押立法现状

英美法系没有动产与不动产的严格区分，实行的又是判例制度，不受物权法定原则的限制，因而动产抵押制度比较发达。在英国，抵押（charge）"是指这样的担保，债务人拨出财产，以清偿债务，但不把担保物的绝对产权、特别产权、占有权转移于债权人，只给予债权人这个权利：在担保的义务不履行时，向法庭要求把担保物变卖"。抵押权的创设无须特别形式，只要债务人拨出财产以担保债务的履行，抵押即告成立。在实务中，一般由债务人做成证书表明在标的物上设定财产负担以担保债务的履行以创设抵押权。债权人取得标的物的衡平法上物权，尽管他并不占有标的物，也不享有标的物任何形式的所有权，只要担保债务一经清偿，债权人在标的物上的权利自动消灭，而这种标的物既可以是动产也可以是不动产。

在美国现行的动产抵押制度，主要体现在《统一商法典》第9编"担保交易编"中。该编的主旨就在于制定一套关于动产上以及不动产附着物上的担保新制度以取代以前各种动产担保交易立法。其中，可以作为担保的动产非常广泛，如消费品、设备、农产品、库存、不动产附着物、添附物、动产契据、票据、所有权凭证、账册及一般无形财产。1952年颁布实施了《统一商法典》，其中一项重大改革是采取契约自由原则，变更了物权法定主义，给予了交易当事人更大的民事权利。通过增强担保权的地位和削减担保权创设的形式要件，以增加在特定情形下担保权人可以直接取得动产。1990年美国法学会和美国统一州法委员会聘请了一个研究小组对该法第9编的条文进行了仔细研究并提出了修改建议，最终形成了《统一商法典》第9编修正案1998年正式文本。经过一些技术修改后，2001年7月1日40个州及华盛顿特区通过了《统一商法典》第9编修正案并生效。至2001年12月31日，该编在全美各州均通过。

（三）中国动产抵押立法现状

我国《民法通则》沿袭苏联的民法典，未对抵押权和质押权进行明确区分，于第89条笼统地规定，"债务人或者第三人可以提供一定的财产作为抵押物。债务人不履行债务的，债权人有权依照法律的规定以抵押物折价或者以变卖抵押物的价款优先得到偿还"。

在1995年通过的《中华人民共和国担保法》对抵押权和质押权做了区分，并分别予以规定。该法第34条第1款规定，"下列财产可以抵押：（一）抵押人所有的房屋和其他地上定着物；（二）抵押人所有的机器、交通运输工具和其他财产；（三）抵押人依法有权处分的国有的土地使用权、房屋和其他地上定着物；（四）抵押人依法有权处分的国有的机器、交通运输工具和其他财产；（五）抵押人依法承包并经发包方同意抵押的荒山、荒沟、荒丘、荒滩等荒地的土地使用权；（六）依法可以抵押的其他财产"。虽然没有明确提出动产抵押的概念，但是从该条文第（2）（4）（6）项中可以得出动产亦可以成为抵押权的标的。

2007年通过的《中华人民共和国物权法》更为明确地规定了动产抵押制度，该法第180条第1款规定，"债务人或者第三人有权处分的下列财产可以抵押：（一）建筑物和其他土地附着物；（二）建设用地使用权；（三）以招标、拍卖、公开协商等方式取得的荒地等土地承包经营权；（四）生产设备、原材料、半成品、产品；（五）正在建造的建筑物、船舶、航空器；（六）交通运输工具；（七）法律、行政法规未禁止抵押的其他财产"，第2款规定，"抵押人可以将前款所列财产一并抵押"。该条第1款第（4）（5）（6）（7）项即是有关动产可以设定抵押的规定。第181条，"经当事人书面协议，企业、个体工商户、农业生产经营者可以将现有的以及将有的生产设备、原材料、半成品、产品抵押，债务人不履行到期债务或者发生当事人约定的实现抵押权的情形，债权人有权就实现抵押权时的动产优先受偿"，是对动产浮动抵押的规定。第185条，"设立抵押权，当事人应当采取书面形式订立抵押合同"，是设立抵押权的形式的规定。第188条，"以本法第一百八十条第一款第四项、第六项规定的财产或者第五项规定的正在建造的船舶、航空器抵押的，抵押权自抵押合同生效时设立；未经登记，不得对抗善意第三人"，则是对动产抵押的效力的规定。

此外，我国《海商法》第12条也规定了，"船舶所有人或者船舶所有人授权的人可以设定船舶抵押权"。《民用航空法》第16条，"设定民用航空器抵押权，由抵押权人和抵押人共同向国务院民用航空主管部门办理抵押权登记；未经登记的，不得对抗第三人"。《机动车登记规定》第22条，"机动车所有人将机动车作为抵押物抵押的，应当向登记地车辆管理所申请抵押登记；抵押权消灭的，应当向登记地车辆管理所申请解除抵押登记"。这些特别法中也规定了船舶抵押权、航空器抵押权、机动车抵押权等特殊动产抵押权。

为促进资金流通和商品流通，保障债权的实现，根据《中华人民共和国物权法》《中华人民共和国担保法》的规定，2007年由国家工商总局制定了《动产抵押登记办法》，并于2007年10月17日施行。为适应动产抵押的信息化建设以及简化登记流程、维护动产各方主体的利益，国家工商总局又于2016年7月5日修订了《动产抵押登记办法》。该办法涉及动产抵押登记制度，是动产抵押制度的组成部分。

从以上我国的立法来看，我国立法明确了动产抵押制度，而且可以设定动产抵押的标的也比较广泛。

四 小结

综上所述，动产抵押，是债务人为担保其债务的履行，对债务人或第三人所有的动产不转移占有地设定抵押，当债务人不能偿还债务时，抵押权人可以就抵押标的物拍卖或变卖所得价金优先受偿的担保方式。简言之，即是在抵押人所有的动产上设定的抵押权。

在传统民法上，动产物权的公示是以占有的方式，不动产则是以登记的方式。所以在设定担保物权时，动产通常是通过转移占有的方式设定质押权，而不动产则是通过不转移占有只进行登记的方式设定抵押权。

但随着市场经济的发展，更多的融资成为企业发展的重要推动力，企业借贷或者其他债务需要担保，但是由于企业不动产往往比较有限，通过抵押担保债往往捉襟见肘，用动产设定质押，又需要转移标的物的占有，传统的担保物权制度不能满足市场经济发展的需要。动产担保交易在这样的社会经济背景下，有很大的发展空间。同时，动产的种类、数量、价值也都有很大变化，甚至有的动产价值超过了不动产，通过设定质押的方式，会浪费这些动产资源，导致资产的闲置，所以动产抵押制度开始获得很大的发展。

在大陆法系国家，由于受到传统担保物权体系的限制，只对一些特殊动产，如汽车、船舶、航空器等准不动产可以设定抵押，动产抵押在理论和立法上还不够发达。

在英美法系国家，动产抵押制度则比较发达，英国抵押权的标的本身就包含了动产，而在美国更是把动产抵押推到了极致，美国《统一商法典》第9编动产担保交易法对动产抵押制度规定得非常详尽。

我国台湾地区也顺势吸收了美国《统一商法典》的经验，制定了"动产担保交易法"。我国大陆地区从《担保法》开始，并没有排除动产抵押，在《物权法》中更是对可以设定抵押的动产做了细致的规定，不仅列举了可以作为抵押权标的的动产，还规定了动产抵押的公示方式以及公示效力。

但是，动产抵押制度，毕竟是对传统的担保物权体系的颠覆，如何让动产抵押与传统民法物权理论体系相协调，有些理论还准备不足，所以，学界不乏对动产抵押制度的反对之声。另外，我国虽然在立法上肯定了动产抵押制度，但由于我国《物权法》的概念体系借鉴的大多是大陆法系的概念体系，所以，在理论上深入研究动产抵押很有必要。同时，我国的动产抵押有关立法还比较粗糙，有些地方还需要细化，甚至有些地方还有错误，无法平衡动产担保交易人的利益以及对交易安全无法保障，难以发挥该制度的功能。所以，无论是从理论上还是实践上，都需要对动产抵押进行深入研究。笔者也正是因为有此信念，才决心花大力气研究动产抵押，以期对我国的担保制度的发展、对我国社会的进步能尽绵薄之力。

案例1 动产质押还是动产抵押？

1. 案情简介

王某借给李某20万元人民币，期限1个月。李某出具了一份借条，借条上还写明"用车牌号×××的轿车作为抵押"，借条落款处李某签了名字和日期。借条写就之后，李某就将车辆及与车辆相关的证件交付给王某占有。借款期限届满后，李某迟迟不还款。此后，李某以需要使用该车为由要求王某返还轿车，将车从王某处骗走。该车后因其他纠纷被法院依法拍卖，被丁某买走，成交价为18万元人民币。纠纷发生以后，王某以李某、丁某为被告，诉至法院，要求李某、丁某返还轿车并主张优先受偿权。

2. 案例分析

当事人围绕着王某能否主张优先受偿权以及李某对该车是抵押还是质押展开了争论。本案在处理过程中，法官也围绕着本案汽车上所涉的担保是动产抵押还是动产质押，形成了不同的意见。有观点认为，本案的担保是动产抵押，理由是借条上明确写着抵押字样。有观点认为，本案的担保是动产质押，因为本担保的标的物是轿车，机动车是动产，并且设定担保时车辆所有人还将车辆及有关证件交付给担保权人占有，即通过转移占有设定的担保，所以本案担保为动产质押。

那么，本案的担保究竟属于动产抵押还是动产质押呢？关键还是要理解何为动产抵押，何为动产质押，只有理解了二者的不同之处，才能够做出正确判断，从而正确适用法律规则。下面笔者就着重从动产抵押和动产质押的联系和区别进行分析，从而进一步分析本案所涉担保究竟属于动产抵押还是动产质押。

（1）动产质押和动产抵押的联系

所谓动产质押，是指为担保债权的实现，债权人占有债务人或第三人的动产，于债务人不履行到期债务或发生当事人约定的实现质权的情形时，有权就该动产的变价使被担保债权优先受偿的担保。动产质押有如下几个特征：第一，动产质押以他人所有的动产为标的物。动产质押的标的物为动产，为第三人或债务人所有，并且具有可转让性。动产标的物属第三人或债务人所有，目的是发挥质权人留置该财产的效力，只有能够转让的标的物才便于拍卖或变卖，便于担保物权的实行。第二，动产质押以质权人占有质物为生效条件和存续条件。这是由动产物权的变动以占有为公示方式和生效要件的立法模式所决定的。动产质押只有进行了交付即转移了物的占有，才能设立成功。保持质权也必须保持对物的占有，丧失了占有也就致使质权消灭。第三，动产质押权的实现需要对质押物进行拍卖、变卖所得价款进行优先受偿,从而保障债权人的债权实现。动产质押权是种优先受偿权,是对质押物交换价值的支配权利。第四,动产质押权是种担保物权。

所谓动产抵押,是指抵押权人对债务人或第三人不移转占有而就供债权担保的动产设定抵押权,当债务人逾期不履行债务时,抵押权人可以就该抵押物进行拍卖或变卖,所得价金优先于其他债权而受清偿的担保。动产抵押有如下几个特征:第一,动产抵押以动产为标的物,且不转移标的物的占有。虽然在动产上设定抵押权,但动产抵押不需要按照动产的公示方式进行转移占有,抵押权人无须占有标的物,而是抵押人继续对标的物进行占有。第二,动产抵押权的标的抵押物,可以是属于债务人也可以是属于第三人所有,这点与不动产抵押无异。第三,动产抵押权的抵押权人在其债权不能实现时可以占有该抵押物并对抵押物进行拍卖、变卖,就所获得价金优先受偿。

动产质押和动产抵押虽有一字不同,但二者还是有相似之处,有着相应的联系。第一,二者均为担保物权。物权者,是指权利人直接支配标的物,享受其利益,并排除他人干涉之权利。物权是对标的物的直接支配权,具有排他性和绝对性,是可享受其上财产利益的财产权。物权的支配性,可以是对物的使用价值的支配,也可以是对物的交换价值的支配。担保物权,是债权人为担保债权的实现,在债务人或第三人的标的物上设定的担保,当债务人不能履行到期债务时,债权人可以就担保物进行拍卖、变卖,就取得的价金优先受偿的一种物权。所以,担保物权是对标的物交换价值的支配,是为了担保债权的实现,在这点上,动产抵押和动产质押是相同的,二者都是担保物权。第二,动产抵押和动产质押都是通过约定的方式产生的。动产抵押和动产质押,都需要当事人通过约定形成抵押合同或质押合同,从而通过合意方式来约定动产抵押权和动产质押权。具体合同的方式,可以是单独的动产抵押或质押合同书,也可以是附在主债权债务合同后的抵押或质押条款。第三,动产抵押权和动产质押权都是在动产上设立的担保物权。在传统的民法制度上,主要是在动产上可设立质押权,在不动产上设立抵押权。近现代以来随着社会的发展和担保法的发达，以在动产上设立抵押权为主的动产担保交易也随之产生，如此一来，不动产抵押权和动产质押权二元的结构也被打破，动产之上抵押权和质押权均可设立。

（2）动产质押和动产抵押的区别

动产质押权和动产抵押权虽同为担保物权，二者仅有一字之别，却有着很大的不同。第一，很明显，二者权利性质不同，一为质权，一为抵押权。质权，是指为担保债权的实现，债权人依法占有债务人或第三人的动产，或控制债务人或第三人的可转让的财产权，债务人不履行到期债务或发生了当事人约定的实现质权的情形时，债权人就该动产或财产权利的变价使被担保的债权优先受偿的物权。抵押权是指对于债务人或第三人不转移占有而提供的财产，在债务人不履行到期债务或发生当事人约定的实现抵押权的情形时，债权人依法享有就该项财产的变价使其债权优先受偿的担保物权。第二，动产质押权和动产抵押权的成立时间不同。动产质押需要转移占有，质押人将质押物交付给债权人时质押权成立；动产抵押，只需要抵押合同有效成立便可设定动产抵押权。二者虽然都需要通过合意的方式进行设定，但动产质押合同，仅仅产生债法上的效力，只有践行了交付的行为，质押权方能成立。而动产抵押，也需要当事人通过合意形成动产抵押合同，动产抵押合同虽然也可说是一种债权合同，但该合同有效成立之时，便是动产抵押权成立之时。第三，动产质押权和动产抵押权的公示方式和公示的效力有所不同。由于物权是一种效力比较强大的权利，物权法贯彻物权的公示公信的基本原则。物权的公示公信原则，是指物权的归属和变动应该通过外在可让人查知的方式使人知悉和确认，对于信赖物权的公示的善意第三人即便公示的权利主体和内容与真实的权利主体和内容有异，法律也会保护善意第三人的利益，从而维护市场交易的安全。动产质押权，仍按照传统动产物权的公示方式即占有为其公式方式，动产质押权人要想取得动产的质押权必须占有该标的物，在没有转移之前，债权人不能取得质押权。而动产抵押权，由于抵押权设定在动产之上，动产抵押权的公示方式就不能完全按照不动产抵押权的公示方法，按照当下国内外关于动产抵押权有关立法，动产抵押权的公示方法主要有登记，但登记并非是动产抵押权的成立要件而是对抗要件，即不经登记不得对抗善意第三人，只有经过登记的动产抵押权，因进行了较强的公示，也就具有更为强大的效力，可以对抗善意之第三人。第四，动产质押和动产抵押，二者在是否对标的物进行转移占有有明显的不同。动产质押，需要质押人将质押物转移债权人占有，只有交付之后才能设立动产质押权，当然此处的交付，可以是现实交付，也可以是观念交付，就占有而言，可以是直接占有，也可以是间接占有。而动产抵押，则不需要转移占有，抵押人继续占有标的物。第五，动产质押和动产抵押，二者在对标的物的支配、使用、获取收益上有所不同。动产质押，由于质押物的占有从质押人转移至质押权人，质押人不能继续占有标的物，自然也无法继续使用，从而获取收益，质押权人由于其享有的是质押权即留置、优先受偿的权利，是对标的物交换价值的支配，也无权使用质押物，获取收益。而动产抵押则不同，动产抵押的抵押人由于其继续占有着该标的物，因而，可以继续使用该标的物，获取收益，发挥其使用价值。所以，从这一点来看，动产质押，造成了物的闲置浪费，不能充分发挥物尽其用的经济价值，而动产抵押，则可以避免物的闲置浪费，可以更高效地发挥物的使用价值，为社会带来更多的经济效益。

（3）本案应属于动产质押还是动产抵押

本案件中的王某与李某之间因借款合同，在二人之间产生了债权债务关系。王某借给李某20万元，而成为借款合同中的债权人，李某则为债务人。李某在借条中明确表示将其自有×××牌号的轿车一辆抵押给王某。在本案中李某还将该轿车以及该车的有关证件一起交付给了王某，实际上作为债权人的王某完成了对该车的占有。本案中既有载明抵押字样的抵押合同条款，同时又实行了标的物的转移占有，另外就是该标的物为机动车，属于动产。所以，对这种形式的担保就产生了争议。

笔者认为，判断该种担保形式是动产抵押，还是动产质押，关键还是要从动产抵押和动产质押的基本构成来进行分析，符合动产抵押的构成要件，就是动产抵押，符合动产质押的构成要件，便是动产质押。第一，本案所涉及的标的物是轿车，轿车属于机动车辆，性质上为动产。根据我国《物权法》第24条的规定，船舶、航空器和机动车等物权的设立、变更、转让和消灭，未经登记，不得对抗善意第三人。该条文是我国《物权法》第二章"物权的设立、变更、转让和消灭"中第二节"动产交付"一节的内容。虽然法律条文中没有明文指出机动车属于动产还是不动产，但根据法律体系解释方法，第24条中所提到的机动车在性质上应为动产。所谓体系解释方法，是指以法律条文在法律体系上的地位，即依其编、章、节、条、款、项之前后关联位置，或相关法条之法意，阐释其规范意旨之解释方法。"机动车"出现在《物权法》第二章第二节"动产交付"部分，而相对应的，我国《物权法》第二章第一节标题恰恰是不动产登记。所以，根据法律解释方法中的体系解释方法，"机动车"应属于动产。动产，是能够移动，移动不会损害其价值的物；而不动产，则是不可移动，移动会损害其价值的物，如土地及其定着物。根据民法学理，一般把船舶、航空器、机动车等作为准不动产，或者是特殊动产。在民法理论中特殊动产与准不动产概念是一致的，准不动产，是指按照物的自然属性本属于动产，但因其价值较大，远远超出一般的动产，比如船舶、航空器、机动车等，为保障该类财产交易的安全，因此在物权变动立法模式上采取与一般动产不同的规定。所以，本案中涉及的担保物，"轿车"性质上属于动产。第二，动产之上设定担保物权时，既可以设定抵押也可以设定质押。在传统的担保法中，一般是动产上设定质押，不动产上设定抵押。但近现代以来，为了增强对物的有效利用，动产担保交易，尤其是不转移占有的动产担保交易逐渐兴盛起来，因此无论是在动产上设定抵押还是质押都是没有问题的。本案所涉轿车为动产，既可以设定抵押权，也可以设定质押权。按照现有的法律规定，船舶、航空器、机动车等特殊动产，在物权变动中实行了登记对抗主义立法模式，即权利人可以通过登记的方式加强公示的效力，登记之后便有能够对抗善意第三人的法律效力。而现实生活中，机动车登记的观念业已非常普及，无论是购买新车的所有权登记，还是二手车过户的所有权变更登记，抑或是办理抵押的抵押登记，车辆登记已深入人心，更容易通过抵押的方式设定担保。第三，动产抵押无须转移标的物的占有，抵押人可继续占有、使用抵押物，抵押合同有效成立，抵押权即已设立；动产质押需要转移标的物的占有，质押权才可以设立。从本案来看，李某给出的借条上明确写明以轿车进行抵押，但又进行了轿车的交付，并没有进行登记，所以，这才引发对该案担保物权定性的认识差异。笔者通过以上对动产抵押和动产质押的分析，可以得出无论是动产抵押还是动产质押都需要通过合意的方式进行设立，或者通过动产抵押合同，或者通过动产质押合同。该案中的担保合意，仅仅表现为借条中所提到的"用车牌号×××的轿车作为抵押"，该条款为担保合同条款，而该条款明确使用了"抵押"字样，抵押二字并无歧义和争议，根据合同条款的解释规则，文义解释规则，该条款为抵押条款，不能理解成质押条款，所以有抵押合同的存在，而无质押合同的存在。既然无质押合同，动产质押权也就无从谈起，即便是进行了移转占有，由于没有设立动产质押权的原因行为，当事人之间并不产生动产质押关系。而根据动产抵押的法律构成要件，只要动产抵押合同有效成立，动产抵押权就已经设立，登记与否并不影响抵押权的有效成立，是否交付也不是抵押权生效的要件，也就是说交付与否与动产抵押权的设立无关。本案中李某先进行了交付，然后又骗回，导致王某丧失占有，这些并不影响动产抵押权的有效存在。

综合以上分析，该案为动产抵押关系，而不是动产质押，根据动产抵押的制度，抵押权人有权在债务人不履行债务时，就该标的物进行变价，就所得价款优先受偿，从而保障其债权的实现。

第二章 动产抵押制度取舍分析

一 动产抵押制度功能分析

(一) 克服动产质押的不足,促进物尽其用

传统担保物权主要是质押权、抵押权和留置权。留置权,是债权人占有属于债务人的动产,而具备一定要件时,于债权未受清偿前,得留置其动产的担保物权。留置权一般依法律规定而发生,债权人占有债务人的动产,债权人的债权发生与该动产有牵连关系,如因加工承揽关系占有债务人的动产,当债务人不履行债务时,可以行使留置权。抵押权,是债权人对于债务人或第三人提供的、作为履行担保的财产,于债务人不履行债务时,得就其卖得价金优先受偿的权利。抵押权是当事人设定的无须转移标的物的占有的一种担保物权。质押权,是债权人于债务人不清偿其债务时,得就债务人或第三人转移占有而提供的动产或权利卖得价金优先受偿的权利。

留置权是一种法定担保物权,只有在符合法律规定的条件下才可以适用,其中一个重要的条件是债权人的债权的发生必须与该动产有牵连关系并且债权人还要占有着该动产,这是为了满足特定债权,担保特定债权实现而设立的制度,不具有适用上的普遍性。抵押权和质押权,则是通过合意的方式,即抵押合同和质押合同进行设立,只要对债权进行担保时,当事人都可以通过约定的方式将一定财产或权利用来抵押或质押,当然该财产或权利需要适于作为担保的标的,所以,抵押和质押常常作为当事人选择担保的主要形

式。由于债权的平等性、无优先性、共融性以及作为请求权的本质特性，债权是一种有着较大风险的权利，债务人不能履行或不履行等都会导致债权人的债权无法实现，所以，债的担保制度尤其必要，而人们也多选择质押或抵押的方式作为担保方式。

质押有动产质押和权利质押两种形式，作为动产质押，需要出质人把提供的质押物转移占有，即出质人要将质押物交付给质权人占有。质权人虽占有质物，但质权人并没有取得标的物的所有权，仅仅是担保物权而已，不能使用质押物，质权人并无使用权，也就是说，质权人只能是把质押物束之高阁。同时，质押物已经交付给质权人，出质人也无法再使用质押物，如此一来，结果只能是造成物的闲置浪费，在质押期间质押物的使用价值无法实现，不利于物尽其用、增进社会经济效益的基本价值取向。同时，受出质人所有权的制约，质权人在行使质权的同时也须对出质人承担相应的义务。依各国立法及实务，质权人有妥善保管质物的义务，保管义务，简单而言就是要对标的物进行保护和管理，使之不受损害或价值上的减少等，而且此保管义务，非指一般保管义务，而是妥善管理义务，我国《物权法》第215条第1款规定："质权人负有妥善保管质押财产的义务；因保管不善致使质押财产毁损、灭失的，应当承担赔偿责任。"该妥善保管义务，在民法学理上是指善良管理人的保管义务，善良管理人的保管义务，需要保管人尽到善良管理人的注意，善良管理人的注意，在罗马法上称为善良家父的注意。[①]《德国民法典》谓为交易上必要的注意。此种注意，是以交易上一般观念认为具有相当知识经验人，对于一定事件应具有的注意为标准，客观地加以判定。可以看出，善良管理人的保管义务比一般的保管义务要求更高。质权人如未尽善良管理人的注意，保管质物，致出质人受损害时，应负赔偿责任。质权人还应以对于自己财产同一的注意，收取孳息，并为出质人利益计算，质权人如违各该注意义务，而致出质人于损害时，应付损害赔偿责任。出质人虽于标的物上设定质押，但仍是所有权人，仍有对质物收益的收取权、质物

[①] 梁慧星、陈华彬：《物权法》，法律出版社1997年版，第360页。

的处分权，但由于质物已转移占有，出质人的事实处分又难以实现。而质权人虽占有质物，但不能像所有权人那样享有收益、处分的权利，仅仅是占有质物而已，还须承担保管的注意义务，稍有不慎，还有可能要承担损害赔偿责任，对于质权人来说这无疑是一种负担。

因此，质权的担保方式，对于出质人来说，不能对质物进行实际的管理处分，很难实现质物应有的收益；而对于质权人来说，又需要承担保管等注意义务，虽占有质物也无法真正获得物带来的收益，往往造成质押物的闲置浪费，不能发挥物尽其用的社会效益。造成这种局面的根本原因，是在于质权的设立需要转移占有，结果就是动产物权占有与使用、收益、处分权能的分离，使得占有人无法真正地行使使用、收益、处分权利，质权人享有质权，虽占有质物却不能进行对物的使用、收益和处分，同时还需承担妥善保管义务；而所有权人，又因不能占有标的物，事实上也无法行使使用、收益、处分的权利。所以，这就造成质押物被束之高阁、闲置浪费，这一点是质权担保方式的最大弱点。

而抵押权，抵押人无须转移标的物的占有，抵押人由于事实上仍可占有标的物，便于行使物权的使用、收益权能，也就是说抵押人可以继续占有标的物，作为所有权人对物进行使用、获取收益、进行处分，所有权人可以支配和实现抵押物的使用价值，避免物的闲置浪费，从而最大限度发挥物的效益价值。同时抵押权人也可以支配抵押物的交换价值，当债务人不履行债务或具有实现抵押权的情形发生时抵押权人可以对抵押物进行变价，从而实现对其债权的优先受偿。作为抵押权人也不需要承担标的物的保管注意义务，减轻了抵押权人的责任。对于债务人、债权人、抵押人、抵押权人而言，可以说是两全其美的事情，所以，抵押权制度被工商界广泛使用，其享有"担保之王"的美誉，是有其内在的原因的。但是传统的民事担保法律制度中，抵押权一般是设立在不动产之上，对于广大而众多的动产只能设定质押的担保方式，这也限制了抵押制度功能的发挥。

动产抵押制度，即是为解决传统质权和抵押权的不足的一个产物,在动产上亦可设定抵押权,无须转移标的物的占有,在债务人不能清偿债务时,动产抵押权人可以行使抵押权,就抵押的动产变卖所得的价金优先受偿。一方面保障了抵押权人担保物权的实现,亦无须承担保管等义务;另一方面抵押人也可继续使用抵押的动产,发挥物的经济效益,不至于因为在动产上设定了担保而导致该动产的闲置浪费。所以,动产抵押制度克服了传统质权的不足,可以更好地发挥动产的效益,促进物尽其用,同时又扩展了抵押权的适用范围,极致地发挥了抵押权制度的功能。

(二) 扩大抵押权的标的范围,满足融资的现实需要

传统的抵押权主要是在不动产上设定的,不动产,主要是土地及其地上附着物。土地及地上建筑物、构筑物,固然价值比较大,但土地资源比较稀缺,即使是建筑物这种不动产在数量上也是有限的,就数量而言,是无法与数目庞大的动产相比的。另外,在我国,土地所有权属于国家或集体所有,私人只能享有有期限的使用权,而不是所有权;就私人住宅而言,一般的公民也就一套房产供其居住,即便如此,购买一套商品房也一般是按揭贷款,要花很长时间才能真正取得商品房的所有权;就企业而言,拥有的土地使用权、厂房亦是有限的,甚至有的中小企业、高新技术企业所使用的办公厂房都是租赁的,它们自身拥有的不动产有限,无法满足融资的需求。

在市场经济条件下,离不开金融活动。所谓金融,是指货币资金的融通,金融是商品经济的产物,是现代经济的核心。在商品经济条件下,生产、分配、交换和消费的任何一环节,都是以货币资金为中介和载体的。不仅如此,在现代市场经济条件下,货币资金在经济运行中还具有第一推动力和持续推动力的作用。[1] 而获得货币资金,往往需要通过信用,信用是商品经济条件下的借贷行为,从本质上反映着以还本付息为条件的让渡财物或货币的经济利益关系。对于个人和企业来说,通过信用获得货币资金,才能更好地发

---

[1] 强力:《金融法通论》,高等教育出版社2010年版,第6页。

挥货币资金聚集各种生产要素的作用，才能更好地满足生产经营的需要。

现实中有些企业和个人，虽然手头上有盈利的项目，但往往是因为资金不足，或者是因为资金周转一时困难，而不得不破产倒闭，如果能够通过借贷获得融资，就可以扭亏为赢，可以投入新项目或新产品的开发和应用中。所以，融资对于企业和个人而言，在现代市场经济条件下，是其发展的必要手段。

但是，借贷就要形成债权债务关系，而作为出借人提供给了借款，能不能收回就变得非常重要，往往在借贷的同时，债务人要为其债务提供担保。现实中，由于一些企业所有的不动产有限，设定抵押借款有困难，而动产如机器设备还需要在生产经营活动中使用，又不能通过出质的方式进行融资，因此陷入两难，无法解决融资就难以获得发展。在这种情况下，如果允许动产设定抵押，那么这些企业和个人，就可以通过设定动产抵押获得融资，从而获得货币资金，给自己的生产经营事业提供助力。所以，动产抵押的出现，有现实的需求，是在解决经济生活中的现实问题时所出现的制度。

另外，随着现代社会经济的发展，有些动产的价值也不小，如汽车、飞机、船舶、机器设备，有的贵重的动产的价值甚至超过不动产的价值。如果说近代以前动产价值大都比较小，而且流动性较强，不易公示，所以不便于设立抵押这种担保方式，那么随着人类社会科技的进步，船舶、航空器、机动车等被发明创造出来，被广泛使用，特别是汽车逐渐普及，已经成为人们不可缺少的交通运输工具，私家车的拥有量每年在高速增长，进入平常百姓生活当中，而且这些动产有的往往也价值不菲，如果还拘泥于传统的质权和抵押权制度，动产只能出质，转移标的物的占有，只能在不动产上设定抵押权，就无法满足社会发展的需要。在大多数发达国家，动产是其主要的融资来源，例如在美国，动产融资占中小企业融资的70%。就目前我国的实际情况来看，中小企业有着巨大的融资需要，正是因为它们能够提供抵押的不动产非常有限，常常被银行拒之门外，从而形成了中小企业"融资难"的社会问题，严重阻碍了中小企业的发展。根据世界银行的统计分析，我国有 15.9 万亿元的资产闲置，不能产生有效信贷。①

因此，扩大抵押权的标的范围，允许在动产上亦可设定抵押权，是顺应社会经济发展变化的体现，有利于资金融通，满足融资人融资的需求，提高货币资金的利用率，促进金融信贷市场的成熟与完善。

（三）扩大担保交易人的选择自由，尊重私法自治

传统的质权制度、抵押权制度，都是可供人们在交易时选择的担保交易方式。规定动产可设立抵押，相当于为当事人多提供了一种选择方式。多一种法律制度，可以说是多了一种选择自由。自由是人类社会最基本的一个价值追求，马克思曾说，人类社会是一个从必然王国走向自由王国的过程，所以在法律制度上选择尊重自由、保障自由一直是法律发展的一个标尺，也是人类进化迈向文明的一个标志。尤其是在现代自由市场经济条件下，个人被视为一个理性的"经济人"，他可以知道自己的选择带来的风险与利益，每一个人也是自己利益的最好的守护人。我们不能通过立法强制别人做出某种选择，事实上，每个人的境况各不相同，选择用"一刀切"的方式来解决问题，往往会适得其反，用立法固化人们的行为模式往往最能扼杀人们的创造力、桎梏社会的发展。所以，好的法律即善的法律不是禁锢人们的自由选择权，而是在法律上尊重个人的自由。也就是说法律的目的不是限制和排除个人的自由，而应该是尊重和保障个人的自由，这就是私法为什么选择私法自治原则的本意。所谓私法自治，是指各个主体根据他的意志自主形成法律关系的原则。② 私法自治的意义，在于法律给个人提供一种法律上的权利手段，并以此实现人的意志。这即是说，私法自治给个人提供一种受法律保护的自由，使个人获得自主决定的可能性。所以，作

---

① 刘宝玉：《担保法疑难问题研究与立法完善》，法律出版社 2006 年版，第 441—442 页。

② ［德］迪特尔·梅迪库斯：《德国民法总论》，邵建东译，法律出版社 2001 年版，第 142 页。

为私法的民法一贯坚持私法自治原则，当事人私人之间的事务由当事人自己来安排，国家法律能做的只是一个认可和保护，对于有效的民事法律行为，认可其享有的民事权利并给予保护，对于无效的不予认可，不能享有相应权利，得不到法律的保护，国家对个人的选择不加限制和干涉，这不仅是尊重人的自由，而且更是一种高效的社会治理方式。人们是自己利益的最佳判断者，通过自由选择做出的判断也最有利于经济效益的实现，同时也使得国家经济效益最大化。此外，经济发展的历史告诉我们一个经验法则：自主决定是调节经济过程的一种高效手段。特别是在一种竞争性经济制度中，自主决定能够将劳动和资本配置到产生最大效益的地方去。其他的调节手段，如国家的调控措施，往往要复杂得多、缓慢得多、昂贵得多，因此总体上产生的效益也要低得多。

动产抵押制度，即在动产上也可以设立抵押，可以让当事人多一个选择的权利。他可以根据自己的理性判断，选择在动产上设定抵押，同时也可以选择在动产上设定质押，选择何种担保方式完全尊重个人的理性判断。这就比传统民法当事人只能在动产上设定质押，在不动产上设定抵押来进行担保交易，多了选择的余地。不动产抵押、动产质押的制度安排，显得过于僵硬。当事人如果想使用动产标的物获取收益，就不能拿来作为担保使用其交换价值融得资金；如果想要融得资金，必须转移动产标的物的占有，那么这些动产标的物又不能用作生产经营之用。对于债权人来说，也是一样的结局，如果想把闲散资金借贷给他人使用，对别人提供的动产标的物，还要进行保管，承担保管等责任，对标的物也不能够使用以获得收益；如果不愿意这样交易，只能使资金闲置起来，起不到资金增值的目的，这大大地限制了人们的自由选择，无法根据现实需要来做出经济生活上的安排。如果，允许当事人自主决定、自主安排他们之间的法律关系，结果就会好得多，当事人可以通过谈判协商，达到各自想要的目的。所以，私法自治原则在近现代私法中的意义非常明显，不仅促进了个人的发展，还解放了生产力，促进了社会的进步，社会经济的增长因而突飞猛进。在动产担保制度的设计上，根据当事人的自愿，当然也应该可以选择使用动产设定抵押。所以，动产抵押制度，扩大了交易人的选择担保类型的权利，是尊重私法自治精神的一个体现。

（四）鼓励交易，促进经济发展

在近代之前，由于社会生产力低下，社会物资匮乏，商品经济不发达，稀缺的物对人们来说非常重要，法律更强调对财产的静态保护，所以以所有权为核心的物权制度比较发达。但是随着社会生产力的提高，社会物质资源中供人们利用的物逐渐增多，甚至出现富余，社会分工也越来越细致，商品经济也逐渐发达，人们之间的交易随之频繁，法律更侧重对财产的动态保护，所以，债法也就越来越发达。近现代以来人类进入了工商业时代，社会分工的细密，商品交换也空前繁荣，财产的流转和利用，买卖、借贷、租赁、承揽、劳动、融资、损害赔偿等交易形式，都有赖于债法制度，整部民法直接关于债法的规定就达民法全部条文的三分之一以上，也正是债法的发达促进了工商业的繁荣和社会的进步。正如日本学者我妻荣先生所言，"债法在近现代私法中处于优越地位"。在对商品交易关系的保护上，私法也遵循着鼓励交易的原则，交易，是独立的、平等的市场主体之间就其所有的财产和利益实行的交换。经济学常识告诉我们，财富在不同主体之间呈现出不均衡的分布状态，这种财富的不均衡分布状态决定了交易行为的存在。只有通过交易，才能满足不同交易主体对不同的使用价值的追求，满足不同的生产者与消费者对价值的共同追求。另外，从社会资源的配置角度来看，只有通过交易的方式，才能实现资源的优化配置，保障资源的最有效利用。按照美国经济分析法学家的观点，有效率地使用资源必须借助于交易的形式，只要通过自愿交易的交换方式，各种资源的流向必然趋于最有价值的使用。当各种资源的使用达到最高的价值，就可以说它们得到了最有效的使用。而市场经济的特征就是交易行为的大量存在，无数的交易构成了完整的市场，而这些每时每刻发生的、纷繁复杂的交易关系，都需要借助债法制度来完成和保护。也正是这些交易行为的发达，才促进了社会经济的繁荣，所以在制定相关法律制度时无不遵守鼓励交易的原则。所谓鼓励交易原则，是法律规则要促进交易的完成，保护私人的交易，而不是设置种种阻碍条件限制交易的进行。也只有如此，交易才可以迅速便捷地进行，才能加速商品流转，才能发挥物的效益价值，也才能更好地促进商品经济的发展。

调整市场交易、财货流转关系的债法虽然发达，但仅仅就债权这一民事权利来看，债权具有平等性、相容性，不似物权具有排他性、优先性，所以债权需要借助担保制度来加以保障，才能保障交易安全，真正地发挥债法在近现代社会中应有的功能。因此，担保制度的发达是债法发达的一个基础，担保制度的发达是满足工商业社会交易安全的一个基础，担保制度的发达也是实现鼓励交易基本原则的一个基础。在现代工商业社会，传统的担保制度，动产质押权、不动产抵押权制度也需要随着社会的发展和变迁，与时俱进，加以改革和完善，各国的动产担保交易法的纷纷出台，就是一个明显的例证，动产抵押制度的出现，也正是顺应社会发展趋势，鼓励交易，引领社会市场经济发展的一个体现。允许交易人设定动产抵押，可以担保当事人之间的交易顺利完成，而不会因为债务人不能及时提供担保而失去交易机会，客观上鼓励当事人进行交易，敢于交易，保障交易能够顺利进行。所以，市场交易增加了，各种社会资源也很好地流转起来，才能够保障社会经济的发展。一个好的法律制度就应该保障社会的发展进步，而如果是对社会的发展起到束缚作用，就应该修改或废除。动产抵押制度，是伴随着市场经济的发展，在实践中形成的，也可以看出该制度是经济发展的客观需要。一方面社会上大量动产的存在，另一方社会交易行为的大量存在，客观上需要对交易的安全进行担保，而动产抵押制度，为交易主体提供了进行担保的形式和更多的选择。从各国动产抵押制度的实际应用来看，动产抵押制度的建立，也确实对社会经济的发展起到了推动作用。

二　影响动产抵押制度功能发挥的根源

（一）动产抵押制度弊端的表现
1. 动产抵押有违物权法定原则

物权法定原则一直是大陆法系国家和地区在调整物权关系时坚持的一项重要原则。所谓物权法定原则，是指物权的种类和内容由法律进行规定，不容许当事人任意创设。我国《物权法》第5条规定，"物权的种类和内容，由法律规定"。依照该原则的要求，物权的种类和内容以民法或其他法律规定者为限，当事人不得自由创设之。[①] 抵押权为物权，自应遵守这一原则。而各国民法典最初设计担保物权时，以不动产为抵押权的标的，以动产为质权的标的，因而作为物权内容的公示方法，二者截然不同。抵押权以登记为公示方法，以不转移标的物的占有为主要特征；而质权以质权人对担保物的占有为公示方法，以转移担保物的占有为主要特征。现在，将动产担保物纳入抵押标的物范围，势必对法定动产物权的内容做出突破。那么，动产抵押权的公示方式，若遵循动产物权的公示方式，进行标的物占有的转移，这与质押无异；若不进行转移占有又与物权法规定的动产物权变动采取占有的公示方式相悖，有违物权法定。动产抵押权如若采取抵押权的登记成立主义公示方式，可供抵押的标的是动产，数量庞大，抵押登记费时费力，不利于经济效益价值的实现；同时动产所有权采取占有公示，抵押权采取登记公示方式，就会出现这二者非常不协调的局面，也无法真正实现物权公示的效力，到底是该以占有为准，还是以登记为准，人们无所适从。当然不采取登记也会与物权法要求的抵押权登记的基本规则相违背。所以说，动产抵押在传统的民法制度当中，与物权法定的基本原则相悖。当然，就当前民法理论界的动向来看，一些民法学者也在关注物权法定主义问题，在其他国家和地区物权法定主义也有

[①] 谢在全：《民法物权论》上册，中国政法大学出版社1999年版，第42页。

所缓和。当然动产抵押作为一种新型担保，突破了传统民法上的这一基本原则，能不能承认该制度、如何规定该制度、传统民法一些担保规则能否突破，也就成为各国和地区立法和学说上的主要争议所在。例如，德国、瑞士等国家坚持物权法定主义原则，因而拒绝承认动产抵押的有效性。

2. 动产抵押与物权公示制度不相协调

在大陆法系民法的立法和理论上，是对物权和债权进行严格区分的。债权是请求权、对人权，具有相对性；而物权是支配权、对世权，具有绝对性。所以，债权是基于法律的规定和当事人之间的约定而产生的，在当事人之间产生法律效力；而物权是基于法律的规定，可以对抗世人。物权具有强大的效力，具有排他性，任何人都负有义务不得侵犯物权人的物权，鉴于此，物权必须有明确的公示制度。所以物权的公示公信原则是物权法的一大重要原则。倘若不进行公示，让外人无法从外观上知悉物权的归属和物权的内容，势必影响物权的效力，物权排他性的效力也难以实现，且也必然会损害到第三人的利益，从而最终使财产交易秩序陷入紊乱境地。因此，发挥物权的排他作用，防止人对物的争夺、对他人财产的侵犯，法律必须明定物权公示制度及公示方法。① 基此公示制度，当事人及第三人得直接从外部认识物权的存在及现象，物权法律关系据此得以透明。

在大陆法系国家和地区，传统的立法一直主张，不动产物权以登记为公示方式，动产物权以占有或物的交付为公示方法。而动产抵押即属抵押权，当以不转移担保物的占有为主要特征，否则就与动产质权毫无二致了。但动产抵押权又属动产物权范畴，不交付担保物的占有，又与传统立法主张不符，因此动产抵押制度的出现，给传统民法物权公示制度带来了难题。

从承认动产抵押制度的大陆法国家的立法看，各类动产抵押均采取登记的公示方法。其主要理由：一方面，动产抵押仍属抵押权，自应符合抵押权的主要特征；另一方面，也是为了与动产质权

---

① 梁慧星、陈华彬：《物权法》，法律出版社1997年版，第71页。

相区别。虽然动产抵押采取了登记的公示方法，但登记的效力各国还是存在着明显的差异。动产抵押权虽说是抵押权，但毕竟是在动产上设定的抵押权。动产抵押权实行登记的公示方式，而动产抵押权的标的作为动产又实行的是占有的公示方式，这就出现了一个不可调和的矛盾。动产抵押权的公示方式，必定与传统民法动产的占有、不动产的登记这种公示方式相冲突。

3. 对抵押权人的利益保护不周

对于传统的抵押权，因为是设定在不动产之上的，不动产的公示方式是登记，而抵押权亦是采取登记的公示方式，这一点可以较好地保护抵押权人的利益。抵押人以他人的不动产拿来抵押，债权人只要信赖了不动产登记簿上的登记，即可取得抵押权，因为对于不动产是采取登记的公示方式。作为债权人在进行抵押担保交易时本就应该查询登记的内容，如果不动产登记簿上的记载与交易人不相符合，这场交易就有很大风险。另外，在抵押人对标的物转让时，第三人也可以查询不动产登记簿，以确保该不动产上的权利状况。即使第三人受让了该标的物，由于在该不动产上存在着抵押权登记，第三人也不能排除抵押权人的权利。因为不动产抵押权的公示方式与不动产所有权的公示方式不冲突，也就能够很好地保障抵押权人的利益。

作为动产抵押，虽然法律规定要求设定动产抵押权要对标的物进行登记以公示，但是，动产抵押的标的物是动产，而动产是以占有为公示方式。在抵押人对标的物进行处分时，或毁损或转让，都会影响到抵押权人的利益。如果抵押人以他人所有的动产为抵押物，同时也会导致抵押权人与动产真实的所有人权利的冲突。因此，动产抵押制度对抵押权人的利益保护难以有周详的制度。

4. 动产抵押造成抵押权人与第三人利益难以平衡

传统的抵押权，由于是在不动产之上建立的，不动产物权是以登记为公示方式，故设定抵押权时，即需要进行抵押权登记，经过登记抵押权成立。在不动产上一经设定抵押权，抵押权人就可以在债务人不履行债务时，就抵押物进行变卖或拍卖，所得价金优先受偿。虽然，抵押物不转移占有，抵押权人不能实际控制抵押物，但是因为已经在不动产登记簿上进行了登记，物权公示就有公信力，第三人在与抵押人进行交易时，会了解到在该标的物上已经设定有抵押权，因为不动产所有权的转让亦是要通过公示，也就是要进行登记才能发生物权的变动，交易第三人深知不动产物权转让这一登记公示规则，交易时不能不察，所以，如果第三人想要获得该标的物的完全的干净的没有设置任何负担或抵押的所有权，就不会与之交易，如果第三人对该标的物抱着无所谓的态度，也可受让该标的物，但该标的物在先已存在有抵押权，抵押权人仍可根据在先设定的抵押行使抵押权。所以，无论抵押人是否与第三人交易，对抵押权人的抵押权无任何影响，对交易第三人来说，也因为信赖了抵押权公示的效力，其利益也不会受到多大影响，即使是在第三人受让抵押物以后，抵押权人行使抵押权会妨害到第三人的利益，这也是他当初可以预知的，该风险由其自己承担。总的来说，在不动产上设定抵押权，因为不动产物权公示方式的一致性，抵押权人和第三人的利益是可以协调的，不会发生严重的冲突。

假若允许动产亦可设定抵押权，就会使抵押权人与第三人的利益难以协调。因为动产物权采取的是占有的公示方式，根据物权公示公信原则，只要物权进行了公示，就有公信力，善意第三人即可信赖占有人享有物权。占有人占有标的物，一般有推定效力，也就是说，推定占有人是有权占有，善意第三人可以放心与之进行交易，无须担心占有人的权利状况，因为，即使占有人是无权占有，所为的处分是无权处分，善意第三人因为信赖了该公示，也可因为善意而取得该标的物的物权，这就是物权法上的善意取得制度。如果，在动产标的物上设定了抵押，因为抵押权的设立无须转移标的物的占有，抵押人仍占有着标的物，此时，第三人与之交易，就可以根据动产的占有公示方式，信赖该占有的效力，根据物权法的基本理论与规则，善意第三人就应该可以取得一个纯粹的干净的物权。如此，势必严重影响到抵押权人的利益，抵押权人的抵押权形同虚设，无法起到担保债权的作用。

有些国家和地区的立法，为克服动产抵押的这一不足，一般是采取变通做法，也就是设定动产抵押也需要进行登记。当然采取的立法模式有所不同，有采登记生效主义的、有采登记对抗主义的。也就是说，设定动产抵押，采取登记的公示方式就会产生相应效力，有了该公示，就可以对抗善意第三人。如此，固然可以保护抵押权人的利益，不至于使抵押权人的抵押权形同虚设；但，从另外一个角度看，对于交易第三人的利益的保护就欠缺周到。因为，在动产上的抵押登记，有物权的效力，这就是说，在交易时，也要第三人去查询在该动产标的物上有无抵押权登记，不能仅仅信赖占有的公示方式，不能通过占有的外观来判断此项交易有无风险。这就给交易第三人增加了交易成本，以后发生的动产交易，仅靠物权法上占有的公示还不够，每一项交易都要调查交易的标的物的权利状况，这也与物权法的公示公信原则严重相悖，动产的占有公示效力荡然无存。此种制度造成的结果就是，严重损害了交易的安全，并降低了交易的效率。

（二） 动产抵押制度弊端的症结所在

就动产抵押与物权法定原则的关系来说，传统的民法固守物权法定主义的原则，认为物权的种类和内容由法律规定。随着社会经济的发展，物权法定主义立法和理论上已经有所松动，不少学者开始怀疑物权法定主义原则。日本学者我妻荣认为应根本无视物权法定主义的规定，而承认习惯物权的效力。① 因为物权法定主义旨在整理旧物权，防止封建制度复辟，而习惯是在社会生活中自发产生的，不仅无阻止之可能，而且如横加干涉，也将有害于社会的发展，因此应该承认习惯法上物权的效力。舟桥谆一认为，物权法定所指的法虽不包括习惯法在内，但从物权法定主义存在的理由看，如社会习惯上所产生的物权不妨碍物权体系之建立，又无妨碍公示时，可突破物权法定主义的拘束，而直接承认该习惯法上的物权。② 现在比较流行的是物权法定缓和说，该说认为新生的社会习惯上的物权，如不违反物权法定主义的立法旨趣，且又有一定的公示方法

---

① 梁慧星、陈华彬：《物权法》，法律出版社1997年版，第51页。
② ［日］舟桥谆一：《物权法》，有斐阁1990年版，第18页。

时，可以从宽解释物权法定主义的内容，将其解为非新种类之物权。① 物权法定主义发展至今，历经萌芽、茁壮、繁荣、开花与结果，在物权法领域中绽放着异彩，唯时过境迁，社会经济之需要，因时地而不同，物权法定主义的内涵，也需要随着社会经济的演变与需求，注入新生命，而不能一成不变。按物权法定主义的立法旨趣，既在于确保物权之特性，防止封建时代旧物权的复苏，也便于物权的公示，以保障交易的安全。就今天来看，防止封建时代旧物权的复苏，该意义已经不大，关键是因为物权直接支配和绝对性的权利本质属性，要求物权能够公示，以保障交易的安全，做到这一点，即可承认社会经济发展过程中新出现的物权种类。所以，有人认为，动产抵押权的出现有违物权法定主义，此种观点大可不必担心。随着社会经济的发展，就会出现新的制度，我们不能抱残守缺，一成不变。

至于动产抵押制度与物权公示公信原则难以协调，事实上是有这种情况，动产采取占有的公示方式，传统抵押权采取登记的公示方式，动产抵押该采取何种公示方式呢？采占有的公示方式，会与抵押权的公示不协调，采登记的方式又与动产物权的公示不符，从而出现动产抵押公示方式上的尴尬，也使物权法固有的"动产占有、不动产登记"的制度出现内部矛盾。但是作为规则还是为人的生活而设的，而不是一定要达到人为设计的逻辑之美，也只有符合社会需求，能良好地安排人的生活规则，才是我们需要的规则。制定法律考虑法律体系内部逻辑固然重要，但笔者认为，更重要的是满足人的需要，要做到"以人为本"。法律规则不是制定后拿来摆放和欣赏的，而是要解决社会生活需要，安顿人的生活。所以，就单单从动产抵押制度致使传统的物权公示公信规则逻辑上不协调，而否定一个制度，理由是不充分的。

动产抵押制度虽然可以突破物权法定原则，可以突破"动产占有、不动产抵押"的公示规则，但作为一项物权制度，能否公示、能否保障交易安全是至关重要的。正像上述分析的，动产抵押对抵

---

① 谢在全：《民法物权论》上册，中国政法大学出版社1999年版，第47页。

押权人利益保护的不周、在抵押权人的利益与交易第三人利益之间难以协调，这也是动产抵押制度的致命弱点。产生这个致命缺陷的原因主要还是在于动产抵押权的公示上，正所谓"成也萧何败也萧何"，动产抵押的公示乃"动产抵押制度的阿喀琉斯之踵",[①] 动产抵押制度成败的关键就在于动产抵押的公示上。一旦动产抵押权的公示制度的矛盾得以解决，动产抵押制度的付诸实施便毫无阻挡，就可以尽情地发挥动产抵押制度的积极功能，为法律的进步和社会的进步带来积极的效应。笔者坚信，通过对动产抵押公示制度的完美技术设计，一定可以解决该矛盾，从而发挥动产抵押制度的积极价值。

三　让与担保能否取代动产抵押

正是看到动产抵押有如此制度性的缺陷，法、德一些国家才迟迟不肯承认动产抵押制度，而是发展出了让与担保制度，以适应变化了的社会经济状况，发挥动产担保的功能。也有不少学者对动产抵押制度抱有深深的怀疑，甚至有人提出，不应该建立动产抵押制度，而应以让与担保取而代之，认为动产抵押与动产的让与担保在功能、公示方法、公示效力等方面都完全相同，而且让与担保的适用范围远比动产抵押要广，并且进一步认为，"废除动产抵押制度，不仅有利于维护抵押制度理论的完整性，而且用让与担保制度取代动产抵押，工商企业以占有改定的方式进行动产的担保融资，丝毫

[①] 黄家镇：《破解动产抵押的"戈尔迪之结"——论〈物权法〉动产抵押的完善》，《河北学刊》2008年第6期。荷马史诗中的英雄阿喀琉斯，是凡人泊琉斯和美貌仙女忒提斯的宝贝儿子。传说她的母亲忒提斯为了让儿子练成"金钟罩"，在他刚出生时就将其倒提着浸进冥河，使其能刀枪不入。但遗憾的是，因冥河水流湍急，母亲捏着他的脚后跟不敢松手，被母亲捏住的脚后跟却不慎露在水外，所以脚踵是其最脆弱的地方，全身留下了唯一一处"死穴"，因此埋下祸根。长大后，阿喀琉斯作战英勇无比，却被太阳神阿波罗一箭射在脚后跟而身亡。阿喀琉斯之踵（Achilles' Heel），原指阿喀琉斯的脚后跟，因是其唯一没有浸泡到神水的地方，故是他唯一的弱点，现在一般是指致命的弱点、要害。

不会受到影响"①。让与担保是不是真如有些学者所言,有如此神奇的功效可以取代动产抵押,这就需要进一步分析。

(一) 让与担保的概念和特征

1. 让与担保的概念

让与担保最早的形式,可以说是起源于罗马法中的信托制度,现在的让与担保制度总体上是大陆法系在吸收罗马法和日耳曼法信托行为理论的基础上,经过数百年发展而来的非典型物的担保制度,许多国家和地区诸如德国、日本都在法律上承认了让与担保制度。所谓让与担保,是指债务人或第三人为担保债务人的债务的履行,将担保物的整体权利转移给债权人,在债务得到清偿后,标的物的整体权利返还给担保设定人(债务人或第三人),债务届期未受清偿时,债权人得就该担保标的物变价优先受偿的一种担保方式。由此定义可知,让与担保成立的经济目的,在于担保债务人之债务。就此而言,它与典型担保如抵押权等,并无差异。二者所不同者,在于让与担保的成立与存续须转移标的物的权利。因此,让与担保的担保权人从设定人处通常取得超过其经济目的的权利,而典型担保,则仅仅以在标的物上设定定限物权为已足,担保权人的权利仅限于得支配标的物的交换价值。故而,有学者称之为信托的让与担保。② 因此,让与担保的标的多以物的所有权居多,而担保权人则以债权人为常。例如,甲欠乙人民币100万元,为担保其清偿即以担保债务之清偿为目的,甲将自己所有的一辆豪车转移于乙,届期甲如果清偿了债务,乙将该车的所有权返还于甲,如未能清偿债务,则乙可以将该车进行变卖,就其卖得价金以受清偿。让与担保与典型的担保制度,如抵押权、质押权、留置权制度有着较大的不同,因此,让与担保又称为非典型担保。

2. 让与担保的特征

(1) 让与担保为担保债务的清偿以转移标的物的所有权方式为之。典型的担保性质上属于定限物权、他物权,其设定不以转移标

---

① 陈本寒:《担保物权法比较研究》,武汉大学出版社2003年版,第356页。
② 谢在全:《民法物权论》下册,中国政法大学出版社1999年版,第897页。

的物的整体权利，特别是所有权为必要，担保物的所有权仍保留在提供担保物的人手中，而让与担保则是将标的物的整体权利，特别是所有权整体转移至担保权人，因而，让与担保的设定，就意味着担保设定人对担保物所有权的丧失，至少在形式上是如此。

（2）让与担保的标的物多样化。典型的担保，质押一般是在动产或有关权利之上，有动产质押和权利质押之分，不能设立在不动产之上；抵押一般是设立在不动产之上，近现代以来才发展出动产抵押制度；留置权则是在特定的动产之上设立。而让与担保，根据当事人的约定，可以在动产上设定，也可以在不动产之上设定，也可以在集合财产上设定，甚至是在债权等财产权利上设定。

（3）让与担保的设定不以公示为必要。典型的担保既为物权，当以公示为必要，如动产质押需要转移质押物的占有，不动产抵押则要以登记为不动产抵押权成立要件。让与担保的设定并不以公示为必要，公示与否完全取决于当事人的约定。

（4）让与担保转移标的物所有权是以担保债务的清偿为目的。就这一点而言，让与担保与一般的买卖不同，买卖行为中，出卖人转移标的物的所有权则是为了换得标的物的价金，买受人是通过支付价金以换取标的物的所有权，买卖行为完成后，标的物所有权终局地为买受人所有，并无返还之说，除非是买卖合同无效、被撤销等原因发生，才可要求返还，出卖人与买受人是等价有偿的关系。而让与担保，虽然设定人需要转移标的物的所有权，名义上担保权人享有了所有权，但该所有权的目的只是在于担保债务人的债务的履行，当债务人届期完全履行了债务，则担保权人应返还物的所有权于设定人，即取得所有权不是目的，目的在于担保债务的清偿。

（5）典型担保均为变价权，让与担保可以不是。典型担保，无论是抵押权，还是质押权、留置权，当债务人不履行到期债务时，担保权人就担保物进行拍卖、变卖，卖得价金优先清偿其债权，所以，典型担保都是变价权。因而法律严格禁止当事人在设定担保合同中约定流质或流押条款，即债务人不能清偿债务时，质押物或抵押物归属于担保权人。而让与担保则不受此限制，债权人既可以采取变价的方式，从担保物的变价中优先受偿，也可以直接以担保物的所有权冲抵主债务。当然,从各国让与担保制度的发展趋势上看,为了保护设定人的利益,一般逐渐要求采用变价的方式即通过对标的物进行变价取得的价金优先受偿。

(二)让与担保与动产抵押的比较

让与担保可以在动产上设定,也可以在不动产上设定,还可以在集合财产上设定,在动产上设定让与担保,称为动产让与担保。因为本书主要研究的内容是动产抵押制度,下面笔者主要就动产让与担保与动产抵押进行比较,并进一步分析二者的不同特点。

1. 动产让与担保与动产抵押相同点

动产让与担保与动产抵押都是在动产上设定的担保,就这一点而言二者有些类似。

该二制度的目的都是担保债务人的债务的履行。无论是需要让渡所有权的让与担保,还是通过设定抵押权方式的动产抵押,当债务人不履行债务时,债权人有权对标的物进行变价,卖得价款优先受偿,债权人均享有变价权。当债务人履行了债务,让与担保担保权人有义务将担保物所有权返还给标的物的所有人,从而担保权消灭;动产抵押中抵押权人的抵押权也因债务人履行了债务而消灭。

动产让与担保与动产抵押也都是当事人通过约定的方式而成立的。

二者在公示方式上,也都没有强制一定要采取一定明确的公示方式,让与担保制度,是否进行登记等公示,就需要看当事人是如何约定的。动产抵押,是否进行公示,法律也没有强制规定,有的国家和地区,把登记作为动产抵押权对抗效力要件,即一旦登记则具有对抗善意第三人的效力,这也就是说当事人可以选择不进行公示,登记与否完全看当事人的意思。

让与担保制度与动产抵押制度,都不需要设定人和抵押人将标的物交付给债权人。让与担保,主要是通过设定人与担保权人对标的物完成占有改定的方式,将所有权转移给担保权人,设定人可以继续占有标的物,利用标的物,获取标的物带来的收益。而动产抵押制度,抵押人也无须转移标的物的占有,从而继续占用、使用标的物。就不转移占有这点而言，让与担保与动产抵押是相同的。

2. 让与担保与动产抵押的不同点

让与担保与动产抵押虽有相同之处，但在具体操作上还是有明显的区别。

（1）从标的物的范围上看，让与担保比动产抵押更为广泛。让与担保可以在动产上，也可以在不动产上、集合财产上等设定。动产抵押制度，当然只是在动产上设定。该二制度，在动产上设定时，有重合的地方。

（2）从设定的权利上看，让与担保与动产抵押有着明显的不同。让与担保是通过让渡所有权的方式进行，设定人与债权人通过约定的方式，通过占有改定，将标的物的所有权转移给债权人，设定人虽仍然可以占有、使用标的物，但却丧失了标的物的所有权，债权人取得了标的物的所有权，通过享有所有权以实现对债务人的制约，担保自己的债权实现。但债权人虽享有标的物的所有权，由于其没有实际占有标的物，不能使用以及获取标的物的收益，该所有权也可以说仅是名义上的所有权。这一点与信托制度极为相似。

动产抵押则是采取抵押的方式，不转移标的物的占有，债权人取得抵押权，所有权属并未改变，所有权仍归属于抵押人。动产抵押中担保权人享有的抵押权是限制物权、担保物权，而让与担保制度中，因为要把物权，往往是所有权，转移给债权人，债权人的担保权实质上是所有权。二者在权利性质上一为抵押权，一为所有权，因此，让与担保与动产抵押在权利构造上具有极大的不同。

（3）从担保设定人对标的物的处分后果来看，二者也有着明显的不同。让与担保制度中，设定人如果对标的物进行处分，如其将该标的物卖与他人，因为标的物所有权已转移给债权人，设定人不再享有该物的所有权，其处分行为便是无权处分，倘若交易相对人是善意第三人，信赖了占有的公示，不知处分人为无权处分，便可因善意取得制度而取得该标的物的所有权，那么此时让与担保权利人便不能向该善意第三人进行追及，只能要求无权处分人负损害赔偿等责任来加以救济。在动产抵押制度中，因抵押人仍享有物的所有权，债权人只是享有抵押权，所有权并未发生转移，抵押人若将该标的物转让给他人，此时抵押人的处分行为为有权处分，无论第三人善意与否，均不适用善意取得制度问题，都可以通过买卖这一法律行为而继受取得该抵押物的所有权，当然如果抵押权进行了登记（公示）则可以对抗善意第三人，未进行登记（公示）不可对抗善意第三人。进行公示的动产抵押权，抵押权人在行使抵押权时，可以追及标的物之所在，行使抵押权，第三人不能以其所有权对抗抵押权人的抵押权；若未进行公示，抵押权人的抵押权则不可对抗善意第三人，善意第三人可以以其所有权对抗抵押权人的抵押权。所以，在担保设定人对标的物进行处分时，让与担保与动产抵押，在处分行为的后果上、在具体适用法律制度上有着不同的规则。

（4）从担保权人对标的物的处分后果来看，让与担保与动产抵押也有着不同的规则适用。让与担保情形下，担保权人也就是名义上的所有权人，其处分标的物，为有权处分；而动产抵押情形下，担保权人因不是物的所有权人，并不享有对物的处分权，如果意图将担保物转让给他人，也是无权处分。

（5）从担保权的实行来看，二者也有不同之处。让与担保情形下，当债务人不履行到期债务时，如何实现担保权人的权利，可以根据当事人之间的约定，常见的有通过变价的方式即对标的物进行拍卖、变卖，所得价金优先清偿债权人的债权；也有通过直接由债权人终局地享有该物的所有权的约定来实现债权人的债权。而动产抵押情形下，当债务人不履行到期债务时，债权人只能选择对标的物进行变价的方式优先受偿，法律禁止流抵押。当然从世界大多数国家和地区的法律实务发展来看，让与担保的实现也在逐渐通过变价的方式来实现，已经很少通过直接获取所有权的方式实现了。

（6）从占有与所有是否分离角度看，二者也有不同。让与担保情形下，由于所有权已从设定人手中转移至担保权人手中，虽然通过占有改定的方式完成了所有权的转移，而设定人仍实际占有着标的物，所以就出现了占有与所有的分离；动产抵押情形下，抵押权人仅支配着标的物的交换价值，也不对标的物进行占有，所有权仍归属于抵押人，占有也是抵押人所占有，所以，并未发生占有与所有的分离。

(三) 让与担保是否能够取代动产抵押

在让与担保关系中，担保权人虽取得标的物的所有权，但对于设定人就超过担保目的以外的权利，负有不得行使的义务。实际上，标的物仍由设定人占有，担保权人所享有的所有权，只能是名义上的所有权。让与担保成立后，当设定人对该标的物进行处分，如向第三人进行转让，此时，因为其无所有权，乃是无权处分，如果第三人为善意，信赖占有的公示，根据善意取得制度，即可取得该动产的所有权，对于担保权人也只能通过损害赔偿要求无权处分人承担损害赔偿责任。这种结果，对担保权人担保权的实现是十分不利的，最终可能导致让与担保形同虚设。正如德国学者鲍尔和施蒂尔纳在其著作《德国物权法》里所述，"担保性所有权让与提供的是一个秘密的质权，它在外部是难以被辨别的。债务人显得还是有信用的。在此对所有债权人都存在着一个危险；这一危险是难以被避免的，因为它与担保性所有权让与必然是连接在一起的"①。究其原因，乃在于，让与担保缺乏物权的公示，缺乏公示的物权，是难以保障交易安全的。这一点也是让与担保制度的致命缺陷。如果说因为动产抵押权缺乏明显的公示，而改采让与担保的方式，通过转移动产所有权的方式、赋予担保人所有权，以加强对其利益的保护，来对抗善意第三人，只能说这种想法是一厢情愿。因为虽然设定人让渡了标的物的所有权，债权人享有该物的所有权，但由于其实际并未占有该标的物，此时，设定人仍然占有着标的物，而事实上，动产物权采取的是占有的公示方式，善意第三人只要是信赖了该占有的公示，为保障交易安全，依善意取得制度仍然可以取得所有权，担保人又不能追及物的所在进行优先受偿，对于担保权人担保其债权实现的目的，最终只能落空。笔者认为，以让与担保制度取代动产抵押，是解决不了实际问题的，并没有因让渡所有权的方式比设定抵押权的方式效力上更加强大，所以，不能简单地以让与担保制度来代替动产抵押制度。

---

① [德] 鲍尔、施蒂尔纳：《德国物权法》下册，申卫星、王洪亮译，法律出版社2006年版，第603页。

动产抵押与让与担保均为对债权的担保，有相似之处，也有不同之处，二者并无孰优孰劣之分，也不存在包容的关系，没有必要用让与担保来代替动产抵押，或者是用动产抵押来代替让与担保，二者完全可以并存。至于当事人愿意选择设定动产抵押权的方式进行担保，还是通过让与担保的方式进行担保，应该完全交由当事人自己来决定。多一种选择对于当事人来说，是件好事，法律不应该进行限制，或者以立法的形式代替当事人的选择，因为私法就应该贯彻私法自治的精神。因此，笔者认为，让与担保无代替动产抵押的必要。

四 小结

综上，动产抵押可以上说是有利有弊，所以，各国和地区立法对该制度褒贬不一、莫衷一是。在我国制定物权法的过程中，关于动产抵押设立的必要性以及相关模式，就有不同的观点。第一种观点认为，我国立法中不应当采用动产抵押。主要是因为动产抵押不适合采取登记的公示方式，而且没有一套好的公示方式将抵押权的设定情况公示出来，不利于保护交易的安全。该制度的创设，不仅不能完全取代让与担保制度，反而造成抵押权理论的混乱，破坏了民法物权理论的完整性。因此主张废除动产抵押制度而完全以让与担保制度取而代之。[①] 第二种观点认为，应该采用动产抵押制度。此种观点认为，在采纳动产抵押制度之后，通过完善动产抵押公示制度和实行制度，以快捷、高效、低成本的登记制度和实行制度，来满足动产抵押的公示和实行需求，完全可以维护交易安全。[②] 也有学者认为，"承认动产抵押，对于企业来说，无疑是开辟了一种

[①] 陈本寒：《动产抵押制度存废论——兼评我国民法（草案）对动产抵押与让与担保制度之规定》，载邹海林《金融担保法的理论与实践》，社会科学文献出版社2004年版，第124—127页。

[②] 高圣平：《美国动产担保交易法与中国动产担保物权立法》，《法学家》2006年第5期。

更为广阔的融资方式","动产抵押可以进行登记,因此,它是有一定公示方法的"。① 第三种观点认为,在承认动产抵押的同时,可以适当引进让与担保制度。② 此种观点认为,应当充分发挥动产担保的作用,但在动产担保制度的设计方面,必须在动产抵押制度之外规定不移转占有的动产担保形态。③

承认动产抵押制度的观点主要是看到动产抵押制度的优点,否定动产抵押制度的观点主要是看到动产抵押制度的缺陷。但用让与担保制度来弥补动产抵押制度的缺陷,此种观点值得商榷,前文,笔者已经做了论述。至于要不要引进让与担保制度,不属于本书论证的内容,故而不做展开。单就动产抵押而言,该制度的最大缺陷,就在于其公示制度上,如果能设计出可行的公示制度,该制度的缺陷就得到弥补,即可以更加强大地发挥其制度价值。毕竟,面对社会经济的发展,企业融资难的瓶颈严重影响企业和社会经济的发展,增加融资方式,拓宽融资渠道,是当下亟须正面面对和解决的。由于动产的类型、数量、价值日益增大,与以往不可同日可语,发挥动产担保的功能是大势所趋。动产担保交易重要的就是做到保障交易的安全。笔者认为,可以通过改革和完善动产抵押权的公示制度,以避免动产抵押制度的风险,摆脱动产抵押"阿喀琉斯之踵"的魔咒。

案例2 以固定资产提供反担保,能否要求优先受偿?

1. 案情简介

本案原告是泸县农业和中小企业融资担保有限公司(以下简称中小企业担保公司)。2010年7月30日,被告泸州新盛纸业有限公司与泸县农村信用合作联社海潮信用社(以下简称海潮信用社)签订《流动资金循环借款合同》,约定海潮信用社向被告提供借款500万元人民币,借款期限为2010年7月31日至2013年7月30日。

---

① 王利明:《试论动产抵押》,《法学》2011年第1期。
② 梁慧星、陈华彬:《物权法》,法律出版社1997年版,第392页。
③ 高圣平:《美国动产担保交易法与中国动产担保物权立法》,《法学家》2006年第5期。

同日，中小企业担保公司与海潮信用社签订《最高额保证合同》，约定中小企业担保公司对被告在 2010 年 7 月 31 日至 2013 年 7 月 30 日期间向海潮信用社的借款提供最高限额为 500 万元人民币的保证。次日，被告与中小企业担保公司另行签订委托保证合同一份，约定由中小企业担保公司为被告上述借款提供连带保证担保。

2013 年 1 月 17 日，被告与泸县元通村镇银行有限责任公司（以下简称元通银行）签订《流动资金借款合同》，约定元通银行向被告提供借款 300 万元人民币，借款期限为 2013 年 1 月 17 日至 2014 年 1 月 17 日。同日，被告与中小企业担保公司签订《委托保证合同》，约定由中小企业担保公司为被告就该 300 万元的借款提供连带保证担保。同日，中小企业担保公司与被告签订《保证合同》，约定由中小企业担保公司为被告上述借款提供连带保证担保。中小企业担保公司与被告于同日另行签订《抵押反担保合同》，约定因中小企业担保公司为被告向元通银行的 300 万元的借款提供连带保证，被告自愿以其所拥有的固定资产向中小企业担保公司提供抵押反担保，并承担反担保责任；双方商定的抵押物价值为 950 万元（附抵押物清单），担保金额为 300 万元；反担保的范围为同日签订的《委托保证合同》下中小企业担保公司因承担保证责任而偿付的所有款项。中小企业担保公司与被告于同日在泸县工商局办理了动产抵押登记。

被告因资不抵债，于 2013 年 5 月 30 日向法院申请破产清算，法院于同日裁定受理，并指定泸州新天破产清算事务所有限公司为被告管理人。中小企业担保公司于 2013 年 9 月 13 日向元通银行代偿被告借款本息合计 3090228 元，于 2013 年 9 月 17 日向海潮信用社代偿被告借款本息合计 500 万元。2013 年 11 月 28 日，原告向被告管理人申报了 8090228 元的债权，但未向管理人提交《抵押反担保合同》，被告管理人向其出具了债权确认表，就中小企业担保公司对被告享有 8090228 元的债权予以确认，中小企业担保公司亦在债权确认表上签字确认。原告向法院提出诉讼请求，要求依法确认其在被告 8090228 元破产债权中享有 300 万元的优先受偿权；被告对原告主张的对其中 300 万元享有优先受偿权不予认可。

2. 案例分析

(1)《抵押反担保合同》的性质认定

债务人为了担保债务的履行，可以是债务人自己也可以是第三人向债权人提供担保，可以采取人保的形式，也可以采取物保的形式。物保，以物作为担保，如以动产、不动产等进行质押、抵押或留置等，通过设定担保物权的形式，当债务人不能履行债务时，由担保物权人就债务人或第三人提供的担保物进行变价，以获得价金优先受偿。人保，即通过保证人向债权人担保，保证人为担保债务人的债务，与债权人签订保证合同，按照约定向债权人承担一般保证责任或连带保证责任。一般保证，保证人有先诉抗辩权，即债务人的债务到期时，债权人需要先向债务人请求履行，债务人不能履行时，再要求保证人承担保证责任；而连带保证，保证人和债务人承担的是连带责任，债务人的债务到期债权人可以要求债务人或保证人履行债务，保证人不能要求债务人先履行，其并不享有先履行抗辩权。无论是一般保证还是连带保证，保证人承担保证责任后，可以向债务人追偿。所以，如果债务人此时无力或者不履行对保证人的债务，保证人的利益就会受到损失。实践中，保证人为了担保自己的求偿权的实现，往往再要求债务人向自己提供担保，该担保一般称之为反担保。所谓反担保，指担保人为担保自己对债务人的求偿权向被担保人要求，由被担保人或第三人向自己再行提供担保的担保。反担保，可以是人保的方式，也可以是物保的方式。

本案中被告泸州新盛纸业有限公司先后与海潮信用社和元通银行签订借款合同，约定向海潮信用社借款500万元，向元通银行借款300万元，两次借款都是由原告中小企业担保公司作为保证人。根据双方签订的《保证合同》，中小企业担保公司对被告的借款债务承担连带保证责任。当被告的借款期限届满时，保证人依约履行了保证义务，代偿了被告的欠款本息。而在中小企业担保公司就被告与元通银行的300万元借款债务中，中小企业担保公司要求被告提供反担保，于是中小企业担保公司与被告签订了《抵押反担保合同》，合同约定由被告就其所拥有的固定资产向中小企业担保公司提供抵押反担保，并承担反担保责任；双方商定的抵押物价值为

950万元（附抵押物清单），担保金额为300万元。双方还就约定的抵押权向工商部门办理了抵押登记。

就《抵押反担保合同》而言，首先，《抵押反担保合同》为反担保合同。反担保，主要是为了换取担保人提供保证、抵押或质押等担保方式反而由债务人、第三人向该担保人提供新设担保，该新设担保相对于原担保而言，被称为反担保。我国《担保法》第4条第1款规定："第三人为债务人向债权人提供担保时，可以要求债务人提供反担保。"该《抵押反担保合同》，即为反担保形式。其次，《抵押反担保合同》是抵押合同。所谓抵押合同，是当事人就抵押权的设定、抵押权的内容等抵押事项所订立的协议。抵押权的设立需要通过约定的方式为之，抵押人、债务人、债权人就抵押事项通过协商，是意思表示一致的产物。按照我国《物权法》第185条第1款、《担保法》第38条、《关于民法通则的意见》第112条等的规定，抵押合同是要式合同，应当采用书面形式，抵押合同可以是单独订立的书面合同，也可以是主合同中的抵押条款。本案中的《抵押反担保合同》是单独订立的书面合同。最后，《抵押反担保合同》所涉的抵押为动产抵押。动产抵押，是以抵押人所有的动产为抵押物所设定的抵押。动产可以是船舶、航空器、机动车、机器设备等有形的可以移动，移动并不会导致其价值丧失或毁损的物。从本案中《抵押反担保合同》的内容来看，被告所提供的抵押物是其所拥有的固定资产，固定资产以机器设备、机动车辆等居多，不包括房屋、土地使用权等不动产及其权益，所以本案所涉担保为动产抵押担保。

（2）未向破产管理人申报抵押权能否主张优先受偿

由于被告陷入破产清算，作为原告进行了债权申报，但并未申报其抵押权，现在向被告主张优先受偿权。未向破产管理人申报抵押权能否主张优先受偿权问题，需要从以下几点去分析：

第一，原告的抵押权是否成立。被告向海潮信用社和元通银行借款，它们之间的借款合同，主体具有完全民事行为能力，意思表示真实，标的合法，因此，借款合同合法有效。为担保被告的债务的履行，原告作为保证人，当事人之间所签订的保证合同，亦无无效、可撤销等情形，保证合同是当事人真实的意思表示，合法有效。原告是被告的保证人，根据合同的约定，原告承担连带保证责任。在被告与元通银行的借款中，原告为被告提供保证担保，但同时又要求被告提供反担保。被告以所有的固定资产提供了抵押，双方签订了《抵押反担保合同》。该抵押合同，缔约主体具有完全民事行为能力，意思表示真实，内容合法，因而该合同合法有效。根据我国《物权法》《担保法》的规定，抵押合同是要式合同，须采用书面形式，双方所订立的抵押合同形式也合法。我国《物权法》第181条规定："经当事人书面协议，企业、个体工商户、农业生产经营者可以将现有的以及将有的生产设备、原材料、半成品、产品抵押，债务人不履行到期债务或者发生当事人约定的实现抵押权的情形，债权人有权就实现抵押权时的动产优先受偿。"本案中被告所提供的是其拥有的固定资产，符合抵押标的物的范围。因为该类标的物，不似传统民法中以不动产作为抵押的标的，是为动产抵押。既然该类物可以作为抵押物，则在该物上设定的抵押权亦有效。我国《物权法》第189条第1款规定："企业、个体工商户、农业生产经营者以本法第一百八十一条规定的动产抵押的，应当向抵押人住所地的工商行政管理部门办理登记。抵押权自抵押合同生效时设立；未经登记，不得对抗善意第三人。"根据该条的规定，动产抵押的抵押权自抵押合同生效时设立。本案中，2013年1月17日，中小企业担保公司与被告签订了《抵押反担保合同》，约定因中小企业担保公司为被告向元通银行的300万元的借款提供连带保证，被告自愿以其所拥有的固定资产向中小企业担保公司提供抵押反担保，并承担反担保责任；双方商定的抵押物价值为950万元（附抵押物清单），担保金额为300万元。所以，中小企业担保公司与被告在2013年1月17日签订《抵押反担保合同》当日，抵押权已经设立。原告享有抵押权，并在工商管理部门办理了抵押权的登记，经登记的动产抵押权根据法律规定具有对抗善意第三人的效力。因此，当原告为被告承担了保证责任之后，原告对被告的追偿权不能得到清偿时，原告就可以实行抵押权，就抵押物进行变价优先受偿。根据以上分析，原告主张抵押权，要求优先受偿有着事实和法律依据。

第二，破产清算程序中，未进行申报，抵押权会不会消灭，能否再主张抵押权。在本案中，因被告陷入破产清算程序，2013年11月28日，原告向被告管理人申报了8090228元的债权，但未向管理人提交《抵押反担保合同》，被告管理人向其出具了债权确认表，就中小企业担保公司对被告享有8090228元的债权予以确认，中小企业担保公司亦在债权确认表上签字确认。原告虽然申报了债权，但未就300万元债权部分享有抵押权的情况进行说明。根据我国《企业破产法》第49条的规定："债权人申报债权时，应当书面说明债权的数额和有无财产担保，并提交有关证据。申报的债权是连带债权的，应当说明。"原告申报债权时，没有说明该债权有无担保情况，那么是否认定为原告放弃了该优先受偿权呢？如果推定为放弃了优先受偿权，那么原告的诉讼请求就不能得到法院的支持，如果不认为放弃了优先受偿权，那么原告的诉讼请求就应该得到法院的支持。该优先受偿权，在破产法理论中称为别除权。所谓别除权，是指债权人不依破产清算程序，就属于破产人的特定财产个别优先受偿的权利。破产别除权是大陆法上的一个概念，英美法使用的是"担保债权"一词。我国《企业破产法》第109条规定："对破产人的特定财产享有担保权的权利人，对该特定财产享有优先受偿的权利。"破产别除权以担保物权为基础，根据"物权优先于债权"的基本民法理论，享有别除权的人就破产人的特定财产具有优先受偿权；破产别除权是针对债务人设定担保的特定财产行使的权利；作为破产别除权成立基础的担保权，必须在破产宣告前的一定期间已经合法成立；破产别除权是不依破产程序而行使的权利。从破产别除权的基本概念和特征，可以得出，破产别除权的基础是担保物权，可以就破产人的特定财产优先受偿，是对特定物的支配性权利。所以，该权利除非明确放弃，才会消灭，如果没有明确放弃，仅仅是在申报债权时没有说明有无担保情况，不能简单地推论出权利人放弃了权利，这样的做法与物权的本质属性以及设立担保的目的不相符合。根据我国《企业破产法》第110条规定："享有本法第一百零九条规定权利的债权人行使优先受偿权利未能完全受偿的，其未受偿的债权作为普通债权；放弃优先受偿权利的，其债权作为普通债权。"根据该条的规定以及民法、破产法的基本原理来看，这里的放弃应为明确的放弃行为，而申报债权时未说明有无担保并不认为是放弃。所以，本案的原告基于其动产抵押权，可以主张就特定物即抵押物（经登记的被告所有的固定资产，具体范围参照抵押物清单）优先受偿，法院应该支持原告的诉讼请求。

(3) 本案的一些启示

本案给笔者一个很大的启示，这启示不是在于反担保，也不是在于破产程序中有担保的债权人主张优先受偿，而是在原告与被告的担保合同关系中，被告以其所有的固定资产作为抵押。在传统的担保中，动产作为质押的标的，需要转移标的物的占有给质权人；不动产用于抵押，抵押无须转移占有，践行登记程序就可以了。但作为债务人，它可能是自然人，也可能是中小企业，即便是资力雄厚的大企业，其所有的不动产一般也都是有限的，而其所拥有的动产，如机动车辆、机器设备、产品等大都占有资产的很大比例，如果该部分资产因为其是动产，只能设定质押的方式进行担保，那么这些债务人恐怕就无法继续从事生产经营活动了。如果不利用这些财产进行担保，可供担保的财产又是有限的，可能就不利于企业的融资。在现代市场经济中，融资对于每个企业都非常重要，只有得到充分的资本才能发挥资本的价值，抓住商机，创造更多的价值。现代经济学界普遍认为，金融是市场经济的核心，企业也无时无刻不发生信用问题。进行融资，就离不开担保，这也催生了担保制度的发达，再墨守成规，动产只能选择质押，将不利于社会经济的发展，所以，进入现代社会以来，动产担保交易日益发达。其中，允许动产通过抵押的方式，通过在动产之上设定抵押权，同时无须转移标的物的占有，债务人不仅可以继续占有、使用标的物，还可以对标的物进行处分，不至于企业因融资的需要，把所有之物提供了担保，而无法继续从事生产经营活动，这样方便了债务人的融资。同时，对于债权人而言，由于债务人提供了担保物，其债权有了担保，也不怕债务人到期不履行债务，能保障其债权获得优先受偿。

可以说，动产担保交易是社会经济发展到一定阶段的产物，是大势所趋。因而，动产抵押制度的发达，或者让与担保制度等，只要是对社会有利，有益于推动社会经济的发展，都应该得到法律的认可。

第三章 动产抵押公示方式的选择

一 动产抵押公示方式的立法例

物权的公示问题，是物权法上的一项重要问题。物权是具有绝对性、排他性的权利，如若某一物上已经成立物权，则不能在此标的物上再有与之相冲突的物权。物权具有排他性，其变动常发生排他效果，若无可由外界查悉其变动的征象，则难免致第三人于不测的损害。因此要发挥物权的排他作用，防止人对物的争夺、对他人财产的侵犯，法律必须明定物权的公示制度与公示方法。自近代以来，各国物权立法无不实行公示制度。一般在民法典物权编总则中以专章专节或专条规定物权的公示方法，并辅之以有关单行法律、法规，而建立完善的物权公示制度。依现代各国物权法的规定，物权的公示方法，因不动产物权或动产物权的不同而有所区别。不动产物权以登记为公示方法，法律赋予登记以公信力，社会公众就可以通过登记查询物权的享有与变动情况。而动产的物权公示方法，自古以来即为交付，即标的物的占有的现实移转。罗马法如此，日耳曼法也莫能例外。近代以来，虽然登记制度比较发达，但由于动产的自然特征和易于转移，再加上市场交易的频繁，动产物权若也采登记，则与交易便捷的客观要求相违背，有鉴于此，动产物权变动不得不以占有为其公示方法，占有之所在即为动产物权之所在。只有那些特殊动产，汽车、船舶、航空器等准不动产，类似不动产，价值也较大，为保障交易安全的需要，则可采用登记的公示方法。动产抵押的出现，就给物权公示制度带来了难题。传统的抵押权是建立在不动产上的，属于不动产物权，以登记为公示方法，理所当然，而对于动产上设定抵押，动产的公示方法又以占有为准，则，动产抵押，究竟应以何种方法进行公示呢？就各国的立法例来看，大致有如下几种情况：

（一）国外动产抵押公示方式
1. 登记主义

现代各国和地区普遍以登记作为动产抵押的公示方式。在法国，海上抵押的公告方式为在地域上有管辖权的海关所保管的簿册上进行登记。1944 年法律把有关影片的所有权和其他权利整合为一体，按照该法，旨在公开放映的影片，一切法律行为和判决都要公告，公告的方式为在国立电影业中心的簿册上进行登记。在日本，根据日本法的规定，对于特定动产不以交付为对抗要件而是以登记、登录为对抗要件，因此，对于船舶、飞机、汽车、建筑机械等只要办理了登记、登录即具有了对抗效力。如依照 1951 年颁布的日本《机动车抵押法》第 4 条、第 5 条的规定，机动车抵押的设定应当登记，未登记者，不得对抗第三人。此外，1953 年制定的《飞机抵押法》（第 3 条、第 5 条）和 1954 年制定的《建设机械抵押法》（第 7 条）等，也有类似的规定。美国法上，根据《统一商法典》第 9 编的规定，大多数担保权可以或者必须通过在相关登记署登记融资报告而公示。融资报告应当载明债务人的姓名或名称、担保权人或其代理人的姓名或名称以及担保物，在债务人授权登记的情况下，无须债务人签名，担保权人即可对融资报告进行登记。债务人也可以在担保协议中授权担保权人与协议所涉担保物相一致的融资报告的登记。一般而言，融资担保报告登记期为五年，在五年期间届满之前的六个月内，可以通过登记展期报告来延伸登记的有效期间。

2. 转移权利证书

在英美法国家，不仅允许动产抵押采登记的方式进行公示，也允许担保物的所有人通过交付担保物的权利证书给抵押权人的方式进行公示。但通过权利证书交付的方式进行公示而设定的动产抵押，不得再进行动产抵押登记。至于什么情况下采用登记的方式，什么情况下采用转移权利证书的方式进行公示？从英国学者的描述中，似乎除了有法律的特别规定外，一般情况下，担保物有权利证书的，都可以采取转移权利证书的方式进行公示。

3. 辅助方式

在历史上，抵押权的公示方式除了登记、权利证书的转移占有之外，还有一种辅助方式，即权利标识方法。就权利标识方法而言，这一公示方法源于古希腊，在古罗马时期的土地抵押权上得以适用，人们以在抵押土地上竖立记载有抵押事实和日期的石碑方式对抵押权进行公示。这种古老的方法虽然较为简陋，但可以直观地表征权利归属，恰恰可以弥补不动产物权在不动产登记簿上登记的非直观性。现代有些国家和地区也借鉴了这一做法，对动产抵押的公示上也有采权利标识方法辅助公示的。如美国的动产抵押立法，规定了采用烙印和刻记制度。对于某些种类的动产抵押，如机器抵押，担保权人应在标的物的显著部位上打刻标记或烙印，以标明该动产上设定有抵押权。第三人通过查看动产上的烙印或刻记就可以清楚地看出该标的物上存在的担保的情况。日本有关立法也采取了辅助的公示方法，如日本《建设机械抵押法》第 4 条规定，"依前条第一项规定申请为建设机械所有权保存登记者，就该建设机械，应事先接受建设大臣所定记号之打刻或已打刻记号之检讨。……任何人均不得将依第一项规定所打刻之记号磨损"。《机动车抵押法》《飞机抵押法》等对汽车、飞机等也有类似规定，只有打刻以补强其特定性质之后，才被视为完全具备了登记公示的效力。

（二）我国动产抵押公示方式

由于我国大陆地区和港澳台地区实行的法律不一致。有关动产抵押的公示制度，这里仅仅介绍我国台湾地区和大陆地区的立法状况。

我国台湾地区动产担保制度比较发达，其"动产担保交易法"第 5 条规定，"动产担保交易，非经登记不得对抗善意第三人"；"海商法"第 37 条、"民用航空法"第 19 条，关于船舶抵押权和航空器抵押权的登记也有类似规定。另外，我国台湾地区"动产担保交易法"上还规定了，可以在动产上以粘贴标签的方法进行公示。另外，鉴于标签容易被人改动或破坏，对于不能烙印或刻记的动产的抵押，担保权人应在担保物的购物发票上对担保权予以背书记载。在商品交易中，欲与动产占有人为交易的第三人为确保商品的合法性和质量，往往会要求动产占有人提供购物发票，这样，第三人通过查看购物发票即可取得查阅登记簿的效果。

我国大陆地区动产抵押的公示制度。我国《担保法》第34条规定，抵押人所有的机器、交通运输工具和其他财产；抵押人依法有权处分的国有的机器、交通运输工具和其他财产；依法可以抵押的其他财产等可以办理抵押。我国《物权法》第180条第1款规定，"债务人或者第三人有权处分的下列财产可以抵押：（一）建筑物和其他土地附着物；（二）建设用地使用权；（三）以招标、拍卖、公开协商等方式取得的荒地等土地承包经营权；（四）生产设备、原材料、半成品、产品；（五）正在建造的建筑物、船舶、航空器；（六）交通运输工具；（七）法律、行政法规未禁止抵押的其他财产"，第188条，"以本法第一百八十条第一款第四项、第六项规定的财产或者第五项规定的正在建造的船舶、航空器抵押的，抵押权自抵押合同生效时设立；未经登记，不得对抗善意第三人"。我国《海商法》第12条也规定了，"船舶所有人或者船舶所有人授权的人可以设定船舶抵押权"。《民用航空法》第16条，"设定民用航空器抵押权，由抵押权人和抵押人共同向国务院民用航空主管部门办理抵押权登记；未经登记的，不得对抗第三人"。《机动车登记规定》第22条，"机动车所有人将机动车作为抵押物抵押的，应当向登记地车辆管理所申请抵押登记；抵押权消灭的，应当向登记地车辆管理所申请解除抵押登记"。此外我国国家工商总局于2007年10月17日出台《动产抵押登记办法》，同时宣布原《企业动产抵押物登记管理办法》废止。2016年7月5日，国家工商行政管理总局对《动产抵押登记办法》进行了修订。新修订的《动产抵押登记办法》第2条第1款规定，"企业、个体工商户、农业生产经营者以《中华人民共和国物权法》第一百八十条第一款第四项、第一百八十一条规定的动产抵押的，应当向抵押人住所地的县级工商行政管理部门（以下简称动产抵押登记机关）办理登记。未经登记，不得对抗善意第三人"。

从以上可以看出，我国台湾地区针对动产抵押的公示方式，规定得比较详细，设定动产抵押除了登记的公示方式以外，还采用了在标的物上打刻标记、贴标签等辅助的公示方式。我国大陆地区对动产抵押的公示方式规定得不够细致，仅仅以登记为公示方式。

二 改革现有公示方式的必要性

（一）现有公示方式难以表征权利外观

由于物权的特性决定了物权必须有一个合适的公示方式以表征物权的权利外观。就各国现有的公示方式上看，有采意思主义者，公示不公示全赖于当事人自己，这就无法体现权利外观，也无法让第三人知悉该抵押权的存在。有采登记主义者，登记主义固然可以通过抵押权登记簿进行查询，让第三人了解该标的物上是否设定了抵押权，但是动产抵押毕竟是建立在动产之上的抵押权，而动产所有权采占有公示方式，这就发生了动产所有权占有的公示方式与动产抵押权登记的冲突，不仅使得物权公示制度体系难以协调，而且造成实践中大大的不利，交易人是应该相信占有的公示方式呢，还是应该去查询登记簿的登记呢。动产物权占有的公示方式，交易人只要信赖了占有的公示，就可以推定占有人为权利人，与之进行交易的善意第三人就可以得到保护，这也是物权公示公信原则的基本内容的效力表现，即便占有人并非权利人，为保护交易安全，善意第三人的利益也会优先保护，在该动产之上设定抵押权，对于不知情的第三人完全可以信赖占有的公示，放心大胆地与之进行交易，信赖占有的公示势必会受到保护，那么抵押权就形同虚设，当抵押人处分抵押物时，抵押权人的权利就难以实现，也不能向善意第三人进行追及。如果动产抵押权采取登记公示方式，虽然抵押权进行了登记的公示，那么，查阅动产抵押权登记状态的义务是否一定要由交易相对人承担？根据物权法的基本原理，交易相对人只需信赖占有为已足，没有必要再进行查阅登记状态，如果法律强制性地规定，登记的公示优于占有的公示，把查阅登记状态的交易成本转移给交易相对人，例如交易标的物已经进行动产抵押登记，因为交易相对人没有查阅而不知情，就不能认定为善意或推定有重大过失，从而不给予保护，那么无疑这种立法，对交易相对人要求太过于严格。一方面社会上动产数量庞大，另一方面动产交易频繁，如果给交易相对人增加一个查阅动产抵押权登记状态的义务，将会大大限制动产的交易，阻碍社会经济的正常发展。当然，个别动产，登记已经成为人们的生活常识的，如航空器、船舶、机动车等，此类动产查阅登记状态的义务由交易相对人承担没多大社会问题，因为人们在对该类物的交易过程中，都已知道需要进行登记，对于其他动产则意义不是太大，所以登记主义也难以实现表征物权权利外观的目的。

也有采转移权利证书者，如果某项动产必须有权利证书才能表明权利归属，当然在交易过程中，动产的受让人也会要求转让权利证书，如果不能提供权利证书，则对其权利人身份大可怀疑，那么相对人如果还是与之进行交易，就很难说是善意第三人了。所以，在进行动产抵押权的设定时通过转移权利证书，阻断所有人进行处分时交易相对人的善意，从而确保抵押权人的权利能够顺利实现，也不失为一种好的选择。但是并非所有动产标的物都有权利证书，也可以说，大部分动产标的物都不是以权利证书来证明或表征其权利归属的，所以，转移权利证书也不是动产抵押权理想的公示方式。

也有采辅助方式者，即是可以通过在标的物上进行打刻或贴标签的方式，让交易人知悉动产抵押权的存在。打刻或贴标签的方式，可以让交易人一目了然地知悉动产抵押权的权利外观，具有明确的公示作用。但辅助方式，毕竟只是起辅助作用，其效力如何，不进行辅助公示会有什么后果，辅助公示与抵押权的成立的关系是什么等，这些都还未有明确的立法表述。另外，采取打刻的方式也会影响到有些物品外观的美观，如果是一件艺术品也在其表面上进行刻字，其审美艺术价值可能就会大打折扣。在动产上贴标签，标签也易于磨损、毁坏，甚至是人为地将标签破坏，导致在交易时，第三人无从知晓该动产上是否设定有动产抵押权。

针对动产抵押权难以体现权利外观，有学者提出采取公证的方式，通过对设定的动产抵押权进行公证，试图让动产抵押权有公示公信力。公证，不仅让每笔动产担保交易需要花费一笔公证费，同时它与登记一样，并不能要求交易相对人在进行动产交易时去查阅公证事项，查阅该动产之上是否设定了动产抵押权，交易相对人不应承担该项交易成本，交易相对人只需信赖动产的占有公示即可，所以公证只能起到证明有抵押权设定的行为，在双方当事人之间可以有效，解决不了物权的权利公示问题。

也有人提出，动产交易时要求出具购物发票，在发票上要记载动产抵押权的状况。但如果强制地要求记载抵押权状况，固然交易时可以看出抵押权的状况，但是根据交易习惯，有很多动产交易，没有发票，特别是二手物的交易，索取发票比较困难，如果因为不能索取购物发票，则不能交易成功，十分不利于交易的便捷和效率的提高。即便是交易时转让人提供了发票，也未必一定记载了动产抵押权状态，往往在交易过程中动产转让人为顺利地实现交易，不会向相对人透漏该标的物上存在的动产抵押权，一旦该标的物上已设有抵押权，交易相对人在进行交易选择的时候就会把交易风险考虑进去，交易成功的概率就会大打折扣，所以，该办法也不是一个好的办法。

总之，从现有的动产抵押权的公示方法来看，并没有一个两全其美的公示方法供动产抵押权来选择，都难以表征动产抵押权的存在。

（二）现有公示方式难以保障交易安全

因为现有的动产抵押权公示方式缺乏物权的明确的权利外观，所以在动产的交易时无法做到保障交易安全。如果说动产抵押权不进行权利公示，则无法称得上是一个物权，对交易第三人也无对抗效力，不能确保交易安全。即便是动产抵押采取登记主义，未经登记不得对抗善意第三人,对交易第三人来说交易前还要查询动产抵押权登记状况,要花费人力、财力去调查该项动产上有无登记的状况,会大大增加交易成本,如果不进行调查而进行交易,则会因为该动产上设定有抵押权,其通过交易所取得的所有权就有了瑕疵,甚至抵押权人通过行使抵押权,其所得的所有权就会丧失,严重影响交易安全,同时会影响交易效率,动产占有的公示制度也荡然无存。如果立法价值取向偏向保护交易安全,善意第三人只要信赖占有就可以取得完整的所有权,这对于抵押权人来说其抵押权形同虚设,起不到担保债的实现的作用,动产抵押制度也就毫无价值。就物权的公示方式来看,动产的占有,不动产的登记,这也是人类长期的生活经验的立法总结,是针对动产与不动产的本质不同,所采取的最有利于各方利益主体和社会效益的公示方法。如果动产抵押权采用了登记方式,完全违背了动产占有的公示方法,这不仅有违人们的基本生活观念,而且事实上也很难做到对动产的物权权属都一一进行登记,交易相对人也只会选择动产的占有公示方法,信赖占有的公示也都会受到法律保护,所以说,现有的动产抵押权的公示制度与交易安全的矛盾是根深蒂固的。

　　从前文所述动产抵押制度的历史来看,动产抵押制度是随着社会的变化,尤其是市场经济的发展,面对众多中小型企业融资的需求而产生的。这说明动产抵押制度在现实经济生活中还是很有必要存在的。尤其是近代以来,人类科学技术的发展,物质资源的极大丰富,特别是一些价值巨大的财产,如船舶、航空器、机动车等的发明创造,已经走入人们的日常生活当中,成为现代社会常见且占有一定分量的财产,也是企业、单位的重要固定资产,这些类型的财产,虽为动产,但价值颇大,在交易时往往需要进行登记权属,人们也有意识进行登记,所以在设定动产抵押时通过登记的形式,并不会增加交易相对人的交易成本,同时,又能起到物权的公示效果,这些都为动产抵押制度的实施清除了障碍。正如王泽鉴先生对中国台湾地区动产担保制度评价时所说,"实行以来,未见重大弊端，尚难谓非妥善之制度"①。这也从一个侧面说明了动产抵押制度不是不可取。再者，如美国动产担保交易十分发达，也说明了动产抵押制度有存在的必要性。退一步来讲，即便是动产抵押在公示制度上不能尽善尽美，起码在当事人之间通过动产抵押合同的约定，如果当事人都能够做到诚信守法，严格地遵守契约，动产抵押制度也能满足当事人融资担保的需要，便于市场交易，对社会市场经济的发展也有很大的推动作用。所以说，动产抵押制度的存在价值还是有目共睹的。当然如果能够在制度层面尽量做到维护各方主体利益，维护市场交易的安全，那么，根据经济分析法学的观点，其对社会经济的贡献也就非常巨大，这也是作为法律人为法律的进步、为社会的进步应该去努力的。我国立法虽肯定了动产抵押制度，但还有许多不完善之处，在动产抵押公示方式上也过于单一，与动产占有、不动产登记的物权公示制度有不协调之处。要使动产抵押权具备物权的特性，发挥抵押制度的应有功能，保障交易安全，必须对动产抵押公示制度加以完善，而且通过借鉴成熟的动产抵押公示制度并加以改造，还是能够发挥动产抵押制度服务社会经济发展功能的。

三 改革动产抵押公示方式设想

（一）设计动产抵押公示方法的价值目标追求

1. 动产抵押公示方式制度要符合安全价值

随着商品经济的发展，市场交易较为频繁，私法制度也从保护静态财产权向以保护财产交易安全为价值取向的动态财产权转变。市场交易中，如果不能保证交易安全，则交易主体就不敢大胆地从事交易。而商品经济的发展，依赖于资本的周转和财物的流转，只有如此，才能促进商品经济的繁荣、促进市场经济的发展。因此，交易安全是近现代以来市场交易制度的一项重要价值。在动产抵押

---

① 王泽鉴：《民法学说与判例研究》第1册，中国政法大学出版社1998年版，第241页。

交易中，抵押人在动产上设定抵押权，抵押权存在的目的就是担保债权的实现，如果债务人不能清偿到期债务有损于债权人的债权时，债权人就可以行使抵押权，拍卖或变卖标的物，就所得价款优先受偿。如此一来，可以很好地保护债权人的利益，可以使交易当事人放心大胆地从事交易活动。另外，在动产标的物上设定了抵押权，那么如果就该动产标的物进行交易，交易第三人能否取得所有权以及取得什么状态的所有权，对交易人来说都是十分重要的。由于传统抵押权是建立在不动产之上的，不动产物权采取登记的公示方式，因此，只要不动产抵押权也采取登记的公示方式，在交易时第三人就可以凭借公示知悉在该不动产之上的权利状况，所以一般不会影响到交易安全。传统民法动产物权采取的是以占有为公示方式，动产物权变动只要信赖占有的公示，善意第三人即可以取得相应物权。但是，若动产标的物上设定了动产抵押，善意第三人信赖动产占有的公示方式还能取得完全的物权吗？如果不能，那么交易第三人的安全就难以获得保障。所以，在动产抵押权公示方式上，交易安全的保护，是设计动产抵押权公示方式的重要价值取向。

2. 动产抵押公示方式制度要保障效率价值

在市场经济发达的今天，市场交易的发生非常频繁，自然促成了债权制度比较发达。由于债权作为相对权、请求权的特征，不得不建立担保制度以保障债权的实现。所以，债权制度的发达，使担保制度也随之繁荣起来。作为动产抵押制度既是担保债权的一种制度，在照顾到交易安全价值的同时，也需要满足效率价值。只有有效率的社会才是市场经济所追求的，只有能保障效率的法律制度，才是可取的制度。

效率，是指最有效地使用社会资源以满足人类社会的愿望和需要。换句话说，效率就是从一个给定的投入量中获得最大的产出，即以最少的资源消耗取得同样多的效果，或以同样的资源消耗取得最大的效果，也就是经济学家常说的"价值最大化"或"以价值极大化的方式配置和使用资源"。效率，也是一个社会最重要的美德。一个良好的社会，必须是有秩序的社会，自由的社会，公正的社会，也必须是高效率的社会。没有效率的社会，无论如何不能算是理想的社会。市场经济体制，本质上就是通过自由竞争让资源获得优化配置，最大化地实现生产效率。既然效率是美德，是社会发展的基本价值目标，那么，法律对人们的重要意义之一，应当是"以其特有的权威性的分配权利和义务的方式，实现效率的极大化"[①]。

在动产抵押公示方式上，也必须坚持效率价值。只有能够促进、鼓励交易的动产公示制度才符合效率价值，不能鼓励交易，或者相反对交易起着阻碍的制度则是与效率价值相违背的。动产抵押权若不采取明确的公示方式，不仅有违交易安全，也会导致人们不愿采取这种担保方式，其结果只能是采取动产质押等传统的担保制度，传统的动产质押需要转移标的物的占有，而质押权人和质押人都不能使用标的物，造成物质资源的浪费。如果有些当事人既需要获得资金，又需要使用该动产标的物才能更好地进行生产经营活动，恐怕就"鱼和熊掌不能兼得"了，最终结果只能是完成不了交易，这与效率价值恰恰是背道而驰的。动产抵押权需要采取明确的公示方式，具体公示方式的设计也要符合效率价值原则。就现有的国内外立法例来看，大多数国家和地区采取登记的方式进行公示。但是动产担保权的登记，会带来一个问题，也就是要求动产交易的当事人在进行动产交易时都需要去查询登记簿，去调查该动产标的物上有无设定抵押权。如此一来，交易当事人对每笔动产交易都要花费人力、物力去查询，严重不利于交易的便捷高效。当今社会市场上，动产的数量很丰富，交易需求也非常大，如若都要进行费时费力的调查，这是市场无法承受之负担。所以，建立一个有效率的制度，能鼓励交易的制度对于市场经济的发展也是至关重要的。因此，在具体设计动产抵押权公示方式制度的时候，效率价值也是必须遵循的。

3. 动产抵押公示方式制度要与物权制度体系相融合

我国的民法体系基本上是承袭了大陆法系国家的概念体系，在具体设计动产抵押公示制度时不能不考虑到与物权整体制度相互协调。这一点不如英美法系国家轻松，英美法系国家实行的是判例制

[①] 郑成良：《现代法理学》，吉林大学出版社1999年版，第217页。

度，成文法是例外，所以，在动产担保制度的设计上显得比较灵活。比如美国的动产担保交易法，可以只从动产担保交易制度角度做出规范，没有物权法上概念、逻辑体系的束缚羁绊。我国物权法上，就标的物而言，有动产物权、不动产物权；就权利性质而言，有所有权、用益物权、担保物权。动产物权采用占有的公示方式，不动产物权采用登记的公示方式，物权的变动遵循着物权公示的基本原则，动产物权转移占有，则发生物权变动，不动产物权进行登记，则发生物权变动，未进行转移占有或变更登记，则物权不发生变动；同时，公示具有权利正确性推定的效力，具有善意取得的效力，即无相反证据的情况下，动产占有人推定为动产所有权人，不动产登记在谁的名下，该主体就被推定为权利人，信赖了物权公示的善意第三人，与之进行的交易也受到保护，即便外观公示与真实权利人并不相符，为保护交易安全，善意第三人也可以善意取得物的所有权。传统的抵押权主要是建立在不动产之上的担保物权，无论是抵押权的设定，还是抵押权的公示制度都是通过登记的公示方式，经过登记设立抵押权，交易相对人可以通过不动产登记簿查阅该不动产的权属状态以及有无抵押等；而动产担保采质押的方式，即转移标的物的占有。从这点上看，动产物权制度与不动产物权制度在逻辑体系上是相融合的。动产抵押，是为了适应形势、为了适应社会经济的发展、满足市场交易的实践需求，在动产标的物上设定的抵押权。这就需要考虑到使动产抵押制度如何在公示制度，以及与所有权人、抵押权人、第三人等利益保护与具体规则的适用上，能够融入整个物权制度体系当中，而不会发生逻辑体系的冲突与不协调。

（二）动产抵押公示方法具体设计

"动产抵押的时候没有合适的公示方法，这个理由成为了不能轻易允许设立动产抵押制度的真正根据。"[①] 所以说，动产抵押公示制度，是动产抵押制度成败的关键所在。通过比较分析世界各国和

---

① 《我妻荣民法讲义Ⅲ·新订担保物权法》，申政武、封涛、郑芙蓉译，中国法制出版社2008年版，第527—528页。

地区有关动产抵押公示制度的规定，摒弃其坏的规则、对其好的方法加以吸收借鉴，同时结合动产抵押公示制度设置的价值目标追求，笔者认为，动产抵押权可以找到一个合适的公示方式以满足交易人设定动产抵押的需要。动产抵押权的公示方法应该采取登记和辅助方式相结合的方式。既不能单纯地采登记方式，也不能单纯地采辅助方式，必须是登记和辅助方式并用。下面分别就动产抵押权登记和辅助的公示方式进行详述。

1. 动产抵押权的登记

登记制度是为保护不动产交易安全而设，通说滥觞于12世纪左右，德国北部都市之不动产物权之变动，需记载于市政会所掌管之都市公簿。[①] 但此种制度之发展，曾因其后罗马法之继受而一度中辍，唯地方特别法略有保存而已。到了18世纪，登记制度方又在普鲁士邦及法国之抵押权登记制度中复活，主要是因为当时正值资本主义社会的初期，基于农业金融的需要，社会上对土地抵押有强烈的需要。原来出于租税目的的土地登记，本来就有存在的基础，加上科技的发展，登记制度更容易实行，随着近代物权的发展，物权已有自直接利用逐渐走向价值化、抽象化的趋势，此登记制度即有共同需要。登记制度成为近代不动产物权的公示方法，为大势所趋，水到渠成。而抵押权以抽象支配标的物的交换价值为其特质，其存在并不伴随外在的征象，须以登记为公示，在交易上也是十分必需的，可见登记制度在抵押权中复苏，是有一定原因的。

建立动产抵押登记的公示制度有着积极的意义。第一，动产抵押登记可以让交易人对每笔重大交易重视起来。在动产标的物上设定抵押，抵押权人也可享有就标的物优先受偿的权利。有登记的程序，使得当事人认真对待每项交易，登记与否对其权利影响重大，与其利益攸关。所以通过动产抵押的登记制度可以避免当事人随意处之的情况。第二，通过查询动产抵押登记簿，可以便于知悉物权归属以及权利状况，对于交易安全的保护也十分有利。经过登记就可以起到一定公示作用。另外，对于动产抵押的统一登记也有利于

---

① 谢在全：《民法物权论》上册，中国政法大学出版社1999年版，第57页。

公示的权威性和公正性，对于保障交易安全的效力更加强大。第三，动产抵押权的登记可以与抵押权登记制度相融合。传统抵押权的设定，登记是其公示方式。动产抵押权也采登记的公示方式，就不会出现抵押权的公示制度混乱的局面。

由于动产与不动产在自然性质上有很大差别，不动产比较固定，可识别性强，所以不动产登记比较容易。而动产流动性较大，且同种类、同型号的动产标的物很多，与其他同类标的物的区分性不是很大，这也给动产的登记带来麻烦。笔者建议，可以对动产标的物分门别类进行登记，这样不仅方便查询，也方便登记。另外，也要对登记的事项有明确的规定，如标的物种类、型号、规格、产地、出厂日期、大概的市场价格，抵押人，债务人，债权人，担保的债权额，抵押权存续期间等。我国《动产抵押登记办法》在2007年颁布实施，2016年进行了修订，通过十多年的动产抵押登记的实施，人们在交易过程中也逐渐接受和认可了动产抵押需要对抵押权进行登记，只有经过抵押权登记才能进一步保障抵押权的安全性，从而进一步发挥担保债权的作用。而且，随着计算机网络技术的发展，大数据时代，抵押权登记的电子化、网络化，互联网电子抵押系统的建立，大大地便于人们对抵押权属状态的查询。不仅有利于抵押权人明示其抵押权，也有利于交易的相对人及时知悉物之上的权属情况，特别是企业之间的交易，企业为融资需要，把企业的设备、产品等进行抵押，交易相对人为了确保交易安全，通过互联网电子系统能够及时知悉该企业财产的状态，便于选择是否继续进行交易以及如何做好交易风险的防控，所以，这要比纸质时代便利许多，这也增加了动产抵押登记公示方式的可能性。当然，还需要再进一步完善抵押登记的流程，简化抵押登记程序，在动产抵押权的设立登记、变更登记、注销登记等具体条件和程序上进行优化；还要完善便于当事人查阅的相关制度；完善抵押登记的责任机制。当然，动产抵押权的公示也不能完全系于登记一种制度，还要靠多方面的协力，共同促使动产抵押权能够顺利实现以及社会市场交易的安全。总之，动产抵押权登记制度有比没有好，完善的动产抵押登记制度比不完善的好，在完善动产抵押登记制度的同时，也需要借助其他公示方式，以及当事人的诚实守信和相关制度设计，如抵押人在处分标的物时向第三人如实告知的义务，如有违背该义务，应该承担相应民事责任等，只有多管齐下，才能真正保障法律制度促进社会发展的功能。

2. 辅助的公示方式

正是因为动产标的物流动性比较大，与其他同种类的动产不易区分，动产物权又是以占有为其公示方式，故动产抵押权仅仅采取登记的公示方式，很难起到公示的作用。这也是动产抵押公示制度遇到的最大麻烦。笔者认为，这也不是没办法解决的，只要在公示的技术手段上做周全了，完全可以解决这个问题。其实，有些国家和地区，已经就登记公示方式的不足采取了一些弥补的措施，如在标的物上进行打刻、烙印或贴标签。笔者认为，这种辅助的公示方式，可以比较明确地显示出动产标的物上设定的抵押权状况，让交易人对标的物的权利状况一目了然，可以较好地解决动产占有的公示方式与抵押登记的矛盾。公示制度最大的意义，就是让交易相对人能够准确、及时、快捷地了解到标的物的物权状况，以保障交易安全。如果交易人能够通过贴在标的物上的标签了解到该标的物的权利状况，即可以起到公示的效果，可以很好地保护交易安全。

但是有些国家和地区虽然规定了辅助的公示方式，但对辅助公示方式的效力、辅助公示方式与登记的关系并没有明确规定。我国动产抵押登记立法更只是采取登记的公示方式，不得不说这种做法是十分遗憾的，最终使得辅助公示方式效力不是很明显，也就对动产抵押的公示制度意义不是特别大。笔者认为，应该采取登记和辅助方式并用的方式，也就是不仅要通过登记来明确动产抵押权的存在，而且还要在动产标的物上粘贴抵押物登记标志，只有两者结合才能从根本上解决动产抵押公示的种种弊端。首先，通过动产抵押的登记，以保证动产抵押权公示的权威性，把所需登记事项在登记部门进行完整的登记。其次，由动产抵押登记部门出具标签，抵押人把动产抵押权标签贴在动产抵押标的物上。因为仅靠登记的公示方式不够科学合理，动产的公示是采取占有的公示方式，动产抵押就仅仅因为是在动产上设定了抵押权则要求以登记为公示方式，这与动产公示制度相冲突，在交易时动产信赖占有则会损害到动产抵押权，信赖登记则要费时费力地去查询，与动产交易要求的便捷高效原则不符，徒增交易成本。仅靠辅助公示，不管是打刻烙印还是贴标签都不能让这一公示具有较强的权威性，而且在标签的内容、刻字的内容上也可能不统一、不规范，给当事人交易带来很大风险。只有把登记和辅助公示方式结合，才能弥补这一缺陷，解决动产抵押权公示的难题，做到既能保护交易安全，对动产上抵押权的权利状况进行公示，也可以保障交易的便捷，省去了每笔动产交易都去查询抵押权登记簿的麻烦。

动产抵押权辅助的公示方式，有些国家和地区采取在标的物上打刻、烙印或者贴标签的方法。有人认为打刻、烙印会损害标的物的美观；也有人认为标签容易磨损或者人为地破坏，所以对辅助公示方式并不大赞同。笔者认为，对于标的物是在其上打刻标记还是贴标签，要具体情况具体分析，对于适宜打刻标记的，采用打刻标记，如农业生产工具、工厂机械设备等，这些动产的存在主要是为了满足人们使用生产的目的，人们拥有它并不是为了欣赏，在其上打刻标记并不会损害其使用功能和经济价值；对于有些标的物打刻可能会留下不可磨灭的印记，有损该物的形象的，可以采用贴标签的方式，如个人对物品的欣赏功能比较重视的摄像机、摄录机等摄影器材、家具、办公设备、电脑等。

另外，还需要对打刻标记和标签记载内容法定化。标记、标签内容关系着权利人、权利大小、权利内容的问题，有必要对外公示，让交易第三人知悉该动产标的物上的权利状况。因此，需要记载抵押人、抵押权人的名称、担保债权额、抵押期限等重要信息。此外，标记和标签也必须是由登记机关出具，与动产抵押权登记的重要内容保持一致，这样才能保证该标签的权威性和强大的效力。

至于记载抵押期间的意义是为了给该抵押权有一定的期限，防止抵押权消灭后，该标的物上仍保留有抵押标记，可能会影响抵押人或该标的物的权利人在此进行交易。当然，如果抵押登记的时间已过，而抵押权仍存在，也可以再次延长该期限。

（三）建立动产抵押公示保障机制

为了便于动产抵押的公示以及保障动产抵押权公示的效力，有必要健全动产抵押权公示保障机制。笔者认为可以从以下几个方面完善动产抵押公示保障机制。

1. 明确统一的登记机关

根据我国的物权法，我国动产担保方式有抵押和质押，其中动产质押权是以转移占有为公示方式，动产抵押和无权利凭证的权利质押则是以登记为公示方式。我国担保法和物权法根据抵押和质押的不同，实行了分别登记制，登记机关不统一，根据物的种类不同，动产抵押登记机关就有十余个，如林木、运输工具、企业设备等就分别由县级以上林木管理部门、运输工具管理部门、工商部门等进行登记。

从各国和地区的登记制度来看，有统一登记制和分别登记制之分。如美国《统一商法典》就规定，动产担保交易登记就可以依各州的选择分为中央登记制和地方登记制。中央登记通常由州务卿登记，也有的是管理州登记系统的私人团体，而地方登记则是由各地郡县办公室来负责登记。由于以州为范围的中央登记便于查询，而地方登记则增加了交易的不确定性和当事人的登记负担，美国《统一商法典》规定，大多数情况下采中央登记，同时保留了与不动产相关的担保物的地方登记以及运输事业的特殊登记。虽然说，美国动产担保登记有中央登记和地方登记之别，但并没有按标的物的分类由不同的登记机关进行登记，而是将所有动产担保交易登记纳入一个统一的登记系统，所以仍然是统一登记制。

我国台湾地区制定了"动产担保交易法"，在动产担保登记机关的安排上则是根据登记的标的物的不同来确定。

为适应动产担保交易的国际发展趋势，许多国家和地区纷纷改进了其法律制度，联合国及一些国际组织也相继制定了动产担保交易示范法或指南。欧洲复兴开发银行更是广泛介入动产担保法律制度改革，于1994年制定了《欧洲复兴开发银行动产担保交易示范法》，并积极推动其成员国改进它们的动产担保交易法律制度，欧洲复兴开发银行所公布的登记方案也是采取统一的登记制,欧洲的匈牙利、捷克等国在欧洲复兴开发银行的帮助下,建立起了全国统一的动产担保中央登记系统,并以登记迅速、方便查询而著称,成为各国效仿的对象。

多个机关进行登记、多头管理,造成登记混乱,登记格式不统一,也给动产抵押登记查询带来巨大不便。当今社会,由于资源匮乏和交易频繁,效率和安全成为民事法律制度的重要价值目标,但我国在设置动产抵押登记机关时只是为了方便管理而忽略了交易效率和安全的价值目标,造成动产担保交易公示制度的效果难以发挥,也给当事人增加了交易成本。

而采统一登记则可以使当事人省去就标的物到各个部门进行登记的奔波之累,更为重要的是便于交易人查询动产抵押权状况,统一的登记机关登记内容也较为统一、规范,有利于动产抵押权效力的提升,减少纷争,有利于交易安全的保护。从比较法上看,采取统一的登记系统模式也是国际动产担保交易立法的趋势,因此我国动产抵押登记法规应该进行完善,建立起统一的动产担保登记系统。统一登记机关,是统一登记效力、统一登记簿、建立统一登记系统的前提条件。就世界各国和地区的登记机关而言,有的是司法机关、有的是行政机关,当然是由哪一个机关进行登记也有诸多历史的因素。我国一贯采取的是由行政机关进行登记。

笔者认为,物权登记是由行政机关还是司法机关进行登记,并不是问题的关键,只要登记机关统一了,登记机关工作人员认真履行职责就已足。由于我国物权登记历来是由行政机关负责,如果由司法机关建立登记系统,调集一批人专门从事物权登记工作不太现实,司法机关也有其繁重的工作任务,又对登记工作不是很有经验,所以不太可取,物权登记的工作仍由行政机关负责还是比较合适的,只不过统一到一个系统即可。建议由工商部门负责动产担保交易的登记,毕竟动产抵押权设立的目的是担保债权实现,是对市场交易过程中抵押权的权属的公示,另外,工商部门有着工商登记的丰富经验,有着完备的登记系统,由工商部门进行登记是比较合适的。

2. 建立完备的查询系统

除了登记机关要统一，还应该建立完备的动产抵押查询系统。因为物权的公示，就是要对世人公开示之，世人查询不到的登记起不到公示的作用，自然不能起到物权公示的效力，也就不具备公信力，也不能说是一个真正的物权。动产抵押权属于担保物权，公示自然必不可少，而且也要世人能够查询知悉该抵押权状况，方有意义，也才能保护交易安全。

在今天计算机网络发达的时代，完备的查询系统是很容易做到的。当今时代，计算机网络已经成为人们生产和生活不可或缺的一项重要信息平台，利用计算机网络对动产抵押登记进行管理，建立一个全国统一的动产抵押登记、查询系统也是解决动产抵押公示难题的方法之一。在过去计算机网络不发达或者没有计算机网络的时代，对动产抵押进行登记、查询的确比较麻烦，所以有很多学者认为，动产抵押制度最大的缺点就是缺乏明确的公示，也有不少国家的立法不予认可动产抵押制度。如今计算机网络技术比较发达也很成熟稳定，动产抵押公示的难题完全可以通过技术措施加以解决。

笔者认为，动产抵押登记的查询系统应该和登记系统是统一的系统。刚才论证了建立统一的动产抵押登记机关，其实，登记的方式也应该采取先进的方式，利用计算机技术进行电子登记，电子登记不仅高效便捷，也符合节约原则，建立统一的动产抵押电子登记系统也方便查询，对于异地的登记查询也不需要再赶往登记地查询，通过互联网即可做到方便、快捷地知悉动产抵押登记状况。所以为实现动产抵押登记、查询便利的目标，应该尽快建立起统一的动产担保登记系统。建立全国统一的电子化、网络化动产担保登记系统，是实现动产担保交易高效率、低成本的基础，也是充分发挥动产在融资担保交易领域担保功能必不可少的手段，更是保证动产担保登记具有公示性和保障交易安全的前提。

从国际上看，也有不少国家在推动动产担保登记的电子系统，亚洲开发银行在2002年发布的《法律和政策改革——动产登记机构指引》以及欧洲复兴开发银行在2004年发布的《建立担保机构的指导原则》中，均提出现代动产担保交易法应建立电子化的登记机构，将网络登记作为动产担保物权设定的主要公示方法。

所以，建立电子化的动产抵押权登记系统，不仅方便交易当事人进行动产抵押权的登记，也方便查询，能够高效便捷地完成保护交易安全的目标。我国工商部门目前已经对企业登记进行了全国联网，这也说明这项技术已经具备，工商部门也有能力做好动产担保登记的工作，就目前而言，只要建立起全国统一的动产担保登记的电子系统平台，整合原来分散在各个部门的动产抵押登记的信息，通过修改动产抵押登记法，统一登记机关和登记方式，即可实现建立完备的动产抵押的登记系统和查询系统。

3. 健全责任承担机制

动产抵押权的公示不仅需要进行登记，而且还需要结合在动产标的物上进行打刻抵押登记标志和贴标签的辅助方式，才能发挥公示的效果。由于辅助公示方式有其自身的弊端，如抵押人人为地涂销抵押标记或者对标签进行涂改、毁损甚至拆除，即使不是人为有意的涂销，也可能由于在动产标的物的使用过程中造成抵押标记的自然磨损。如动产标的物上欠缺了明确的抵押公示表征，交易第三人与抵押人进行了交易，即便是在动产抵押登记机关已经进行了登记，但是动产的交易，当事人以对占有的信赖为已足，善意第三人也没有去查询动产抵押登记的义务，因此对于抵押权人十分不利。所以，为了保证动产抵押权能够有效地公示，必须建立起健全的责任承担机制。通过引入公法制裁措施，严厉打击利用动产抵押公示的缺陷进行欺诈的行为，也是弥补动产抵押公示方式不足，保障抵押权人利益和交易安全的方法之一。

用公法手段对利用动产抵押标记进行欺诈的不法分子进行制裁，古已有之。早在罗马法上，因为没有动产抵押登记制度，而又由于动产抵押不转移标的物的占有，所以为了维护第三人或抵押权人的利益，就以欺诈罪来制裁损害第三人和抵押权人利益的抵押人。这种做法虽然不能解决动产抵押公示的问题，但通过刑法对恶意的抵押人科以刑事责任，在一定程度上，保障了抵押人恪守诚信。如今，虽然建立了动产抵押的公示制度，但辅助的公示因其自身缺陷，也有必要引入公法的强制制裁，来保障抵押人明示动产抵押的公示。我国台湾地区"动产担保交易法"第38条规定,"在包括抵押人在内的动产担保交易债务人意图不法利益,将标的物转移、出卖、出质、抵押或其他处分,致生损害于包括动产抵押权人在内的债权人者,处以三年以下有期徒刑,拘役或并科6000元以下罚金"。此制度开了现代用刑法来保护动产担保交易之先河。美国《统一商法典》规定,"债务人故意毁灭设立担保财产上的烙印或刻记的行为,是属于侵害担保权人财产权利的行为,应对担保权人承担损害赔偿责任,后果严重的,应作为一种妨害司法的行为追究法律责任"。笔者认为,为了保证动产抵押权的公示,也应该借鉴这些制度,引入公法制裁,视侵害人所为的侵害行为的具体情况,追究其民事责任、行政责任或刑事责任。

抵押人在对动产标的物的使用过程中非故意地致使动产抵押物上的标记涂销、毁损的或者是由于自然磨损致使抵押标签模糊不清的,抵押人有义务重新打刻抵押标记或重新贴标签,如果因其违背重新进行辅助公示的义务,致使抵押权人利益受到损害的,应负损害赔偿的民事责任。

如果抵押人撕毁抵押标记或因抵押标记模糊不清,抵押权人可以要求抵押人重新进行辅助登记,拒不履行的,可以由动产抵押登记部门责令改正或者处以罚款,并强制地在该标的物上进行辅助公示。

如果抵押人故意撕毁抵押标记,致使抵押权人受到巨大损失,而且抵押权不能实现的,抵押人不仅要向抵押权人承担损害赔偿的民事责任,还应该承担刑事责任。一般此种加害行为表现为抵押人故意隐瞒已经设定抵押权的真相与善意第三人进行交易,若第三人取得标的物的所有权,则抵押权人的抵押权就无从实现,最终结果就是给抵押权人带来巨大损失,可以对抵押人的此种危害行为规定为犯罪,追究其刑事责任,给予刑事制裁。

通过民事责任、行政责任、刑事责任规则的建立,威慑抵押人,保证其履行辅助公示的义务,最终保证动产抵押权公示制度的有效运行,保障动产担保交易的安全。

四 小结

物权是一种具有支配性、排他性的权利，属于对世权，具有强大的效力，所以，物权归属要有外在的表征，只有如此才能保障交易安全，起到定分止争的作用。正因如此，物权需要进行公示。而动产抵押制度最大的弊病就是抵押权设定在动产之上，传统的抵押权一般是设定在不动产之上，不动产实行登记的公示方式，传统抵押权亦采登记的公示方式，并不会在实践中造成冲突，抵押人虽不转移标的物的占有，但已经进行了登记的公示，也不会有害于交易安全。动产抵押是把抵押权设定在动产之上，动产物权一般是以转移占有为公示方式，而动产抵押设定的目的就是不用转移标的物占有，抵押人仍占有该标的物，同时可以使用标的物，以发挥物的效用，增进其经济价值，避免资源的浪费。但是因为动产抵押不需要转移标的物的占有，可能就会损害抵押权人和第三人的利益，有违交易安全，造成这种困局的根本原因就是动产抵押缺乏一个很好的明确的公示方式。

为破解该难题，在理论上和立法实践中很多国家和地区都在努力，有采取登记主义的，规定设定动产抵押权要进行登记以进行公示，也有采取辅助公示的，对于不适宜登记的可以采取在标的物上打刻标记、贴标签以及公证的方式进行公示。笔者认为，动产抵押公示难题不是无解的，只要通过完善公示方式、改进公示技术、利用现代先进技术手段，完全可以解决这一问题，使动产抵押发挥更好的制度功能。我国《物权法》和《担保法》中，虽规定了动产抵押制度，但我国动产抵押公示方式是采取登记的方式，这一制度有其重大弊端。笔者认为设计动产抵押权的公示方式要遵循保护交易安全原则、保障交易效率原则以及要与物权公示体系相协调的原则。通过借鉴国内外对动产抵押权公示的有益探索，笔者认为，只有把登记和辅助的公示方式相结合才能解决动产抵押公示难的问题。登记可以让动产抵押公示更规范、更具有权威性，辅助的公示也就是在设定抵押的动产标的物上进行打刻抵押标记或者贴标签，这种辅助的公示可以更直观地表现出动产抵押权的存在和权利状况，这也正是公示制度的本旨要求。缺少登记的辅助公示，难以体现出动产抵押权的权威和效力，缺少辅助公示则难以从外观上表明抵押权的状况，所以说二者相辅相成，缺一不可。

当然，登记和辅助方法的公示方式也有其缺陷，动产标的物外观上的抵押标记容易被毁损和破坏，鉴于此，必须建立动产抵押权公示的保障机制。现代计算机网络技术的发展，给我们提供了高效、方便的技术，可以建立起完备统一的动产抵押登记系统平台，不仅方便登记，也方便人们查询动产抵押权状况。同时，对于动产抵押物标记的毁坏与破损，可以通过完善法律责任追究机制，对抵押权人和善意第三人造成损害的，追究责任人的损害赔偿的民事责任；对于毁损标签之人可以追究其行政责任；对于故意毁损抵押标记，进行欺诈交易，严重损害抵押权人利益的，可以追究当事人的刑事责任。完善的责任追究机制，可以在很大程度上促使当事人在交易时恪守诚信，再配合动产抵押权登记和辅助的公示方式和现代发达的计算机网络技术平台，动产抵押权的公示应该不是个难题，也可以让动产抵押制度更大地发挥其融资担保的功能，以满足社会经济生活的需要。

案例3　动产抵押权登记机关应履行实质审查义务还是形式审查义务？
——淄博汇江印务有限公司等诉淄博市工商行政管理局
高新技术产业开发区分局抵押工商登记案

1. 案件基本信息

（1）案件基本情况：

本案第三人淄博热电宝佳玻璃有限公司与本案第三人山东众和热电有限公司、本案第三人淄博热电股份有限公司签订资产（动产）抵押合同，约定淄博热电宝佳玻璃有限公司如期交付山东众和热电有限公司、淄博热电股份有限公司电费，将厂区内自有设备、设施（玻璃管生产线、玻璃器皿生产线和窑炉等）做抵押登记，作为债权担保。根据动产抵押合同约定，该三个第三人向被告淄博市工商行政管理局高新技术产业开发区分局申请动产抵押工商登记，被告为之进行了登记，后因登记到期，又进行了续登记。本案原告淄博汇江印务有限公司、淄博富丽达印务有限公司、邹平城东液化气站等认为该抵押登记所涉抵押物玻璃管生产线设备为原告所有，被告错误登记侵害了其合法权益，向法院提起诉讼。一审法院淄博高新技术产业开发区人民法院审理后，未支持原告的主张。原告不服又向上一级法院淄博市中级人民法院提起了上诉。上一级法院做出了撤销原判，发回重审的裁定，原审法院经审理后，仍未支持原告的诉讼请求，原告又向淄博市中级人民法院提起了上诉，淄博市中级人民法院经过审理维持了一审法院的判决。

（2）淄博市中级人民法院裁判书字号为：山东省淄博市中级人民法院（2014）淄行终字第8号行政判决书。

（3）本案所涉当事人：

上诉人（原审原告）：淄博汇江印务有限公司。

上诉人（原审原告）：淄博富丽达印务有限公司。

上诉人（原审原告）：邹平城东液化气站。

被上诉人（原审被告）：淄博市工商行政管理局高新技术产业开发区分局。

原审第三人：山东众和热电有限公司。

原审第三人：淄博热电股份有限公司。

原审第三人：淄博热电宝佳玻璃有限公司。

2. 山东省淄博市高新技术产业开发区法院一审查明的案件事实

2008年12月15日，淄博热电宝佳玻璃有限公司与山东众和热电有限公司、淄博热电股份有限公司签订资产（动产）抵押合同，约定淄博热电宝佳玻璃有限公司为如期交付山东众和热电有限公司、淄博热电股份有限公司电费，将厂区内自有设备、设施（玻璃管生产线、玻璃器皿生产线和窑炉等）做抵押登记，作为债权担保。三个第三人向被告申请办理抵押登记时提交证据材料有：三个第三人营业执照副本和授权委托书各一份，淄博市中级人民法院（2008）淄商初字第143号民事调解书一份，山东正源和信资产评估公司资产评估报告书一份，2006年4月10日设备转让协议书一份，2008年12月15日资产抵押合同一份，2008年12月15日淄博热电宝佳玻璃有限公司董事会决议一份，2008年12月15日淄博热电宝佳玻璃有限公司股东会决议一份，登记须知一份。2008年12月24日被告对包括四条玻璃生产线设备在内的财产，为山东众和热电有限公司、淄博热电股份有限公司和淄博热电宝佳玻璃有限公司办理了淄开工商（08）抵登字051号动产抵押登记书。

2009年12月23日该登记证书到期后，第三人向被告提交2009年12月21日资产抵押合同一份；三个第三人（抵押人和抵押权人）营业执照副本和授权委托书各一份，动产抵押变更登记书一份。申请办理了淄开工商（09）续登字第001号动产抵押变更登记书。

2006年4月10日，淄博汇江印务有限公司、淄博富丽达印务有限公司、邹平城东液化气站、淄博智远包装有限公司、周村锦彩纸箱厂、淄博临淄永康化工有限公司作为甲方与乙方淄博热电宝佳玻璃有限公司签订设备转让协议书一份，甲乙双方就玻璃生产压制设备的转让价格及付款事宜达成协议：其一，价格：甲方将玻璃生产设备转让给乙方，价格为1260万人民币。其二，设备交付时间：转让设备已于2006年3月23日全部交给乙方。其三，付款方式及付款时间：乙方已付170万元，4月底付200万元，自5月开始每月付100万元，直至付清为止。由于淄博热电宝佳玻璃有限公司未按期付款，三原告将淄博热电宝佳玻璃有限公司诉至淄博市中级人民法院。在审理过程中，三原告与淄博热电宝佳玻璃有限公司就设备欠款525.42万元达成调解协议，2008年9月23日，淄博市中级人民法院做出（2008）淄商初字第143号民事调解书，调解书内容为：其一，解封当日支付三原告180万元。其二，于2009年1月16日前支付20万元；于2009年12月31日前支付100万元；2010年12月31日前支付100万元；2011年12月31日前支付剩余设备款。其三，如到期被告淄博热电宝佳玻璃有限公司违约，被告淄博热电宝佳玻璃有限公司以四条玻璃生产设备流水线作为担保，三原告向被告淄博热电宝佳玻璃有限公司追加违约金，违约金的计算按本协议签订时的欠款总额的日万分之二点一计算。其四，该协议所支付欠款是被告淄博热电宝佳玻璃有限公司欠六单位（淄博汇江印务有限公司、淄博富丽达印务有限公司、邹平城东液化气站、淄博智远包装有限公司、周村锦彩纸箱厂、淄博临淄永康化工有限公司），该款支付后，由原告负责分配。在该案件审理过程中三原告向淄博市中级人民法院提供了作为欠款证据的设备转让协议书，该设备转让协议书与第三人淄博热电宝佳玻璃有限公司等申请抵押登记时向被告提交的设备转让协议书内容一致，均无所有权保留条款。

3. 当事人一审起诉与答辩情况

2011年4月11日，三原告对被告办理的动产抵押登记及动产抵押变更登记不服向淄博高新技术产业开发区人民法院提起诉讼。原告诉称，2006年4月10日，淄博汇江印务有限公司、淄博富丽达印务有限公司、邹平城东液化气站、淄博智远包装有限公司、周村锦彩纸箱厂、淄博临淄永康化工有限公司作为甲方与乙方淄博热电宝佳玻璃有限公司签订设备转让协议书一份，甲乙双方就玻璃生产压制设备的转让价格及付款事宜达成协议：其一，价格：甲方将玻璃生产设备转让给乙方，价格为1260万人民币。其二，设备交付时间：转让设备已于2006年3月23日全部交给乙方。其三，付款方式及付款时间：乙方已付170万元，4月底付200万元，自5月开始每月付100万元，直至付清为止。由于淄博热电宝佳玻璃有限公司未按期付款，三原告将淄博热电宝佳玻璃有限公司诉至淄博市中级人民法院。在审理过程中，三原告与淄博热电宝佳玻璃有限公司就设备欠款525.42万元达成调解协议，2008年9月23日，淄博市中级人民法院做出（2008）淄商初字第143号民事调解书，调解书内容为：其一，解封当日支付三原告180万元。其二，于2009年1月16日前支付20万元；于2009年12月31日前支付100万元；2010年12月31日前支付100万元；2011年12月31日前支付剩余设备款。其三，如到期被告淄博热电宝佳玻璃有限公司违约，被告淄博热电宝佳玻璃有限公司以四条玻璃生产设备流水线作为担保，三原告向被告淄博热电宝佳玻璃有限公司追加违约金，违约金的计算按本协议签订时的欠款总额的日万分之二点一计算。其四，该协议所支付欠款是被告淄博热电宝佳玻璃有限公司欠六单位（淄博汇江印务有限公司、淄博富丽达印务有限公司、邹平城东液化气站、淄博智远包装有限公司、周村锦彩纸箱厂、淄博临淄永康化工有限公司），该款支付后，由原告负责分配。

因此，原告认为，原告对该案动产抵押物有所有权保留的约定，享有所有权，因此，被告为淄博热电宝佳玻璃有限公司等办理抵押登记，侵害了其所有权，应依法撤销登记，损害赔偿。

被告辩称，其一，原告不具备所有权，因此，原告不是本案的利害关系人；其二，原告起诉已经超过了起诉期限；其三，被告的抵押登记行为并未侵害其合法权益，不应撤销。

4. 一审法院的认定与判决

根据《中华人民共和国担保法》第42条和国家工商行政管理总局发布的《动产抵押登记办法》第2条的规定，被告具有对住所地在本辖区的抵押人办理动产抵押登记的法定职权。本案当事人争议焦点有三个：其一，原告主体是否适格；其二，原告起诉是否超过起诉期限；其三，被告做出的抵押登记是否应予撤销。关于第一个焦点，一审法院认为原告与四条玻璃生产线设备有直接的权利关系。被告针对包括四条玻璃生产线设备在内财产办理抵押登记和变更登记，实际产生第三人山东众和热电有限公司、淄博热电股份有限公司对四条玻璃生产线设备可以优先受偿的法律后果，可能对原告的权利实现造成直接影响，原告与抵押登记行为有法律上的利害关系，因此原告具有主体资格。关于第二个焦点，《最高人民法院关于执行〈中华人民共和国行政诉讼法〉若干问题的解释》第42条规定，公民、法人或者其他组织不知道行政机关做出的具体行政行为内容的，其起诉期限从知道或者应当知道该具体行政行为内容之日起计算。对涉及不动产的具体行政行为从做出之日起超过20年、其他具体行政行为从做出之日起超过5年提起诉讼的，人民法院不予受理。根据上述规定，被告办理抵押登记的时间是2008年12月24日，2009年12月23日被告办理动产抵押变更登记，原告2010年8月知道上述抵押事实至起诉未超过5年。原告2010年8月知道被告做出抵押登记后，于2010年10月2日向被告提出撤销申请，原告在三个月内向被告主张权利，因此原告未超起诉期限，被告辩称原告超过起诉期限的主张不成立。关于第三个焦点，《中华人民共和国担保法》第 44 条规定："办理抵押物登记，应当向登记部门提供下列文件或者其复印件：（一）主合同和抵押合同；（二）抵押物的所有权或者使用权证书。"国家工商行政管理总局颁布的《动产抵押登记办法》第 3 条："当事人办理动产抵押登记，应当向动产抵押登记机关提交下列文件：（一）经抵押合同双方当事人签字或者盖章的《动产抵押登记书》；（二）抵押合同双方当事人主体资格证明或者自然人身份证明文件。委托代理人办理抵押登记的，还应当提交代理人身份证明文件和授权委托书。"第 6 条："动产抵押合同变更、《动产抵押登记书》内容变更的，抵押合同双方当事人或者其委托代理人可以到原动产抵押登记机关办理变更登记。办理变更登记应当向动产抵押登记机关提交下列文件：（一）原《动产抵押登记书》；（二）抵押合同双方当事人签字或者盖章的《动产抵押变更登记书》；（三）抵押合同双方当事人主体资格证明或者自然人身份证明文件。委托代理人办理抵押变更登记的，还应当提交代理人身份证明文件和授权委托书。"根据上述规定，被告以抵押人和抵押权人提供的淄博市中级人民法院（2008）淄商初字第 143 号民事调解书和 2006 年 4 月 10 日设备转让协议书，评估报告、股东会决议、董事会决议、抵押合同、双方营业执照副本和授权委托书、动产抵押登记书、登记须知一份、动产抵押变更登记书等办理抵押登记及抵押变更登记，符合《中华人民共和国担保法》《动产抵押登记办法》有关抵押权设立、变更的规定，被告办理抵押登记及变更登记行为，符合法律法规规定。对于原告诉称淄博热电宝佳玻璃有限公司在未付清货款之前，对四条玻璃生产线设备无所有权不能进行抵押的主张，淄博市中级人民法院（2008）淄商初字第 143 号民事调解书和 2006 年 4 月 10 日设备转让协议书，能够证明四条玻璃生产线设备所有权已经转移至淄博热电宝佳玻璃有限公司，淄博热电宝佳玻璃有限公司对四条玻璃生产线设备有处分权。而原告提交的第二份 2006 年 4 月 10 日设备转让协议书上有所有权保留条款，原告先后向法院提交同一日期但内容不一致的协议书，原告不能对此做出合理说明，因此原告主张淄博热电宝佳玻璃有限公司无权对四条玻璃流水线设备进行抵押的主张，法院不予支持。对于原告诉称抵押人办理抵押登记时没有向登记机关如实反映抵押财产中的四条玻璃生产设备流水线已经通过诉讼程序被查封的主张，原告提供的查封清单复印件日期是2009年6月5日，原告无证据证明2008年12月24日被告办理抵押登记时抵押财产被查封的事实，因此，原告主张被告对查封设备进行抵押登记的理由无事实依据，法院不予支持。对于原告诉称被告在为抵押人办理抵押登记时没有按照《担保法》的规定要求提交产权证明文件（购货发票、施工合同等）的主张，《中华人民共和国担保法》第44条规定办理抵押登记应当向登记部门提供主合同和抵押合同以及抵押物的所有权或者使用权证书，该规定并没有要求抵押人提供购货发票和施工合同等，抵押人提供的淄博市中级人民法院（2008）淄商初字第143号民事调解书和设备转让协议书能够证明抵押人对抵押物具有所有权，抵押人无须再提供原告所主张的购货发票等，因此原告所称的抵押人没有提交产权证明文件这一主张，法院也不予支持。综上，原告请求撤销被告做出的淄开工商（08）抵登字051号动产抵押登记书和淄开工商（09）续登字第001号动产抵押变更登记书，无事实依据和法律依据，依法应予驳回。据此，依照《最高人民法院关于执行〈中华人民共和国行政诉讼法〉若干问题的解释》第56条第（4）项的规定，原审判决：第一，驳回原告淄博汇江印务有限公司、淄博富丽达印务有限公司、邹平城东液化气站请求撤销被告淄博市工商行政管理局高新技术产业开发区分局做出淄开工商（08）抵登字051号动产抵押登记的诉讼请求。第二，驳回原告淄博汇江印务有限公司、淄博富丽达印务有限公司、邹平城东液化气站请求撤销被告淄博市工商行政管理局高新技术产业开发区分局做出淄开工商（09）续登字第001号动产抵押变更登记的诉讼请求。案件受理费50元，由原告负担。

5. 当事人上诉与答辩情况

宣判后，三原告不服，向淄博市中级人民法院提起上诉，请求依法撤销原审判决，请求判令被上诉人撤销淄开工商（08）抵登字

051号动产抵押登记和淄开工商（09）续登字第001号动产抵押变更登记。事实和理由：其一，原审判决认定事实不清。被上诉人作为国家行政机关在实施上述行为时没有严格审查抵押人提交的财产抵押文件，没有按照《担保法》的规定要求其提交抵押物的产权证明文件，更没有查明所抵押的财产当时已经通过诉讼程序被法院查封这一重要事实，严重违背了我国《物权法》《担保法》的有关规定，盲目为抵押人进行了登记，从而做出错误的行政行为。一审不顾上述事实，没有核实质证被上诉人在做出这一具体行政行为的当时所提交的证据材料的真伪，没有要求被上诉人提供一系列证据原件，仅凭所谓证据复印件和代理人的当庭辩解就判决驳回，显然属于认定事实不清。其二，一审判决中所提及的淄博市中级人民法院（2008）淄商初字第143号民事调解书，断章取义，片面引用所谓原被告签订的协议书的不一致性，而故意隐瞒了该调解书第3条规定"如到期被告淄博热电宝佳玻璃有限公司违约，被告淄博热电宝佳玻璃有限公司以四条玻璃生产设备流水线作为担保"这一重要内容。由此证明，该四条玻璃生产设备流水线自2008年9月就已经通过民事调解书的法定形式提供了抵押担保，由于淄博热电宝佳玻璃有限公司没有按照调解书规定期限履行付款义务，淄博市中级人民法院执行局进一步查封了该四条生产设备流水线，到目前为止，该部分财产仍处于有效查封之中。其三，一审判决违背行政诉讼的基本原则，为了偏袒国家行政机关，以审理普通民事案件的思维方式审理行政案件，通篇援引被上诉人及利害关系第三人在行政诉讼程序启动后才提交的所谓证据材料，又以处理民事纠纷的方式分析和认定案情，不去审查被上诉人在做出具体行政行为的当时事实是否清楚，材料是否真实有效，程序是否合法，而是将案件的侧重点放在上诉人与第三人的民事纠纷争议之中，混淆是非，偏离审判方向。

被上诉人淄博市工商行政管理局高新技术产业开发区分局答辩称，第一，原审判决认定事实清楚，适用法律正确，程序合法，并无不当。（1）三上诉人对于《中华人民共和国担保法》第44条规定的"所有权或者使用权证书"这一概念进行曲解并任意扩大其解释范围,答辩人在办理抵押行政登记时审查的淄博市中级人民法院(2008)淄商初字第143号民事调解书和设备转让协议足以起到证明抵押人所有权的作用。(2)原审法院调取的三上诉人同淄博热电宝佳玻璃有限公司签订的协议书内容同答辩人办理抵押登记时所审查的协议书内容一致,二者属于同一证据,原审法院并未调取答辩人做出具体行政行为时未收集的证据,不违反《最高人民法院关于行政诉讼证据若干问题的规定》第23条第2款之规定。(3)《中华人民共和国担保法》第44条规定:"办理抵押物登记,应当向登记部门提供下列文件或者其复印件:(一)主合同和抵押合同;(二)抵押物的所有权或者使用权证书。"根据该条法律规定,答辩人在办理抵押登记时审查上述协议书的复印件也并不违法。(4)淄博市中级人民法院(2008)淄商初字第143号民事调解书中调解协议第三项的约定并未明确担保形式,这种属性不明的担保约定即使如三上诉人所言属于抵押,也同答辩人为设定于同一动产之上的抵押权办理抵押登记这一具体行政行为之间并不矛盾,该具体行政行为也不违反法律规定。(5)答辩人在一审过程中已经提交了证明答辩人做出《淄开工商(08)抵登字051号动产抵押登记书》和《淄开工商(09)续登字第001号动产抵押变更登记书》之具体行政行为合法有效的证据,原审法院并未违反"举证责任倒置"原则。第二,答辩人根据客观事实所做出的《淄开工商(08)抵登字051号动产抵押登记书》和《淄开工商(09)续登字第001号动产抵押变更登记书》客观真实有效,程序合法。答辩人做出本案具体行政行为的事实依据和法律依据均符合法律规定。

原审第三人山东众和热电有限公司、淄博热电股份有限公司答辩称,本案第三人淄博热电宝佳玻璃有限公司提供了抵押财产买卖协议书、资产评估报告、(2008)淄商初字第143号民事调解书等材料,足已证明其享有抵押财产的处分权,他人无权干涉其依法行使权利,(2008)淄商初字第143号民事调解书更进一步确定第三人淄博热电宝佳玻璃有限公司享有抵押财产的处分权,依此调解书内容认定,本案上诉人所享有的仅为债权请求权,而非对抵押财产的所有权，同时抵押人有权抵押该涉案财产，这一点也得到三上诉人的认可。本案动产抵押双方当事人意思表示真实，无任何实体及程序瑕疵，抵押行为合法有效，淄博市中级人民法院就第三人山东众和热电有限公司诉第三人淄博热电宝佳玻璃有限公司抵押合同纠纷一案已做出生效判决，该生效判决已进入执行程序。综上，抵押人依法处分其合法财产，动产抵押行为有效，被上诉人按照法定程序依法进行登记，其做出的具体行政行为合法，原审判决认定事实清楚，适用法律正确，程序合法，并无不当。上诉人的上诉无事实和法律依据，应驳回其上诉，维持原判。

6. 山东省淄博市中级人民法院的认定与判决

淄博市中级人民法院认为，2010年1月22日三上诉人向被上诉人淄博市工商行政管理局高新技术产业开发区分局提出申请撤销被上诉人做出的淄开工商（08）抵登字051号动产抵押登记和淄开工商（09）续登字第001号动产抵押变更登记，此时三上诉人知道被上诉人对涉案动产设备做出抵押登记的具体行政行为，但被上诉人不能证明已向三上诉人告知了诉权或者起诉期限，三上诉人的起诉期限应适用《最高人民法院关于执行〈中华人民共和国行政诉讼法〉若干问题的解释》第41条所规定的二年的期限，因此，三上诉人于2011年4月11日提起行政诉讼并未超过法定起诉期限。三上诉人在2012年11月21日的庭审中确认对涉案玻璃生产线设备享有担保物权，2006年4月10日三上诉人与原审第三人淄博热电宝佳玻璃有限公司签订的设备转让协议以及（2008）淄商初字第143号民事调解书能够证实淄博热电宝佳玻璃有限公司对涉案玻璃生产线设备享有所有权，淄博热电宝佳玻璃有限公司与山东众和热电有限公司、淄博热电股份有限公司三方签订的资产抵押合同也已经经（2010）淄商初字第70号民事判决认定合法有效，因此，三上诉人主张淄博热电宝佳玻璃有限公司对涉案玻璃生产线设备没有所有权，不能进行抵押的理由不能成立，本院不予支持。依照《中华人民共和国担保法》第42条和《动产抵押登记办法》第2条的规定，被上诉人负有对涉案动产设备进行抵押登记的法定职责。被上诉人依照相关法律规定，对抵押人淄博热电宝佳玻璃有限公司和抵押权人山东众和热电有限公司、淄博热电股份有限公司所提交的材料进行审核后,依法为其办理了抵押登记和变更登记,符合法律规定。三上诉人要求撤销抵押登记和变更登记无事实和法律依据,本院不予支持。原审判决认定事实清楚,证据充分,适用法律正确,程序合法,本院依法予以维持。据此,依照《中华人民共和国行政诉讼法》第61条第(1)项之规定,判决如下:驳回上诉,维持原判。二审案件受理费50元,由三上诉人负担。本判决为终审判决。

7. 对本案的解析

本案的争议焦点有两点:其一,第三人淄博热电宝佳玻璃有限公司有无权利处分该玻璃管生产线设备,可不可以就该设备作为抵押担保的标的物进行设定动产抵押给第三人山东众和热电有限公司、淄博热电股份有限公司。其二,被告淄博市工商行政管理局高新技术产业开发区分局为三个第三人办理动产抵押登记的行为是否合法,淄博市工商行政管理局高新技术产业开发区分局办理抵押登记时对抵押合同以及抵押标的物权属状况等是应尽到实质审查义务还是形式审查义务。

(1) 对该生产设备能否设定动产抵押

该争议标的物玻璃管生产线设备开始的确为原告所有,后来原告与第三人淄博热电宝佳玻璃有限公司签订了生产设备转让协议,双方约定了价款、履行期限、违约责任等,该协议合法有效,原告将该生产设备交付给了淄博热电宝佳玻璃有限公司,后因淄博热电宝佳玻璃有限公司未如期支付设备价款,有违约行为,原告将其告上法庭,经过法院调解,达成调解协议。调解协议明确约定淄博热电宝佳玻璃有限公司支付价款的时间,并有以该生产设备作为债权担保的约定。从当事人主张的事实和提供的法院调解书来看,生产设备应该交付给淄博热电宝佳玻璃有限公司,也明确约定以该生产设备作为债权的担保。但原告所主张的所有权保留条款,从提供的证据来看,并不能证明有所有权保留的约定。根据现有的证据所得出的事实来看,生产设备已经交付给淄博热电宝佳玻璃有限公司,即转移了物的所有权,淄博热电宝佳玻璃有限公司为该生产设备的所有权人;同时,双方还约定了以该设备作为债权担保,该担保并未转移占有，不能认为是质押，认定质押也不符合该设备的使用用途，该设备是淄博热电宝佳玻璃有限公司用于生产的主要设备，根据合同目的来解释，该担保应为动产抵押。而该动产抵押权，并没有进行动产抵押登记，不能发生对抗第三人的效力。所以，淄博热电宝佳玻璃有限公司将属于自己所有的生产设备，为了担保自己债务的履行设定抵押，进行处分，是完全符合法律规定的，淄博热电宝佳玻璃有限公司与山东众和热电有限公司、淄博热电股份有限公司订立的动产抵押合同，是双方当事人意思表示一致的结果，合法有效，动产抵押权自抵押合同生效时设立，三名当事人对该设备有权要求抵押登记。

退一步来讲，即便是原告与淄博热电宝佳玻璃有限公司有所有权保留的约定，由于淄博热电宝佳玻璃有限公司未完全支付设备的价款，未能取得设备的所有权，该批设备所有权未发生转移，仍属于原告，但该设备已经为淄博热电宝佳玻璃有限公司所占有，所有权保留的条款只是双方当事人的约定，不能对抗善意第三人，淄博热电宝佳玻璃有限公司与山东众和热电有限公司、淄博热电股份有限公司订立动产抵押合同，在该设备上设定动产抵押权，山东众和热电有限公司、淄博热电股份有限公司作为善意第三人，也可取得对该设备的动产抵押权，对其动产抵押权要求工商部门进行抵押权登记亦有权利基础。

（2）抵押登记机关应负实质审查义务还是形式审查义务

抵押人和抵押权人，要求抵押登记机关进行抵押登记，作为抵押登记机关属于行政行为，行政机关的行政行为只要符合合法性和合理性，便是正当行政行为，不承担行政法律责任。根据我国《物权法》《担保法》以及《动产抵押登记办法》的规定，工商部门是动产抵押登记的机关。淄博热电宝佳玻璃有限公司与山东众和热电有限公司、淄博热电股份有限公司有关设备的动产抵押权，由本案被告淄博市工商行政管理局高新技术产业开发区分局办理。抵押人和抵押权人就抵押权进行登记时，向工商局递交了下列材料：三个第三人营业执照副本和授权委托书各一份，淄博市中级人民法院（2008）淄商初字第143号民事调解书一份，山东正源和信资产评估公司资产评估报告书一份，2006年4月10日设备转让协议书一份，2008年12月15日资产抵押合同一份，2008年12月15日淄博热电宝佳玻璃有限公司董事会决议一份，2008年12月15日淄博热电宝佳玻璃有限公司股东会决议一份，登记须知一份。抵押登记机关进行了审查并给予了登记。

  那么，工商部门在办理抵押登记时，应负担什么样的审查义务呢？笔者认为，抵押登记机关，只需要审核当事人的主体身份，以及抵押合同的有效与否，抵押人对抵押财产有权处分的证明材料即可，如果材料齐全，抵押财产属于抵押人所有或者其有权处分，抵押合同是双方当事人的真实意思表示，没有违法和无效的其他情形，当事人有相应主体资格，即可给予登记。至于抵押物是否还涉及其他利害关系人，以及法律纠纷、权属不明等情形，如果从现有材料进行审查不能发现，就应该给予登记，也就是说，抵押物权属的实质纠纷，不应由登记机关进行审查，登记机关只负责形式审查义务。抵押物涉及权属纠纷，应由当事人通过其他途径解决，如仲裁、诉讼等，当事人为保护自己的合法权益，在动产抵押登记之后，可以提出异议登记，待抵押物权属明确之后，再进行变更或注销登记等。如果从现有资料来看，有明确的权属不清等问题，登记机关给予登记，登记机关即违背了该义务，未尽到审查义务，应负相应法律责任。抵押物实质权属问题，也并非是行政机关能最终解决和确定的，因此，也不应由其负担实质审查义务。所以，就本案而言，淄博市工商行政管理局高新技术产业开发区分局经过形式审查，给予动产抵押登记，其行政行为具有合法性，原告的诉讼请求没有法律依据。

第四章　动产抵押设定辨析

动产抵押权，乃是为担保债务的履行，在债务人或第三人之动产上设立的抵押权。动产抵押权作为担保物权之一种特殊形态，在物权变动的样态上亦与担保物权相同，有设立、变更、转让和消灭之诸种情形，本章主要探讨动产抵押权的设立问题。动产抵押权的设立，又称动产抵押权的设定，是指动产抵押权因一定的法律事实从无到有，与特定主体相结合的现象，从物权的取得角度而言，为物权的创设取得。在我国现行法律规定上，把物权的创设取得一般称为物权的设立，但在学理上设立与设定并不严格区分，而是作为同义语使用，本书也是作为同义语进行使用。动产抵押一词在不同的语境下，意义也是有所差别的，从制度层面讲，特指动产抵押制度；从法律关系角度而言，则是指抵押人、债务人、债权人之间的权利义务关系；从权利人角度而言是指抵押权人的担保物权，而权利与法律关系往往是一事物的两面，因而动产抵押权的设立（设定）与动产抵押关系或曰动产抵押的设立指的亦是同一意思。动产抵押权的设定，在各国的立法和判例中主要涉及四个问题：一是动产抵押合同；二是动产抵押的当事人；三是动产抵押权的公示；四是动产抵押的标的物。本书意不在探讨设立动产抵押权的过程，而在探究动产抵押权设立中的设立行为性质、动产抵押权的公示与动产抵押权设定的关系以及动产抵押标的物范围等问题，这些问题也是动产抵押制度的基本理论问题，是如何设计动产抵押制度的基础和前提。所以本章将围绕动产抵押权的设立行为的性质、形式、公示与设立行为的内在勾连以及设定动产抵押权所能及的标的物范围等展开论述，又因动产所有权以占有为公示方式，若抵押人以他人之物设定抵押权，能否适用善意取得问题，也应是设定抵押权过程中不可回避的一个理论问题，因此笔者也一并在本章中加以阐述。

一 动产抵押的设立行为是物权行为还是债权行为

物权的变动，有由于法律行为原因引起的物权变动，也有由于法律行为之外的法律事实引起的变动，动产抵押权的变动亦如是。就动产抵押的设立而言，则是当事人通过法律行为而成立的动产抵押法律关系。根据法律行为产生的是物权变动的法律效果还是债权变动的法律效果，可以分为物权行为和债权行为。大陆法系中，民法一般把财产权分为物权和债权，那么物权行为和债权行为的区分也有十分重要的意义。所谓物权行为，是指发生物权法上效果的法律行为；所谓债权行为是发生债法上效果的法律行为。动产抵押的设立行为，是当事人设立动产抵押权的行为，那么动产抵押设立行为在性质上属于物权行为还是属于债权行为呢？笔者认为研究动产抵押的设定，不能不明确此种行为的性质。

（一）区分物权行为和债权行为的意义

在近代民法史上，自1896年《德国民法典》公布以来，物权行为即成为大陆法系中的德国民法及受德国民法影响的某些民法的一项重要概念。早在1820年，德国法学家萨维尼就谈道，为履行买卖契约或其他以转移所有权为目的的契约而践行的交付，并不是一种单纯的事实行为，而是包含一项转移所有权为目的的物权契约。其后，在1840年出版的巨著《现代罗马法体系》一书中，萨维尼进一步阐述了物权契约概念，他写道，"私法上的契约，以各种不同制度或形态出现，甚为繁杂。首先是基于债权关系而成立的债权契约，其次是物权契约，并有广泛的适用。交付具有一定契约的特征，是一个真正的契约，一方面包括占有的现实交付，另一方面也包括转移所有权的意思表示。此项物权契约常被忽视，例如在买卖契约中，一般人只想到债权契约，但却忘记交付之中也包括一项与买卖契约完全分离，而以转移所有权为目的的物权行为"①。当然反对物权行为概念的也非常多，其理由主要有：其一，物权行为理论太过抽象，艰涩难懂；其二，物权行为理论与生活事实严重背离，一项简单的买卖行为，却人为地设计成一个支付价款的债权契约，一个交付标的物的物权契约；其三，物权行为最大的缺点是物权行为的无因性理论及其立法严重损害出卖人的利益，违背交易活动中的公平正义。当然，物权行为理论有其自身的一些缺陷也是不争的事实，但笔者认为，区分物权行为和债权行为仍有着十分重大的意义。

1. 物权行为与债权行为的区分使法律行为概念和体系更趋精致

法律行为是民法上的重要概念，没有法律行为的概念，民法总则也就支撑不起来。法律行为是实现私法自治的主要手段，而私法自治又是私法的基本原则之一，因而，法律行为的概念在整个私法中处于非常重要的地位。行为人通过法律行为设定民事权利义务关系，比如通过婚约设定夫妻关系，通过遗嘱设定继承关系，通过收养设定收养关系，这些行为都是身份行为，还有通过财产行为设定财产关系。而财产关系中比较重要的就是物权和债权两种权利。引起财产关系产生、变更或消灭的法律行为是财产行为，如果财产行为中只有债权行为，在法律行为体系上也缺乏完整性，债权行为引发债的法律关系变动的后果，那么物权法律关系变动的原因又是什么呢？显然仅仅说是由债权行为引起似不合逻辑。再者，社会生活中也并非发生物权变动都是由买卖等原因导致，生活中既有直接处分标的物导致物权消灭的行为，如抛弃，也有通过合意设立物权的行为，如地役权的设立，抵押权的设立，质权的设立，这些行为都是通过合意而设定物权的行为。所以，在法律行为体系中，仅有债权行为显然在财产行为体系中不能自足。物权行为，即是能够产生物权变动的法律行为。有了物权行为，才能使物权和债权的区分有个正当的依据，这样，法律行为在体系上才能完整。否则，整个民

---

① 梁慧星、陈华彬：《物权法》，法律出版社1997年版，第78—79页。

法总则也没有必要抽象出一个法律行为的上位概念。

2. 物权行为和债权行为的区分使法律关系更为明确

反对物权行为的一个重要理由就是，物权行为和债权行为的区分，人为地把生活中一个简单的行为复杂化了，"一个简单的买卖行为，一手交钱一手交货，硬是人为地分割成一个债权行为和两个物权行为"。其实，这种理由是完全站不住脚的，生活中一个简单的买卖行为，当事人自然不必要明确知道他的哪一个行为是物权行为，哪一个行为是债权行为。但是一旦发生纠纷，这就是一个法律问题，作为法律问题，法律工作者要明确当事人之间的法律关系，要明确知道哪一方有权利，有什么权利，哪一方应负担义务，负担什么义务，应该承担什么法律责任。分析当事人之间的法律关系，离不开对引起法律关系产生、变更或消灭的法律事实的分析，而在民事法律事实中，法律行为是最为重要的一种法律事实。能够在当事人之间引起债的关系的法律行为，是债权行为，换句话说，债权行为的法律后果也就是导致债权债务关系的产生、变更或消灭，此种利益冲突由债法进行调整，适用债法的规范。而物权的产生、变更或消灭也由其原因和直接的行为导致，如果说债权行为导致的后果是债的关系，那么物权行为即是导致物权关系的直接原因。所以说，物权行为和债权行为的区分，可以使法律关系更为明确。

3. 物权行为与债权行为的区分更符合法律的逻辑思维

作为法律人要有法律人的思维，法律人最主要的思维就是逻辑思维。在分析民事案件时，需要分析民事案件中的权利主体、权利客体、权利内容以及引起权利变动的法律事实。不同的法律事实所引起的法律效果是不同的，买卖的行为，当事人之间的买卖契约只是在当事人之间发生债权债务关系，债权人有权利要求债务人履行债务，债务人应当依照约定履行债务，否则即是债务不履行，就要承担债务不履行的责任。债权行为仅仅只是在当事人之间产生这样的效力，并不能使对方当事人获得物权法上的效力，只有当事人完成了物权法上的行为，比如动产的交付，不动产的登记，始能发生物权变动，显然这个行为不是债权行为，这个行为是发生物权效果的法律行为，乃是物权行为。只有经过这些细致的分析，才能明确当事人之间的法律关系，才能正确解决当事人之间的纠纷和冲突，如果不加区分，则会使得他们的法律关系在思维上一团乱麻，剪不断理还乱，完全不符合法律的逻辑思维。所以，作为法律人想问题办事情的思维，就应该有着法律人的思维，而不是按照普通人的思维。虽然，做这样的思考分析，对于一个简单的买卖行为，好像是多此一举，使得事情变得复杂，但其结果则是使得当事人之间的权利义务更为明确，对于解决冲突和纠纷更为有意义，对于一个法律关系较为复杂的民事案件，这种逻辑思维意义就会显得更为重大。所以，从法律逻辑思维的角度看，区分债权行为和物权行为也有其意义。

（二）动产抵押设立行为性质界定

对于动产抵押的设立，是当事人设立动产抵押法律关系的民事法律行为。动产抵押设立行为的性质与一般抵押关系的设立行为是相同的。抵押权的取得有通过法律行为而取得，也有通过法律行为之外的事实而取得，抵押权的设立则是通过法律行为而设立的抵押权，所以又称为抵押权的意定取得。

我国《物权法》第185条规定，"设立抵押权，当事人应当采取书面形式订立抵押合同"。但这里的抵押合同的性质，并不明确。从我国物权立法的文献中可以得知，我国物权法主流的观点是不承认物权行为的概念的，可以推知这里的抵押合同应该是债权合同。学者对此问题的探讨也较为少见。我国台湾地区民法学者谢在全先生在其《民法物权论》中曾说，"抵押权之设定，以契约为之者多，但亦得以遗嘱设定之，惟均须订立书面，并经办理登记后，始生效力。惟此系指设定抵押权之物权契约而言，至约定设定抵押权之债权契约，则不在此限，其理正与不动产买卖契约同"[①]。笔者比较赞同谢在全先生的观点，在通过法律行为设立抵押关系的过程中有债权行为和物权行为同时存在。

分析动产抵押设立行为的性质，首先要明确哪些行为是债权行

---

① 谢在全：《民法物权论》下册，中国政法大学出版社1999年版，第565—566页。

为，哪些行为是物权行为。笔者认为，区分抵押中的债权行为和物权行为的关键，是看该法律行为所能引起的法律后果是什么。如果在当事人之间产生的是一个债的关系，则是债权行为，如果在当事人之间可以产生物权的法律后果，则是物权行为。根据这一判断标准，在通过意思设立抵押法律关系的过程中，当事人首先要做出需要设立抵押权的意思表示，当事人一旦做出此合意就受到该意思表示的拘束，如果有一方当事人的原因致使设立抵押权未能成功，就是对该契约的违背，就应该因此承担契约责任。这种契约就应该是个债权契约，因为在当事人之间仅仅产生债法上的后果。如果当事人通过一定的行为，包括意思表示以及一定的特别行为如交付、登记等，结果是使得抵押权产生、变更或消灭，那么该行为就应该是物权行为，所以在抵押关系的设立过程中包含有债权行为和物权行为。这里要注意的是抵押关系的设立与抵押权的设立不应是等同的概念，这与物的买卖关系相同，买卖当中有买卖契约是在当事人之间产生买卖合同的效果，而交付或登记则是产生物权变动的效果，这里还有一层物权契约。

区分设立抵押关系过程中的法律行为的性质，有一定的法律意义。它是我们进一步研究抵押的设立行为是要式还是非要式，还有其生效要件的配置的前提。同时，区分抵押设立过程的债权行为和物权行为，对于解决实践中的法律问题也有着重要意义，我们可以借此明确当事人违约不办理抵押登记而产生的责任，可以明确抵押权人取得抵押权的时间等。还有利于正确适用法律，是债权合同的问题，则适用债法解决，是物权问题，则适用物权法解决。如此方能使法律关系明晰。

二 动产抵押的设立行为是要式行为还是非要式行为

法律行为有要式行为和非要式行为之分。所谓要式行为，是其意思表示须依一定方式，或于意思表示外尚须履行一定方式；所谓非要式行为，是其意思表示不拘任何方式。在古代，法律行为以要式为常；在近世，法律行为以非要式为原则，以要式为例外，目的是保障当事人的自由，遵循私法自治的原则。

（一）动产抵押设立方式的立法例

1. 意思成立主义

意思成立主义，是指动产抵押的设立只要有当事人之间的合意即可，至于采取什么方式在所不问，当事人可以采取口头形式，也可采取书面、公证等其他形式来设立动产抵押，即便是仅仅采取口头的约定，也可成立动产抵押。比如美国《统一商法典》对动产抵押的设定强调当事人的"意思自治"，规定，没有书面担保协议，但能够用其他方式证明动产抵押的存在的，不影响动产抵押的效力。

2. 书面成立主义

书面成立主义，是指动产抵押的设立要有一定的书面形式，仅仅是口头的约定尚不能致使动产抵押设立契约成立，必须采取书面的形式始能成立，也就是说动产抵押设立契约是一种要式契约。比如我国台湾地区"动产担保交易法"第5条，"动产担保交易，应以书面订立契约。非经登记，不得对抗善意第三人"。我国大陆地区的《物权法》第185条规定，"设立抵押权，当事人应当采取书面形式订立抵押合同"。加拿大魁北克民法典也强调，必须用书面形式设定动产抵押。

3. 书面生效主义

书面生效主义，是指动产抵押的设立必须要采取书面的形式，不以书面为之，则不生效力。这种主张主要是未明确区分法律行为的成立与生效，或者是认为形式要件是法律行为的生效要件而非成立要件。书面生效主义与书面成立主义，在后果上没有本质的区别，只要是没有采取书面的形式，都不会达到当事人预期的法律后果。

(二) 动产抵押的设立采要式主义与非要式主义的评析

1. 动产抵押的设立采要式主义的利弊

(1) 要式主义的积极意义

第一，动产抵押采要式主义可以保障当事人谨慎设立。毕竟动产抵押与一般抵押有着很大的不同，一般抵押是在不动产上设立的抵押权，不动产具有的最大特点就是固定性，土地及其地上建筑物都是不可移动的，便于行使抵押权。不动产抵押的公示效力比较强大，不动产抵押采取登记的公示方式，一般情况下，登记的权属状况与真实的权属状况是比较能够相一致的，通过查询不动产登记簿即可以知悉权属状况。不似动产是以占有为公示方式，占有人未必一定就是权利人。另外，动产流动性也比较大，动产占有的辗转，很可能占有人并非真实权利人。所以，动产抵押相对于不动产抵押，其中的交易风险较大。当事人在设定动产抵押时就要小心谨慎，如果随便口头的方式就设立个动产抵押权，很可能最终不能起到担保债权的作用。如果采取书面的方式，当事人通过拟定书面合同条款，对具体合同内容进行磋商，最后才达成一致协议，决定签字盖章，成立合同，这样在这个过程中，就可以给当事人设立动产抵押留有充分的思考空间，减少行为的盲目和冲动，所以采要式主义成立动产抵押有其积极意义。

第二，动产抵押设立采要式主义有着较强的证据意义。通过书面的形式可以将当事人的合意固定下来，使当事人之间的法律关系确定明了，可以避免"口说无凭"，减少不必要的纷争和麻烦。毕竟书面的证据比口头的证据效力强大。当事人在设立动产抵押时，就通过书面协议把当事人的权利义务明确固定下来，即使日后发生纠纷，书面的证据也可作为裁判的依据，作为厘清当事人权利义务的证据。

第三，动产抵押的设立采要式主义可以保护交易安全。动产担保交易的确存在着很大的风险，所以动产担保交易法就要在交易安全维护上多下功夫。动产抵押的设立采要式主义可以促使当事人谨慎订立动产抵押合同，可以通过书面形式保留动产交易的证据材料，在一定程度上有利于减少交易的风险，维护交易的安全。

（2）要式主义的缺点

动产抵押的设立行为采要式主义，使得设定动产抵押烦琐复杂，与近现代私法自治精神不符。

2. 动产抵押采非要式主义的利弊

动产抵押的设立行为采非要式主义的优缺点与采要式主义的优缺点恰恰相反，要式主义的优点是非要式主义的缺点，要式主义的缺点是非要式主义的优点。采取非要式主义的好处就是抵押权成立方式简单，符合私法自治精神，弊端就是抵押权成立的证据效力不强，增加了交易的风险和不确定性，不利于解决当事人之间的纠纷。

（三）动产抵押设立行为成立方式的应然模式

1. 区分债权行为和物权行为

在整个动产抵押设立过程中不是仅有一个法律行为，其中既有债权行为，也有物权行为。设立动产抵押的债权合同，是在当事人之间产生一个债权债务关系。合同的目的仅仅是让当事人负担一个债务，即是做出将来要成立抵押权的约定，如果一方背弃了该承诺，未能成立抵押权，即是违反该约定，根据此合同，债务人应承担违约的法律责任。当然此债权合同相对于被担保的债务而言具有从属性，是从属合同，主债务无效，从债务也当然无效。

在设立动产抵押的整个过程中，还有直接设定抵押权这一物权的合意，该合意往往与成立抵押的债权合同同时出现，但这并不能妨碍在法律逻辑上有这一物权合同存在的必要。物权合同产生的效果是物权法上的效果，导致的是物权的产生、变更或消灭。

当然，由于债权行为和物权行为是独立的，是相互区分的，对于合同的成立方式，也要明确是哪一个合同的成立方式，唯有如此才能更符合法律的逻辑思维。

2. 动产抵押设立行为宜采非要式主义

笔者认为，不论是动产抵押设立过程中的债权行为还是物权行为都应该采取非要式主义。笔者已在上述部分分析了采取要式主义的积极意义，这也是主张抵押合同采书面形式的学者的主要观点。其实要式主义的最大功能就是证据价值，有了书面的抵押合同文件，在证据效力上就比较强大，可以根据书面合同所记载的内容来明确当事人的权利义务，解决纷争。但是要说到书面形式能够起到保障交易安全，杜绝欺诈交易，这一点是办不到的。有学者曾言，"协议生效的抵押合同仅凭合同就能产生抵押权，如果承认口头合同，则当事人设定抵押权的意思不能在发生权利冲突前客观展现，易使第三人产生不测，也容易使当事人恶意串通将本没抵押的财产变成抵押财产，危害交易秩序"[①]。其实，即使是通过书面形式成立抵押合同，这种欺诈交易同样不可避免，只要通过恶意串通制作一个虚假的书面合同，即可达到欺诈交易的目的。而且，因为有书面的证据，比口头的抵押合同危害更甚，口头的合同，如果当事人不能提供更为有力的证据，其欺诈的目的实现起来难度较大，而书面的证据力量更加强大，相较而言，实施欺诈更为容易。所以，在保障交易安全，维护交易秩序上，并不是有着特别的意义。当事人之间的书面抵押合同，也只有在为抵押权人证明有抵押的合意的存在以及抵押权的范围和效力上有着证据意义。同理，对善良的抵押人亦如是，可以较好地证明抵押的范围。所以说，书面的抵押合同也就在证据价值上有一定意义。

那么，抵押合同的书面形式有着较强的证据价值，是不是一定要通过法律强制地规定，设定抵押合同必须采取书面的形式呢？笔者认为，这是大可不必的。理由如下：

第一，要式主义有违私法自治的精神。众所周知，民法是私法，民法最大的价值之一就是尊重当事人的自由。在近现代社会中，每一个个体都是独立的个人，都有着自己的独立人格，享有平等的法律人格，具有平等的人格尊严和自由。每一个有完全行为能力的人都有独立的认识能力和处分自己权利的自由。法律应该尊重每个人的这种自由，而不是横加干涉，只有在涉及社会公共利益的时候，为了维护公共利益，法律才不得不进入私人生活领域，否则，法律

---

① 邹立婷：《论动产抵押制度——以我国〈物权法〉的相关规定为视角》，硕士学位论文，华侨大学，2007年。

能做的只是承认和保护私人的这种自由。所以，私法以私法自治为其核心价值，而践行私法自治精神的制度就是法律行为制度。正如日本学者山本敬三所言，"个人的法律关系可以通过各自的意思自由地形成。从制度上承认这种自由的正是法律行为制度"①。

从形式上看，民法是规定个人之间关系的法。每个个人在私法关系中都是权利义务的主体。私法关系的发生、变更和消灭完全取决于个人的意思。这种意思要么是单方的意思，要么是双方的意思。近代以来，民法是个人本位的法，是权利本位的法。所谓个人本位的法是指，个人作为活动主体，一切以个人意思为出发点的法。在封建社会，私人关系由他人决定而不取决于本人的意志。所谓权利本位的法，是一切以权利为出发点（权利的反面即义务，讲权利并不是不讲义务），整个民法就是规定个人权利的法。封建社会的法不注重个人权利，只注重个人义务。所以，近代以前的法对个人的自由是不重视的，再加上近代之前商品经济不发达，商品交换不发达，法律比较重视对静态财产安全的保护，对商品的流转、财产动态安全的保护不周，不注重效率的价值，在商品交易的制度上往往采取严格的条件，所以，多采用要式行为规定之。而近代以来，随着商品交换的日益频繁，那种束缚自由交换、影响交易效率的规则就不适应时代的发展了，所以，法律行为大都以不要式为之，反而要式行为成了例外。

第二，动产抵押的设立采不要式主义可以避免烦琐的程式，可以提高交易效率，方便当事人。如果当事人意欲成立抵押权，便可以通过意思设定，简化交易程序。市场经济中效率亦是一大价值准则，如果交易方式烦琐复杂，结果只是徒增交易成本，影响交易便捷。而这种烦琐程式的初衷是保护交易安全，这个目的也不是通过书面形式就可达到的，既然书面形式达不到这一目的，出于交易便捷考虑，此种要式的方式亦无须通过立法做出强制性的规定。

是不是在设立动产抵押的过程中，法律采非要式主义的立法，就不可以通过书面的形式设定抵押权呢？答案是否定的。要式主义

---

① ［日］山本敬三：《民法讲义Ⅰ·总则（第3版）》，解亘译，北京大学出版社2012年版，第85—86页。

的意思是法律行为必须采取法律规定的形式，否则不成立或不生效力；非要式主义，是法律行为的成立与生效并不受特定形式的左右，即便没有特定的形式，只要有真正的合意，法律行为仍能成立和生效。所以，采非要式主义，并不妨碍当事人在设定动产抵押的时候采取一定的形式。这也是贯彻私法自治精神的体现。

当然，当事人在设定动产抵押的时候，如果采取书面的形式，对于维护当事人的正当权益还是有着积极意义的。特别是针对抵押权人而言，如果能够通过书面的文件固定下来当事人之间的合意，就债权合同而言，如果当事人不履行此合同，可以依约追究对方当事人的合同责任，如果是物权合同，可以通过物权合同明确其抵押权的范围。就这个角度而言，书面的形式要比空口无凭对维护当事人的权利更为有利。当然，之所以不通过法律强制规定特定形式以成立动产抵押，则是充分尊重当事人的自主意思，尊重当事人的选择自由。作为法律也应该相信每个有行为能力的人具有自主判断风险的能力。在经济学上都有经济人假设，即是把每个人看成经济人，他们自己是自己利益的最佳判断者，如果是通过立法强制地干涉，则是妨碍了当事人的自由和自主。如果，当事人因为自己的原因，没有意识到风险或者因粗心大意致使自己利益受损，自己应该承担自主决策带来的风险。因为设定抵押的行为不似有些特殊法律行为，如关乎保护消费者权益的法律行为，关乎保护劳动者权益的行为，以及维护交易秩序、交易安全的行为等，这些行为要么牵涉到对特殊群体的保护，要么是维护某种价值，要么是维护社会公共的利益，不得不通过强制的方式进行法律上的事先设定。而动产抵押的设立不具有这些特殊的状况，因而没有必要通过法律强制规定一定要采取某种形式始能成立法律行为。若是，一定采取强制的方式，也可能得到的结果事与愿违，那么，如此立法就得不偿失了。

总之，也就是说当事人可以根据自己的意愿选择一定的形式来设定动产抵押。在这里一定的形式，如书面形式，也只是起到证据作用而已，并不是抵押合同的成立或生效要件。非要式主义对于设立动产抵押的债权合同和物权合同同样适用。债权合同则根据合同法的相关规定来判断其成立和生效状况，有效的债权合同发生债法上的法律效果；物权合同则根据物权法来判断其法律后果。如若，当事人约定采取书面的形式来设立动产抵押权，则根据约定来判断其效力，当然书面的抵押合同，对维护和保障当事人自身的合同上的权益还是有其积极意义的，也就是如若发生纷争，有"白纸黑字"的书面证据，可以为当事人争取正当权益提供证据文件。

因此，我国物权法规定成立抵押必须采取书面合同的形式，大可不必。至于是否采取书面形式来设定动产抵押权完全可以交给当事人自主决定。如此一来，既不会违背民法上的私法自治精神，也不会给当事人带来交易上的风险。

三　动产抵押的公示是登记生效主义还是登记对抗主义

动产抵押权与一般抵押权本质上无异，是一种担保物权，属于他物权。物权是直接支配特定物并排除他人干涉的权利，是支配权，物权的效力比较强大，因此物权需要公示，通过公示来表彰物权的归属，保障交易的安全。动产抵押权作为一种物权，亦不例外，也要遵从物权法的公示公信原则。在物权法里，一般是动产以占有为公示方式，不动产以登记为公示方式。传统的抵押权是建立在不动产之上的，因此也以登记为公示方式，而动产抵押权是在动产之上设定的，如果以登记为其公示方式，就会与动产所有权占有公示相冲突，如果以占有为公示方式，则又不能表征抵押权的存在，所以公示乃是动产抵押制度设计的关键所在。有关公示方式的问题前述部分已做了论述，这里主要探讨动产抵押权的设定，主要牵涉的问题就是公示行为与动产抵押权的取得问题，换句话说，就是公示行为与动产抵押权成立的关系，下面就从动产抵押公示的相关立法例和主张论起。

（一）动产抵押权公示制度的立法例

不同的国家和地区在解决动产抵押权的成立与公示行为的问题

上有着不同的立法和主张，大体上可以分为以下几种。

1. 意思成立主义模式

该主义推崇意思自治，仅凭当事人的合意就可以发生动产担保交易的效力。德国民法关于保留所有权买卖，就是采取这样的制度，手续简便，但其最大缺点就是欠缺公示性，因此，德国学者有主张应采登记主义的，但是工商界强烈反对，认为此举将会暴露其经济状态，妨害信用的流通。

2. 书面成立主义模式

当事人设定动产抵押或保留所有权，除了当事人意思表示一致之外，还须完成一定书面形式，只有二者结合方可成立动产抵押权或成立保留所有权担保。其主要功能在使当事人的权利关系趋于明确，在某种程度上，也可防止欺诈或虚伪，但欠缺公示的缺点仍然存在，未能克服。

3. 登记成立主义模式

该主义是当事人设定动产抵押权，除了有设立动产抵押的合意之外，还必须践行登记，不经登记抵押权不成立。

4. 登记生效主义模式

该主义是当事人设定动产抵押权，除了有设立动产抵押的合意之外，还必须践行登记，不经登记抵押权不生效力，只有经过登记才能产生有效的抵押权。

5. 意思成立，登记对抗主义模式

该主张主要是设立动产抵押权首先要有当事人的合意，只要达成设立抵押权的合意，抵押权便可以成立，而设立抵押权的合意，无须书面形式，仅意思表示相一致即可，但是该抵押权还需要登记，不经登记不能对抗第三人，登记产生的效力是对抗效力。

6. 书面成立，登记对抗主义模式

该主义也是登记对抗，只不过设立动产抵押的合意必须采取书面的形式，只有采取书面的形式动产抵押才能成立，登记可以产生对抗第三人的效力，不经登记不得对抗第三人。我国大陆地区《物权法》第185条，"设立抵押权，当事人应当采取书面形式订立抵押合同"；第188条，"以本法第一百八十条第一款第四项、第六项规定的财产或者第五项规定的正在建造的船舶、航空器抵押的，抵押权自抵押合同生效时设立；未经登记，不得对抗善意第三人"。我国台湾地区"动产担保交易法"第5条，"动产担保交易，应以书面订立契约。非经登记，不得对抗善意第三人"。日本在不动产抵押权登记的效力问题上，一直采登记对抗主义，对登记并未赋予公信力。因此，当将登记公示方法适用于动产抵押时，也采此主张。如依照1951年颁布的日本《机动车抵押法》第4条、第5条的规定，机动车抵押的设定应当登记，未登记者，不得对抗第三人。此外，1953年制定的《飞机抵押法》（第3条、第5条）和1954年制定的《建设机械抵押法》（第7条）也有类似的规定。因而，日本在抵押登记的效力问题上，无论是不动产抵押，还是动产抵押，其效力都是一致的，采纳的是登记对抗主义。我国台湾地区"动产担保交易法"的蓝本是美国立法，美国法在动产抵押方面，动产抵押权的成立并不以登记为成立或生效要件，而是采取的登记对抗主张。

（二）动产抵押权公示立法模式评析

从上述各国立法例和主张可以看出，实质上动产抵押权的公示制度也就三种类型。一是意思主义，二是登记主义，三是介于意思主义和登记主义之间的登记对抗主义。

单纯的意思成立和书面成立，实质上都是意思主义，只不过书面成立要求设立动产抵押权的意思要具备一定书面形式而已，此种做法，并不能解决动产抵押权的公示问题，单纯的意思成立和书面成立，都欠缺公示性，无法表彰物权的归属，实在是难以保障交易安全。尤其是动产交易，动产的流动性大，动产所有权又是以占有为公示方式，只要进行交付转移占有，所有权就会发生变动，动产抵押权形同虚设，难以起到担保债权的目的。同时，很多学者也认为，意思主义与物权法定原则相违背，实不是一个良策。笔者也认为意思主义最大缺点就是欠缺公示，公示乃是设定动产抵押的关键所在，没有公示就无法具有公信力，此种主张不可取。

登记成立主义和登记生效主义，都是要求设立动产抵押权必须进行登记，未经登记，抵押权不成立或不生效。登记成立主义和登记生效主义的区别主要在于登记是物权的成立要件还是生效要件，但二者在法律效果上并无二致。抵押权的设立行为是物权行为，而物权行为有其成立要件和生效要件。有学者主张登记和交付乃是物权行为的成立要件，也就是说，物权合意加上登记或交付的行为方能构成一个完整的物权行为，所以，这里的公示行为便是物权行为成立要件。也有学者主张，登记或交付是物权行为的生效要件，物权行为的构成有物权合意为已足，欠缺公示行为只是导致物权行为不生效力而已。笔者认为，交付或登记是作为物权行为的成立要件还是生效要件，在法律后果上并无本质不同，只不过是法律行为的理论构成不同而已，效果才是最重要的。因而，登记成立主义和登记生效主义，可以归为一类，也就是动产抵押权的设立，若不进行登记则动产抵押权不成立或无效。登记主义的主张，更为侧重物权的公示性，进行了登记也就有了明确的公示，可以弥补意思主义欠缺公示的不足。但是有两个问题难以调和，一是动产抵押登记的公示方式与动产所有权占有的公示方式不可调和，这就会在物权法上出现一个巨大的难以调和的矛盾，交易当事人是信赖占有还是信赖登记的问题；二是动产登记的成本比较高，不具有灵活性，难以适应市场的需要。可以说这是登记主义致命的缺陷，动产抵押登记与动产所有权占有的不可调和，不仅会增加交易成本，更为严重的是难以保障交易安全，动产抵押登记的成本高，在进行动产交易时，交易相对人还要查询动产抵押登记簿，徒增交易成本，难以保障市场交易效率。所以，动产抵押权的公示制度照搬不动产抵押登记制度的方法，也不是好的办法。况且，通过法律强制性的规定，设立动产抵押必须进行登记，与私法自治的精神也不符合。

意思成立、登记对抗与书面成立、登记对抗可以说都是对抗主义，只不过在动产抵押的设立合同上一个主张非要式主义，一个主张要式主义，但二者并不存在本质区别。有关动产抵押设立合同采要式主义还是非要式主义，笔者在前部分已经论述，笔者的观点倾向于非要式主义。就登记对抗而言，其优点是可以维护交易便捷和尊重当事人的意愿，该主义灵活简便，但也有其自身缺陷，如若当事人选择不进行登记,动产抵押权就缺乏公示性,从维护交易安全角度看,难以达到这一目的。另外未经登记的抵押权,在性质上还能称得上抵押权吗?其效力也存在较大争议。

(三) 动产抵押权公示立法的应然模式

综上分析,动产抵押权的公示的立法和主张并不存在一个完美的方案。笔者结合动产抵押的制度目的以及民法基本理论,认为动产抵押权公示立法应该采取公示对抗主义,理由如下:

1. 是公示对抗而非登记对抗

就各国立法例和学者的观点来看,大家所熟知的都是登记生效或登记对抗主义,笔者在这里强调的是在动产抵押权的公示制度上应该采取公示对抗。公示对抗与登记对抗,虽然都是对抗主义的主张,但是存在着些许差别。所谓动产抵押登记对抗主义,就是在设定动产抵押时,具备动产抵押的合意即可成立抵押权,不经登记不能对抗第三人,只有践行了登记,才具有对抗第三人的效力。所谓动产抵押公示对抗主义,就是在设定动产抵押时,具备动产抵押的合意即可成立抵押权,没有公示行为不能对抗第三人,只有进行了公示,才具有对抗第三人的效力。登记对抗和公示对抗,虽然只有两字之差,但在动产抵押权的设定上是必需的。

这是因为,登记对抗过于狭隘,这种立法主张要求设定动产抵押权,只有经过登记的程序才能使抵押权具有对抗第三人的效力。这种观点的思路还停留在传统的物权法上物权的公示制度。传统的物权法上物权公示制度只有占有和登记两种情形,即动产的占有和不动产的登记,只是随着后来社会的发展,工业的进步,一些新的物品如飞机、船舶、机动车辆被发明创造出来,这些物虽是动产,但具有较大的财产价值,在进行交易时比较慎重,因而在这些动产上才纷纷采取登记的公示方式,所以,这类财产又称为"准不动产"。但就物权的公示方式而言,仍然是只有两种方式,即占有和登记。这种占有和登记的二元公示方式,对于动产抵押权并不是很合适。对于不动产而言,因为不动产所有权是以登记为其公示方式,所以在不动产上设定抵押权时,不动产抵押权以登记为其公示方式便是顺理成章的，并不会产生冲突，既不会让不动产抵押权欠缺公示性，也不会影响交易安全。但是，在动产上设定抵押就会有一个问题，那就是动产除"准不动产"之外，是以占有为其公示方式，也要求动产抵押权进行登记，那么在现实交易中，究竟是应该信赖占有，还是登记呢？所以动产抵押的特殊性，也给登记对抗主义带来一个理论和现实的问题。在前述部分，笔者就动产抵押权的公示方式上建议根据标的物的不同采取灵活的公示方式，如适宜于登记的"准不动产"仍然采取登记的公示方式，对于那些不适宜于登记的动产采取辅助的公示方式。如此一来，就可以解决动产抵押公示难和动产所有权占有与动产抵押权的冲突的问题，只有进行公示的抵押权，才能够有强大的公信力。所以说，动产抵押权的公示方式已经超越了传统的占有和登记的二元公示方式，如果再使用登记对抗的概念就显得很不科学，也会让人产生误解，即是只有登记才能产生对抗效力，辅助的公示就不具备对抗效力。所以，笔者建议采用公示对抗的概念。

2. 采取对抗模式，是充分尊重当事人意思自治的体现

采取公示对抗的立法模式，比较灵活，可以满足当事人的意愿。如果当事人不愿进行公示，认为公示其财产或公示了财产的抵押状况，会对自己不利，只要双方自愿达成协议，则可以不进行公示，通过意思设定抵押权。当然这个抵押权不具有较强的效力，不能对抗第三人，这也是不进行公示的抵押权的交易风险所在，这个风险，当事人在设定抵押权时是自知的，所以，风险也由其个人来承担。如果当事人更看重交易安全，则可以通过协商进行公示，完成了抵押权的公示就具备了对抗第三人的效力。对抗主义的模式，把自主权完全交由当事人自己来行使，这也更体现了私法自治的精神。因为自由本就是私法的一项重要价值，私法自治也是民法的一项核心原则。日本民法中的物权变动一直以来都是采取对抗主义的立法模式，亦未见问题出现。中国台湾地区"动产担保交易法"也是采取的对抗主义模式，正如王泽鉴先生所言，"实行以来，未见

重大弊端，尚难谓非妥善之制度"①。既然对抗主义模式实践运行中并无问题，又符合私法之精神，也就没有非要强制地采取登记生效主义的主张。

3. 公示对抗主义模式能保障交易安全

在物权法里，交易安全是物权制度设计要考虑的一大价值，反对对抗主义立法模式的主要观点，就是对抗主义下，只有当事人完成了公示，才具有对抗第三人的效力，如果未进行登记的动产抵押权，因其不具有对抗效力，难以保障抵押权人的利益；在未进行动产抵押权的登记时，第三人与抵押人进行交易，由于该标的物上已设定了抵押权，便会妨害交易安全，不似登记主义，不登记就不会产生抵押权，第三人在与抵押人进行交易时，只要查询抵押登记簿，便可知悉该标的物上的权利状况，从而保障交易安全。

在笔者看来，这种观点有些道理，但经不起推敲。首先，在第三人与抵押人进行交易时，都要事先查询抵押登记簿，这不仅耗时耗力，也不切实际，现实交易中，第三人只要信赖动产的占有公示即可，因为物权法的规则就是动产物权是以占有为其公示方式的，何必多此一举再浪费人力物力去查询抵押登记簿呢？其次，即便是动产抵押未进行公示，不能够对抗第三人，对于抵押权人来说，这种风险是其在设定抵押权的时候就已经预见的，抵押权人自己不要求进行公示，就应该承担其行为的后果，而无须以保护抵押权人的理由为其立法，这样的结果只能是对当事人自主决策权的不尊重。最后，实行登记主义的立法模式并不见得能够做到保障交易安全，登记主义看起来公示性较强，一经公示就具有了物权的强大效力，但是，却把交易的成本推给了第三人，第三人进行动产交易，必须要小心谨慎，交易前要仔细查询该动产的权利状况，否则，因为其疏忽而与设定了抵押权的动产进行交易，便要承担不利的后果，这对第三人而言有失公允，也不利于交易安全的维护。

公示对抗主义模式，对交易安全并无妨碍，反而能够做到与物权的公示公信原则相协调，能够保障交易安全的实现。首先，在当

---

① 王泽鉴：《民法学说与判例研究》第 1 册，中国政法大学出版社 1998 年版，第 241 页。

事人设定动产抵押的时候，如果未进行抵押权的公示，风险由当事人自己承担，第三人与之交易的时候，也不必考虑到该动产上是否设定有动产抵押权。其次，当事人进行动产担保交易时，抵押权人为了保障其抵押权有强大的效力，双方当事人通过协议进行了抵押权的公示，便可以具有对抗第三人的效力。加之，动产抵押权的公示方式比较灵活，适宜于登记的进行登记，适宜于采取辅助方式如打刻、印记、贴标签等公示的使用辅助的公示方式，使得交易人能够方便地知悉该动产上设定的抵押权，这才是最好的保护交易安全的方法。

4. 公示对抗主义模式可以减少交易成本，保障交易的便捷

登记主义立法模式，使得动产担保交易变得手续繁杂，另外登记费用过高，亦使一部分人不愿意进行登记。动产种类繁多，设定动产抵押权都要一一进行登记，也会增加登记的行政成本。所以，鉴于登记带来的种种弊端，动产担保交易的公示常常被商业习惯的变通所弥补。如我国台湾地区，实务界常常以保证来代替登记，即可在契约中明确约定在债务人不履行契约时，保证人须负清偿责任，并抛弃先诉抗辩权，尽管这已属于债权的效力，但仍然为一般从业者所乐行。[①]

而公示对抗主义，则简化了交易手续，当事人可以自由选择动产抵押权的公示，也可以不进行公示，只要信得过对方，一样可以成立抵押权，担保债权的实现。这就为动产担保交易中节约了大量交易成本。在动产交易中，第三人亦不需要每笔交易都进行查询在该动产上是否设定有抵押，从而保障了交易的便捷。

5. 公示对抗主义模式与物权法定原则冲突的回应

物权法定原则，是19世纪欧洲各国从事民法典编纂运动以来，各国关于物权立法的一项基本原则。物权法定，是指物权的种类和内容由法律统一确定，不允许当事人的意思自由创设，即除民法及其他法律明文规定物权外，当事人不得任意创设物权，既不可以创设法律所不认可的新类型的物权，也不得创设与物权法定内容相悖

---

① 王闯：《动产抵押论纲》，《法制与社会发展》1995年第1期。

的物权。有学者担心动产抵押权的设定，不以登记为要件，任由当事人意思就可以成立抵押权，因为不具备公示性，很难称得上是一种物权。

笔者认为，关于这一点大可不必担心。首先，物权法定原则要求的是物权种类和内容由法律规定，当事人不得任意创设。动产抵押权，是抵押权，只不过抵押权的标的物是动产而已，而抵押权属于法定的担保物权类型，并未超脱于物权法所规定的物权种类。动产抵押权在内容上，与不动产抵押权一样，都是当债务人不能履行其债务时，抵押权人有权就抵押物优先受偿，也没有超越于物权法的内容。

其次，动产抵押权的公示对抗主义，虽未经公示，只要当事人达成设立动产抵押的合意，动产抵押权亦可成立。也就是说动产抵押权完全是根据当事人的意思来设定的，这一点与物权法定也不冲突，物权法定说的是物权的种类和内容是由法定的，而不是否定当事人通过意思来设定物权。在物权法中有很多种类型的物权也都是通过合意来设定的，如地役权、地上权等。未经登记的抵押权，不能对抗第三人，目的是保护善意第三人，维护交易安全和交易秩序，但不能因此否认在当事人之间设定的抵押权的客观存在，至于不具有对抗的效力是其效力而已。

最后，随着社会的发展，物权法定主义也逐渐趋于缓和，不似当初那么僵硬，有些传统的物权也发生改动，法律上也增加了一些新型物权。我国台湾学者苏永钦先生在总结台湾产权秩序变动趋势时说，"民法物权编所定的几种物权早已无法满足台湾市场经济的需求，民法典的调整步伐虽然慢了一点，但一方面，立法者陆续制定一些特别法，法院也承认了几种习惯法上的物权可济其穷。另一方面，民法的修正显示立法者已经掌握了缓和法定主义的政策方向，对类型的内容，从容许界定内容，到容许财产权关系在特定类型下自由定分，立法者有让物权走向框架化的倾向"[①]。从物权法定主义的缓和角度看，物权法定并非是物权法律制度绝对不可逾越的

---

① 苏永钦：《寻找新民法》，北京大学出版社2012年版，第149—150页。

鸿沟。动产抵押权的公示对抗主义,从公示方式上打破动产占有、不动产登记的传统公示方式,而采取多样而灵活的公示方式完全是适应设立动产抵押的实际需要。在允许当事人意思自治,选择公示或不公示上,也是充分尊重当事人的自主,恰恰体现了灵活适应社会实际需要的法律制度设计的本旨。

四 动产抵押的标的物范围是限制主义还是非限制主义

动产抵押,即是在动产标的物之上设定的抵押权。在设定动产抵押时,首先就要考虑抵押权设定在什么标的之上,哪些动产可以设定抵押权。这是承认动产抵押的国家遇到的又一难题。因为动产与不动产不同,动产的种类繁多,价值大小不一。有的动产适合进行公示,有的没有好的公示方法。因此,在承认动产抵押的国家和地区立法中以及在研究动产抵押的学者中有着不同的主张。

(一) 动产抵押标的物范围的立法例

综观各国和地区动产抵押的立法,对动产抵押标的物的界定大致有四种类型。

1. 特别严格限制主义

此种立法是将抵押物限制在不动产及个别不动产权利,对动产及其他财产权利的抵押基本持否定态度。这种立法主义以法国、德国、瑞士等国为代表。法国自1874年创立海上抵押,直至1951年,创立行业器材出质,其动产抵押标的物限定为海运船舶、内河船舶、飞机、影片、铺底和汽车等动产。德国在特别法上规定了动产抵押,将标的物的范围限定在用于农用耕地的生产资料、船舶、航空机、海底电缆等有限的动产范围之内。[①] 瑞士民法也仅对家畜抵押做了规定,欧陆各国大多为这种类型的立法。

---

① 沈达明:《法国/德国担保法》,中国法制出版社2000年版,第143页。

此种立法基本将抵押标的物的范围限定为不动产及不动产权利，仅因法律政策而对极个别动产做了例外规定。

2. 一般严格限制主义

此种立法主张是在一定程度上认可动产抵押，但是仅限于适合登记制度的动产，坚持公示方法的统一性。此种类型以日本为代表。日本是通过颁布特别法的形式，对动产抵押物的范围进行严格限制。日本先后于1933年颁布了《农业动产信用法》、1951年颁布了《机动车抵押法》、1953年颁布了《飞机抵押法》、1954年颁布了《建设机械抵押法》。对于上述法律调整范围内的农业机械和牛马、各类机动车、航空器、建设机械等，允许设定动产抵押，且只能设定抵押，不得设定质押。此外，依照《日本商法典》的规定，船舶也可以设定动产抵押权，而且设定抵押权的船舶不仅包括已建成的船舶，也包括尚在建造中的船舶。[1]

虽然，依照1933年颁布的《农业动产信用法》的规定，农业机械、牛马等也可以设定动产抵押，但由于当时的日本社会基本上是租地关系多，自耕农少，以农业机械设定抵押的只是极少数有土地的上层农民，而有土地的农民，与其用农业机械设定抵押，还不如用土地设定抵押，因而该法基本上未被采用。[2] 对于在此范围之外的其他动产，如流动中的商品、企业的在库商品和加工原料等，则只能通过设定质押或让与担保来解决。[3]

3. 限制缓和主义

此立法主义以我国台湾地区为代表。我国台湾地区的立法在动产抵押的标的物问题上，经历了一个由严格限制主义向限制缓和主义的转变过程。在"动产担保交易法"颁布之前，以特别法方式允许设立的动产抵押，仅限于"海商法"上的船舶抵押权和"民用航空法"上的航空器抵押权。"动产担保交易法"颁布之后，动产抵

---

[1] ［日］远藤浩、川井健：《新版民法（3）·担保物权》，有斐阁1998年版，第245页。

[2] ［日］近江幸治：《担保物权法》，祝娅等译，法律出版社2000年版，第220页。

[3] ［日］我妻荣：《债权在近代法中的优越地位》，王书江等译，中国大百科全书出版社1999年版，第68页。

押标的物范围随之扩大。依照"动产担保交易法"第4条的规定，"1. 机器、设备、工具、原料、半制品、成品、车辆、农林渔牧产品、牲畜以及总吨位未满20吨之动力船舶或未满50吨之非动力船舶，均得为动产担保交易之标的物。2. 前项各类标的物之品名，由行政院视事实需要及交易性质，以命令定之"。

1965年，我国台湾地区"行政院"公布了动产担保交易标的物品类表，共分10类，类下分项：第一类为农林畜牧渔；第二类为矿产品；第三类为食物饮料及烟酒；第四类为纺织品及其原料、皮革、木制品及其相关物品；第五类为非金属矿产物制品；第六类为化学品；第七类为基本金属及铸制品；第八类为机械设备器材及工具；第九类为农业机械设备；第十类为其他制品。由此可见，我国台湾地区动产抵押的标的物范围十分广泛，重要的动产，无论是代替物，消费物或非消费物，皆包括在内。[①]

4. 不限制主义

此种立法主义是以英美法为代表，对动产抵押物的范围几乎没有任何限制。从美国《统一商法典》第9编即"担保交易编"的规定来看，几乎所有财产都可以设定动产抵押。如该法第9—102条关于第9编的原则和适用范围规定，"1. 除涉及被排除之交易的第9—104条另有规定外，本编适用于任何意图在动产或不动产附着物上，包括在货物、所有权凭证、票据、一般无形财产、动产契据或账债上设定担保权益的交易，而不论交易采取任何形式以及任何账债或动产契据的买卖。2. 本编适用于通过合同设立的担保权益，包括通过质权、让与、动产抵押、动产信托、信托契书、代办人留置权、设备信托、附条件买卖、信托收据等各类合同所设立的担保权益，以及通过其他保留留置权或所有权的合同所设立的担保权益；本编还适用于意图设立担保权益的租赁或寄售。除第9—310条另有规定外，本编不适用于法定留置权……"从该条的规定来看，不仅各类有体动产，而且包括各类无体财产权和有价证券，均可设定动产抵押。

[①] 王泽鉴：《动产担保制度与经济发展》，载梁慧星《民商法论丛》第2卷，法律出版社1994年版，第103页。

导致这一现象的原因，是在英美法上，并无"物"与"财产"的区别。

（二）争议的焦点——限制主义还是非限制主义

综观各国和地区有关动产抵押标的物范围的立法，实质上可分为两类：一是限制主义；二是非限制主义。法国、德国以及日本等国的立法，不承认动产可以设定抵押或者即使承认也严格限定在一些特殊的动产之上，如机动车辆、船舶、航空器，这些动产一般价值比较大，更为重要的是都是"准不动产"，其公示方式也类似不动产是以登记的方法进行物权公示的。可以说这些国家的立法都是限制主义立法模式。我国台湾地区的"动产担保交易法"通过分门别类地列举可供抵押的动产，动产范围还是十分广泛的，基本上涵盖了所有的门类，也可以说对动产抵押标的物范围并没有多大限制。而英美国家更是十分宽松，甚至把无体财产权和有价证券也列举其中，当然这与英美法没有严格区分"物"和"财产"有一定关系。作为无体财产权和有价证券，一般是质押权的标的，对无体财产权设定担保时通过登记，对有价证券设定担保时通过转移有价证券的占有，并不会妨碍无体财产和有价证券权利人行使其权利，所以可定质押即已足。动产设定担保如果也是转移占有，就是设定质押权了，之所以建立动产抵押权制度，就是不转移动产标的物的占有，物的所有人可以占有、使用标的物，发挥物的使用价值的同时，也可以通过设定抵押，换取信用，发挥标的物的交换价值。除去无体财产权和有价证券不说，对于在单纯的动产之上设定抵押，从美国法上来，也是没有限制的。所以说，这些立法主张都是非限制主义。

在理论界对动产抵押标的物范围的争议也十分大。有学者主张应该采限制主义。如王利明认为应该对动产抵押的标的物给予限制，他认为"就有体动产来说，并不是说所有的动产都可以设定抵押。我们说要鼓励动产作为抵押，不是说所有的动产甚至一些不能转移、不能变现的财产也可以抵押，法律上不能笼统地规定可供抵押的抽象的一般条款。尤其是在我国现阶段，目前处于市场经济的转轨时期，信用体系还没有建立，因此更应当对可供抵押的动产的范围作相对严格的限制"①。他还认为，"对动产抵押的范围可以从下面三个方面进行限制：第一，法律上禁止流通的动产不能作为担保物，如枪支、弹药，限制流通物的流转虽然受到了一定的限制，但并不影响其作为抵押物，因为在实现抵押权时，可以采取法律所规定的流转方式。第二，对于价值比较低的在生产、生活中发挥较小作用的动产，如果允许其被设定抵押，其作用不大，故而不宜设定抵押。因为抵押本身是为了担保债权的实现，如果抵押物的价值过小，起不到担保的作用，其所获得的收益和所付出的成本之间不成比例，因此也不必要在其上设定抵押。第三，有一些动产与个人的生产、生活密切相关，是个人生活的必需品，如个人专业书籍、家庭生活必需品，这些财产本来不具有可强制执行性，所以也不能抵押"②。有学者认为动产抵押标的物的范围应是：一是作为动产抵押权之标的物的动产应当是适合以登记或标示作为其公示方法的动产；二是与抵押人的生产经营有密切关系的生产工具或服务工具，如农业生产者的农用生产器械、服务业提供服务的工具（如复印公司的复印机）、企业的生产设备等可以设定抵押；作为动产抵押权之标的物的动产应当是非消耗物，消耗物不应作为动产抵押权的标的物。③也有学者认为允许抵押的动产，也应当限定在"准不动产"的范围之内。④甚至有些学者更是尖锐地批评非限制主义，"希望一般动产抵押制度能够发挥市场融资的作用，只是部分立法者和学者一厢情愿的愿景。一般动产抵押制度违反物权法的基本原理，而且危害动产交易安全，并无存在的必要和可能"⑤。

与限制主义对立的，也有学者主张采非限制主义。如有学者认

---

① 王利明：《试论动产抵押》，《法学》2007年第1期。
② 同上。
③ 邹立婷：《论动产抵押制度——以我国〈物权法〉的相关规定为视角》，硕士学位论文，华侨大学，2007年。
④ 孙鹏、杨会：《论动产抵押物的转让——兼析动产物权公示方式之调整》，《西南政法大学学报》2005年第4期。
⑤ 魏盛礼：《一般动产抵押：一种法律理论的虚幻》，《南昌大学学报》（人文社会版）2005年第6期。

为动产抵押标的物范围应扩及一般动产;①"立法应当改变对动产担保之客体范围,采取开放的态度,以有利于企业成长和经济发展"②;"动产抵押权设定所及标的物的范围大小,对于抵押权及一般债权人的影响相当大。抵押权标的物的范围越大,抵押权人的受偿机会就越多,而一般债权人的受偿机会就越小。相反,动产抵押权标的物范围越小,抵押权人受偿机会便越小,而一般债权人的受偿机会就会增大"③。

(三) 动产抵押标的物范围应采非限制主义

1. 相关立法的态度

我国物权法对动产抵押标的物的范围也做了规定,但不似我国台湾地区列举得较为明确。我国《物权法》第 180 条第 1 款规定,"债务人或者第三人有权处分的下列财产可以抵押:(一) 建筑物和其他土地附着物;(二) 建设用地使用权;(三) 以招标、拍卖、公开协商等方式取得的荒地等土地承包经营权;(四) 生产设备、原材料、半成品、产品;(五) 正在建造的建筑物、船舶、航空器;(六) 交通运输工具;(七) 法律、行政法规未禁止抵押的其他财产"。第 181 条规定,"经当事人书面协议,企业、个体工商户、农业生产经营者可以将现有的以及将有的生产设备、原材料、半成品、产品抵押,债务人不履行到期债务或者发生当事人约定的实现抵押权的情形,债权人有权就实现抵押权时的动产优先受偿"。第 184 条从反面规定,"下列财产不得抵押:(一) 土地所有权;(二) 耕地、宅基地、自留地、自留山等集体所有的土地使用权,但法律规定可以抵押的除外;(三) 学校、幼儿园、医院等以公益为目的的事业单位、社会团体的教育设施、医疗卫生设施和其他社会公益设施;(四) 所有权、使用权不明或者有争议的财产;

---

① 张再芝、孟勤国:《一般动产抵押的可行性研究》,《东华理工大学学报》(社会科学版) 2008 年第 3 期。

② 张晓娟:《突破物权法对动产担保客体之限制与扩展担保客体范围之见解》,《现代财经》2009 年第 3 期。

③ 彭凤英:《论动产抵押担保制度的完善》,硕士学位论文,湖南大学,2007 年。

(五)依法被查封、扣押、监管的财产;(六)法律、行政法规规定不得抵押的其他财产"。

从我国物权法规定看,可以作为动产抵押标的物的有:现有的生产设备、原材料、半成品、产品;将有的生产设备、原材料、半成品、产品;交通运输工具;正在建造的船舶、航空器;法律、行政法规未禁止抵押的其他财产。前几项都比较好判断,就最后一项法律法规未禁止抵押的其他财产到底是哪些财产,法律做了一个兜底条款的规定,所以就引起了争议,有学者主张对动产抵押标的物范围进行限制,有学者主张无须限制。笔者认为对动产抵押标的物范围不需要限制,应该采非限制主义,只要是动产皆可作为动产抵押权的标的。

2. 采非限制主义的理由

(1)从法律解释学角度看,我国物权立法已采非限制主义

我国物权法明确列举的动产有交通运输工具、正在建造的船舶、航空器以及现有的和将有的生产设备、原材料、半成品、产品,另外兜底的是法律、法规未禁止抵押的其他财产。物权法性质上属于私法,"法无禁止皆自由",只要是法律没有明确禁止的,都应该可以成为动产抵押的标的。所以,从这点上说我国立法虽不似我国台湾地区具体列举动产抵押标的物的范围,但也可以推知只要没有禁止作为抵押的标的,都可以设定动产抵押权,实质上采取的是非限制主义。

(2)采非限制主义不会破坏物权法基本原则

有学者认为采非限制主义会破坏物权法基本原则,其认为物权具有对世性,但"一般动产抵押权根本就没有对世效力","这种不能对抗第三人的抵押,尽管也被称为抵押权,却徒具物权之名,无抵押权应当具有的对世效力,是不折不扣的债权",一般动产抵押"破坏了物权公示公信原则,势必模糊了物权和债权的分野,导致整个物权法体系与核心的崩溃"。[①] 把动产抵押权的标的物范围扩大到一般动产并不会破坏物权法基本原则,对于那些适于公示的动

---

① 魏盛礼:《一般动产抵押:一种法律理论的虚幻》,《南昌大学学报》(人文社会版)2005年第6期。

产，通过公示使抵押权具备了对抗性，因而具有强大的对世效力，抵押权人不仅可以在债务人不能履行到期债务时就标的物获得优先受偿，而且该抵押权还具有对抗第三人的效力。经过公示的动产抵押权完全具备物权的优先效力和对世效力。对于未经公示或者不适于公示的动产抵押权来说，因为没有公示不具备对抗善意第三人的效力，但是可以对抗恶意的第三人，就对抗恶意第三人而言，具有物权的优先性。在当事人之间，动产抵押权仍然具有抵押权的优先效力。不能对抗善意第三人，是为了保护交易安全的需要，因为善意第三人是信赖了占有的公示而一般动产物权恰恰是以占有为其公示方式，这种立法模式是更好地维护公示公信原则，不可谓不精妙。当然此种情况下，一般动产抵押权因其不具有绝对的对抗效力，有与债权相似的嫌疑，但是物权与债权的区分本就是立法技术上的产物，不可僵化地理解，物权与债权也并不是绝对不可逾越的鸿沟，二者中间也存有"灰色地带"，"物权的债权化，债权的物权化"即如是。一切法律概念、法律制度都是为了解决社会生活中的现实问题，人们的思维不能被束缚在僵化的概念中。所以，采非限制主义并没有破坏物权法基本原则。

（3）采非限制主义不会妨害交易安全

有学者认为在一般的动产之上设定动产抵押权，因其不具备公示性，第三人与抵押人进行交易，无法知悉该动产之上还设定有抵押权，会妨害交易安全，从而否定一般动产也可以设定动产抵押。持此种观点的人是对动产抵押权公示效力存有误解。动产抵押权一经公示即具备了对抗效力，也因为公示就有公信力，如果未经公示也当然不具备公信力，第三人善意的信赖动产占有的公示与抵押人进行交易，就会受到法律的保护，善意第三人也不会因该动产之上设定有抵押权而受到损害。总之，第三人在进行动产交易的时候，发现该动产之上有抵押权的公示就不能取得一个完整的所有权，也意味着要承担可能被抵押权人拍卖或变卖优先清偿其债权的风险；如果未发现有公示，则可大胆地交易，即便该动产之上设定有动产抵押权，也可以获得一个完整的所有权。所以，非限制主义并不会妨害交易安全。

(4) 采非限制主义更符合私法自治原则

限制主义立法模式，完全是立法者自以为是地以为为保护抵押权人和第三人利益，将一般动产可能存在的交易风险完全排除，只保留一些与不动产公示方式一致的"准不动产"作为抵押权的标的，认为抵押权人设定动产抵押时践行登记、第三人在进行交易时查询登记簿，就可以完全控制交易风险和保护交易安全。其实，这种做法是得不偿失的，是事与愿违的。这种立法模式是不相信个人判断风险的能力，完全是越俎代庖。把动产抵押标的物限制在几种特定动产之上，使得当事人不能自由地根据自己的意思设定动产抵押权。私法最为核心的原则就是尊重个人的自由选择权，承认每个有行为能力的人是自己利益的最佳判断者，充分尊重意思自治。只要当事人不违背法律和社会公序良俗，可以允许其安排他们之间的权利义务关系，个中风险和责任也由其自己承担和负责。在实行非限制主义的立法模式下，当事人意识到交易中存有一定风险，但其仍为动产设定抵押权，最终的风险也由其自己承担。当然，动产担保交易也未必有风险，如果抵押人严守约定，并没有实施危害抵押权人的抵押权的行为，当债务人不能清偿到期债务时，抵押权人就可以行使抵押权，从而发挥担保债权的作用。所以说，采取非限制主义的立法模式，允许一般动产皆可设定动产抵押，符合私法自治原则的体现。

(5) 有利于发挥物的信用融资功能，保护债权人利益

动产抵押相较于动产质押最大的好处就是可以不用转移物的占有，抵押人仍然可以占有、使用该标的物，获取收益，同时又能获取融资，以解决货币资金需求。设定质押就要转移标的物的占有，不能发挥物的使用价值，造成资源闲置浪费，对于抵押人而言，融到了资本，却又失去对物的支配，特别是对于一些人而言，这些标的物恰恰是其从事经营活动所需要的，那么质押就不是一个好的选择。所以动产抵押制度有其制度价值，但是可以设定动产抵押标的物如果仅仅限制在一些特殊的"准不动产"之上，那么该制度的现实价值就会大打折扣，毕竟"准不动产"是有限的，也不是每个人都有"准不动产"来设定抵押进行融资。生活中存在着大量的其他

动产，却不能发挥其融资功能，不利于实现物尽其用，也不利于社会经济的发展。动产抵押权标的物范围采非限制主义，扩大了可以用来抵押的标的物范围，可由交易当事人自由选择是设定抵押还是质押，更方便经济生活。对于债权人而言，也意味着其债权多一种形式的担保，可以更好地维护其债权的实现。

（6）采非限制主义立法技术上是可行的

反对采非限制主义的观点其中就有动产物权一般都是以占有为其公示方式，如若登记会加大登记部门的工作量，不便于登记，只有那些"准不动产"与不动产一样也采登记的公示方式，所以应该在设定动产抵押时就只限定在这些特殊的动产之上。这种观点显然只用登记的一种公示方式来判断，笔者前述部分已经论述对于动产抵押可采多元的公示方式，公示的目的只是让交易第三人能一目了然知悉标的物之上的权属状况，公示只是一种手段，只要能实现这一目的的方法都可以实行，对于那些适宜于登记的采取登记方式，适宜于采取其他辅助公示方式的采取辅助公示方式。既然有合适的公示方式，就不应该对动产抵押标的物范围给予限制。当然有些动产可能会很难有较好的公示方式，但是只要当事人自愿接受，在当事人之间也是可以成立抵押权的，只要当事人能够恪守诚信，设定抵押权的目的也可以实现。若为保护交易安全，只不过未经公示不具有对抗效力，其中的交易风险，当事人在进行动产担保交易时是自知的，后果也由其自己承担。如此立法，能够灵活地适应社会的需求，所以说采非限制主义并非技术上不可行。

3. 非限制主义下动产抵押标的物范围

非限制主义模式下，一般的动产都可以用来设定动产抵押权。除了不动产之外的物，都是动产，动产的范围可谓十分广泛。

用来担保的动产可以是现实的动产，也可以是将有的动产，如正在建造的船舶、正在加工的产品等，虽然设定抵押的当时还没有完成，但一旦完成即可以实现其经济价值。

用来设定动产抵押的动产可以是方便进行公示的动产，也可以是没有好的公示方式、不方便公示的动产，对于不能进行公示的标的物，虽然不具有对抗效力，但并不妨碍在动产担保交易当事人之间形成抵押权，在当事人之间仍然是有效力的。

所以，只要当事人有进行担保交易的需求，又便于设定抵押，都可以用来设定动产抵押，以满足其经济生活的需要。

但这里也有必要讨论一下一些特殊的动产，在设定动产抵押权时要受到限制：（1）赃物。所谓赃物，是指占有人通过盗窃、抢夺、抢劫、欺诈、贪污、受贿等非法手段取得占有之物。因为是非法对他人之物取得占有，如承认其处分的法律效力，会造成原所有人权利的损害。我国台湾学者王泽鉴先生在论述动产善意取得制度时，曾谓：盗赃或遗失物如何规范，系动产善意取得制度上的难题，占有物为盗赃或遗失物时，不得使占有人即时取得于其物上可行使之权利，以保护非依其意思而丧失动产占有之人。[①] 同理，非法对他人之物取得占有，如在此物上设定动产抵押，则会有害于物的所有人的所有权，因而在赃物上设定的动产抵押权为无效。（2）限制和禁止流通物。所谓限制和禁止流通物，是指不得作为交易或者限制交易的标的物。如公有物、公用物，禁止物都是不流通物，这些物的流通是受到法律限制或禁止的。这种类型的标的物买卖都受到限制或禁止，设定抵押也是禁止的。当然在这些标的物上设定动产抵押权亦是无效的。（3）不可强制执行之物。不可强制执行之物，即是不可以通过法律程序强制执行的动产标的物。因为此种标的物不可强制执行，即便是当事人在该标的物上设定了动产抵押权，当债务人不能履行到期债务，抵押权人行使抵押权时，不能就抵押物进行拍卖或变卖，也就是其抵押权根本无法实现，起不到担保债权之作用。因此，在不可强制执行的动产标的物之上设定动产抵押权，无实际意义。（4）消费物。消费物，是指不能重复使用，一经使用即改变其原有形态、性质之物，如米谷、烟酒等。消费物因权利人一次性的使用而归于消灭，若抵押人在设定动产抵押之后而使用该标的物，抵押权就会因为抵押物的灭失而消灭。抵押权人设定抵押权也就毫无意义。之所以设定动产抵押而不是质押，就是因为抵押人既想占有、使用标的物，发挥物的使用价值，同时

[①] 王泽鉴：《民法物权 2 用益物权·占有》，中国政法大学出版社 2001 年版，第 282—283 页。

又利用该标的物的交换价值进行融资。抵押权成立即因物的使用而消灭,对于抵押权人来说并不能起到担保作用,设定抵押权跟没设定毫无二致。

上面列举的一些特殊动产,要么是因为有违法律的规定而不能设定动产抵押权,要么是因为标的物自身的性质设定抵押权无实际意义。但这并不是说动产抵押权标的物的范围就是限制主义的。

五　动产抵押权的善意取得

善意取得,又称为即时取得,是无权处分人在不法将其受托占有的他人的财物(动产或者不动产)转让给第三人时,如受让人在取得该财产时系出于善意,则受让人取得该物的所有权,原权利人丧失所有权。这是物权法上非依法律行为而取得物权的一项重要制度。那么在当事人进行动产担保交易时,如果抵押人以无处分权之物来设定动产抵押,债权人是否可以取得动产抵押权呢?笔者认为在论述动产抵押权的设定时,对此问题也有必要进行探讨。

善意取得制度,是近代大陆法系与英美法系民法中的一项重要法律制度。它是均衡所有权人和善意受让人利益的一项制度,首先它在一定程度上维护所有权人的利益,保证所有权安全。其次它侧重维护善意受让人的利益,促进交易安全。当所有权人与善意受让人发生权利冲突时,应当侧重保护善意受让人。这样有利于维护交易的安全,还有利于鼓励交易。受让人在取得动产的所有权以后,原所有人不得要求受让人返还财产,而只能请求转让人(占有人)赔偿损失。善意取得制度是物权公示公信原则的具体体现,善意第三人信赖了权利公示的表征,就可以依法取得相应权利。

善意取得制度不仅在所有权的取得制度中有所体现,在动产质权制度中也有所规定。出质人占有其他人之动产,对其债权人伪称为所有权人而设定质权,债权人受让该动产之占有如系出于善意,纵然出质人无处分质物的权利,债权人仍可善意取得质权。

动产抵押权,亦是担保物权之一种,如若抵押人系占有他人所有之物而为无权处分，债权人出于善意，是不是也可以善意取得动产抵押权呢？论者或有认为，质权之善意取得系以质权人受让占有标的物为要件，在动产抵押，权利的发生即无须交付标的物，无受让占有之事实，故不能适用质权之规定，承认动产抵押权之善意取得。[①]

笔者认为应该承认动产抵押权的善意取得。在民法里，动产物权的变动是以转移占有为表征的，故占有标的物的，通常都是所有人，信赖占有的表征从事法律行为，纵然此项外在表征与实质权利不符，也应加以保护。对于动产抵押，善意第三人所信赖的，是无权处分人占有标的物的事实，此乃是善意取得的基础。对于动产抵押，法律既明确规定不以受让占有为必要，在决定善意取得能否成立时也不应以受让占有为要件，才能保护善意设定动产抵押权人的利益，维护交易安全。

当然，动产抵押权人虽能善意取得动产抵押权，其动产抵押权的效力还应区别情况，区别对待。如果动产担保交易人在设定动产抵押时，债权人系出于善意，债权人即可以善意取得动产抵押权。这与动产质权与所有权的善意取得道理一样，目的在于保护交易安全，善意第三人信赖了抵押人也就是占有人是为有权处分，而设定动产抵押，就可以取得动产抵押权。如果当事人又完成了动产抵押权的公示行为，那么公示就有公信力，动产抵押权人就可以取得对抗所有人的效力。如果未对动产抵押权进行公示，则未经公示的抵押权不具有对抗效力，难以对抗动产的所有人。

六　小结

动产抵押的设定是动产抵押权产生的基础。在动产抵押的设定过程中，明确动产抵押设立行为的性质，动产抵押设立行为的形式，公示行为与动产抵押权的设立行为的关系以及哪些动产可以设

[①] 王泽鉴：《民法学说与判例研究》第1册，中国政法大学出版社1998年版，第252页。

定动产抵押权，这些问题都是关乎动产抵押设定的重要问题。

在整个动产抵押设立过程中，动产抵押合同不可或缺，而动产抵押合同作为一种法律行为，又不能不弄清楚其性质。动产抵押权是担保物权，能够导致物权产生、变更或消灭的法律行为，是物权行为。作为动产抵押合同，就是要约定产生动产抵押权的法律行为，可以说其性质乃是物权行为。但在动产抵押设立过程中，也有协议的效力仅仅是为了成立抵押权而已，如若当事人不为物权变动的行为，也应该承担合同上的责任，此责任乃是违约责任。所以，设立动产抵押的协议中也包含有债权行为。因此，笔者比较赞同物权行为与债权行为的区分，物权行为引起的是物权法上的效果，债权行为引起的是债法上的效果。就动产抵押权的设立行为而言，如因当事人的原因未能成功设立动产抵押权，责任人理应承担合同法上的责任，如成功设立动产抵押权便是物权行为导致的结果。也就是说，动产抵押设立过程既包括债权行为也包括物权行为，只不过物权行为和债权行为往往是同时出现。

动产抵押合同要不要采取一定书面形式，亦是有争议的，大部分国家和地区的立法持肯定的态度，采书面成立的主张的学者也大有人在。笔者认为，动产抵押设立的书面形式，有着较强的证据意义，当发生纷争的时候，可以方便解决争端，厘清当事人间的权利义务。但如果非要把书面形式作为合同的成立或生效要件则没必要，这种立法实乃有违私法自治精神，当事人自己应该能够判断风险，要不要采取书面形式或其他形式完全可以交由当事人自己做主。

设立动产抵押权的行为属于物权行为，对于物权行为的要件历来存有争议，有认为交付或登记本身就是一个独立的契约也就是物权契约，也有认为交付或登记作为公示行为属于物权行为的成立要件，也有认为交付或登记是物权行为的生效要件。笔者认为物权契约是致使物权产生、变更或消灭的契约，交付或登记是一个独立的行为，交付或登记作为一种公示行为，可能产生物权生效的效果，也可能是让所设定的物权产生对抗第三人的效力。动产抵押权的设立，有独立的物权契约，而公示产生的则是对抗第三人的效力。之所以不采纳生效主义主要是考虑到尊重当事人的意思自治以及动产抵押公示方式的特殊性，要不要进行公示交由当事人自己决定，当然公示与未公示产生的效力是不同的，虽然都可以成功设立动产抵押权，但在对抗第三人的效力上是不同的，这也是公示公信原则的体现。

在动产抵押的标的物范围上，向来有限制主义和非限制主义之争。限制主义立法目的是保障动产抵押权有强大的对世效力。笔者以为采非限制主义的立法模式，恰恰能扩大动产抵押的范围，有利于当事人进行融资。对于那些适宜于公示的动产，一经公示，动产抵押权就具备了对抗效力；至于那些不适于公示的动产，虽不具有对抗第三人的效力，但仍不失为一项担保权利，个中风险是当事人自知的，完全可交由当事人自主决定，没必要限制动产抵押的标的物范围。若抵押人无权处分，以他人之物设定抵押，为保护交易安全，亦应承认动产抵押权的善意取得。

案例 4　动产抵押合同是否有效？动产抵押权是否设立？
——黄剑锋与浙江中力节能玻璃制造有限公司抵押合同纠纷

1. 案件基本信息

（1）案件基本情况

黄剑锋诉浙江中力节能玻璃制造有限公司（以下简称中力公司）抵押合同纠纷一案，杭州市江干区人民法院经过审理后，做出（2014）杭江商初字第51号民事判决，中力公司不服一审判决，向杭州市中级人民法院提起上诉，杭州市中级人民法院于2014年10月28日立案受理后，依法组成合议庭并于2014年12月11日公开进行了审理，依法做出终审判决。

（2）本案判决书案号：（2014）浙杭商终字第2307号。

（3）本案所涉当事人信息

上诉人（原审被告）：浙江中力节能玻璃制造有限公司。

被上诉人（原审原告）：黄剑锋。

2. 一审法院查明的事实

2012年6月20日，黄剑锋作为贷款人、中力公司作为借款人签订《借款合同》，约定中力公司向黄剑锋借款2500万元，借款期限为2012年6月20日至2012年9月19日；同日，黄剑锋与中力公司签订《抵押合同》一份，约定中力公司以其所有的十台leybold低辐射镀膜玻璃镀膜机（型号：apollon-g2540/3-11-h-1）为双方同日签订的借款合同黄剑锋享有的债权提供抵押，抵押担保范围包括本金、利息、罚息、复利、违约金、实现债权费用等。双方因履行借款合同发生纠纷，2013年7月2日浙江省杭州市江干区人民法院经过审理做出（2012）杭江商初字第1348号民事判决：判决中力公司归还黄剑锋借款2500万元，支付黄剑锋逾期利息3567916.67元（暂算至2013年5月17日，此后按中国人民银行同期同档次贷款基准利率4倍计算至判决确定的履行日），支付黄剑锋律师费20万元等。该判决已于2013年7月27日生效。黄剑锋为本案诉讼委托律师支付律师费5万元。另查明，案涉抵押物是进口免税货物，曾属于海关监管货物，进口日期分别为2008年11月26日、12月5日、12月9日，海关监管期为五年，期限届满自动解除监管，目前案涉抵押物均已过海关监管期。2013年12月30日，杭州市萧山区人民法院裁定受理中力公司破产重整申请。

3. 一审法院的认定和处理

一审法院审理认为：本案争议焦点为案涉抵押合同是否有效，若有效，抵押权可否对抗善意第三人，第三人范围为何。关于抵押合同效力问题。中力公司认为案涉的抵押设备，签订抵押合同时处于海关监管期内，不得抵押，故抵押合同无效。法院认为，在不考虑物权法所确立的债权行为和物权行为的区分原则，《物权法》第184条关于监管财产不得抵押的规定属于效力性强制规范或管理性强制规范，《物权法》和《海关法》关于监管财产不得抵押的规定（《海关法》关于海关监管财产不得抵押的规定属于管理性强制规范）在适用上的一般法和特别法的关系的情况下，本案抵押合同签订时违反物权法强制性规范，属于无效合同。但无效民事行为亦可进行补正或因无效事由消失而归于有效。《最高人民法院关于适用〈中华人民共和国合同法〉若干问题的解释（一）》第3条规定"人民法院确认合同效力时，对合同法实施以前成立的合同，适用当时的法律合同无效而适用合同法合同有效的，则适用合同法"。可见，即使是无效的合同也可因新的情况发生而归于有效。本案抵押合同因抵押物机器设备海关监管期的经过，无效事由消失而归于有效。因此本案的抵押合同有效，中力公司关于本案抵押合同无效的意见，法院不予支持。故黄剑锋对案涉的抵押物享有抵押权，有优先受偿权。关于案涉抵押权可否对抗善意第三人及第三人范围的问题。因特殊动产抵押权未经登记不得对抗善意第三人，故因本案抵押权未经登记，不得对抗善意第三人。关于第三人范围的问题。因抵押权系担保物权，其本义即为抵押权人就其债权对抵押物享有优先受偿的权利，即使未经登记亦不能否认其作为担保物权的性质，天然地具有优于一般债权人的效力，只是因未经登记不得对抗对抵押物同样享有物权的权利人。故即使本案的抵押权未经登记亦优于一般债权人，本案抵押权不得对抗善意第三人，第三人的范围应属于对案涉抵押物享有物权权利的民事主体。法院对中力公司主张的第三人包括一般债权人的意见不予支持。关于优先债权范围问题。对借款本金应无异议。对逾期利息，法院（2012）杭江商初字第1348号民事判决书判决中逾期利息暂算至2013年5月17日，因中力公司于2013年12月30日被裁定破产重整，根据破产法的规定，附利息的债权自破产申请受理时起停止计息，现黄剑锋主张将逾期利息明确至破产受理之日即2013年12月30日，符合法律规定，但计息截止日应为2013年12月30日，此后不应计息。经计算，黄剑锋明确后的逾期利息不超过该院计算所得金额，法院予以支持。黄剑锋要求逾期利息暂算至2013年12月30日此后继续计算的诉请法院不予支持。对律师费问题，虽借款合同约定黄剑锋为实现债权的费用由中力公司负担，但黄剑锋已对实现该借款合同债权支付的律师费20万元进行诉讼并经判决，故法院对黄剑锋诉请的5万元律师费损失不予支持。综上，经法院审委会讨论，法院对黄剑锋的部分诉请予以支持。据此依照《中华人民共和国合同法》第8条、第60条、第107条、第207条，《中华人民共和国物权法》第179条、第180条、第188条之规定做出如下判决：第一，确认黄剑锋在对中力公司的债权合计人民币32592711.19元范围内对中力公司所有的 leybold 低辐射镀膜玻璃镀膜机（型号：apollon-g2540/3-11-h-1）享有优先受偿权，但不得对抗善意第三人（债权包括借款本金人民币 2500 万元、逾期利息人民币 7392711.19 元、律师费人民币 20 万元）。第二，驳回黄剑锋其他诉讼请求。案件受理费人民币 205013.60 元，由黄剑锋负担人民币 250 元，中力公司负担人民币 204763.60 元。

4. 当事人上诉与答辩情况

上诉人中力公司不服原审法院上述民事判决，向浙江省杭州市中级人民法院提起上诉称：第一，原审判决认定事实不清，对本案所涉的抵押设备上存在的权利人及其权利冲突未进行全面认定。本案抵押物即 10 台 leybold 低辐射镀膜玻璃镀膜机不仅为黄剑锋提供了动产抵押，而且同时为浙江圣大建设集团有限公司（以下简称圣大集团）以及浙江远翅控股集团有限公司（以下简称远翅集团）的债权提供了抵押。针对该事实，中力公司原审中提交了两家公司与中力公司签订的《抵押合同》及《抵押物清单》。原审判决未提及抵押物同时为三家债权人提供担保的事实，也未对其余两笔抵押债权与本案抵押债权的效力优先等级进行认定，属于案件事实认定不清。第二，原审判决适用法律错误。（1）原审判决错误理解了法定无效行为。《民法通则》第 58 条第 2 款规定：无效的民事行为，从行为开始起就没有法律约束力。而学理通说也认为：无效的民事行为，应自始、当然、确定地无效，不仅其成立时不发生法律效力，以后也绝对没有再发生法律效力的可能。而原审判决在确认案涉抵押合同已因违反法律规定而无效的前提下，又认定无效的合同可因新情况的发生而归于有效，"时而有效、时而无效"的判决损害了法律的确定性和权威性，令当事人无所适从。（2）原审判决错误限缩了"善意第三人"的范围。《物权法》第 188 条规定：以生产设备或者正在建造的船舶、航空器抵押的，抵押权自抵押合同生效时设立；未经登记，不得对抗善意第三人。而黄剑锋诉称的抵押权并未进行登记，且不论其自身效力如何，显然不能对抗破产程序中众多的破产债权人。原审判决错误理解了物权法的原意，对法律概念做了不必要的限缩解释，并且明显违背特别法即企业破产法的基本原则和理念。上述"善意第三人"不仅包括与抵押物有物权关系的债权人，例如质押权人、留置权人，还包括其他部分债权人，比如"查封债权人""破产债权人"。中力公司目前处于破产程序当中，相对于一般法《物权法》，理应优先适用特别法《企业破产法》来处理相关问题。在破产程序中，中力公司的财产将依法清偿给全体债权人，包含抵押设备在内的破产财产相当于是全体债权人的财产，而破产法的立法宗旨就是要保护破产债权人公平受偿的权利。如果承认未登记的抵押权优先于普通破产债权，从而向该债权人优先偿付，这实际上是由全体无过错的债权人承担了还款责任，有违破产法的宗旨和公平原则。有鉴于此，最高人民法院有专家观点认为：未登记的动产抵押权不得对抗部分债权人，包括查封债权人、破产债权人。只有否认未登记的动产抵押权，才能最大限度地保护破产企业的有效资产，从而在破产程序中公平维护各类债权人尤其是普通债权人的根本利益。(3) 原审判决未对圣大集团以及远翅集团的抵押债权做出认定。依据原审判决的认定，两家公司均为"对案涉抵押物同样享有物权的权利人"，据此，黄剑锋的抵押权不得对抗圣大集团以及远翅集团。综上，请求依法撤销原审判决主文第一项，不予确认黄剑锋对抵押物享有的优先受偿权，本案一、二审诉讼费用全部由黄剑锋承担。

被上诉人黄剑锋答辩称：第一，原审判决认定事实清楚。本案原审中，中力公司明确向法院提出有关与案外人订立的抵押合同等材料不作为证据使用。经法庭询问后，中力公司再次明确不作为证据。经黄剑锋要求，原审法院再次就该两份材料有关情况做了询问笔录。在笔录中，中力公司除了再次明确该两份材料不作为证据外，还明确圣大集团和远翅集团在向管理人申报债权时提交了上述材料，但申报的是普通债权，而非有担保的债权。第二，原审判决适用法律正确。(1) 合同法及民法通则确实都规定合同或民事行为无效则自始无效，这一规定规范的是合同或民事行为的时间效力范围。即合同或民事行为被确认无效后，将导致合同或民事行为自成立时起就无效，也即无效合同和无效民事行为在时间效力范围上具有溯及既往的效力。中力公司认为无效的合同不仅其成立时不发生法律效力，以后也绝对没有再发生法律效力的可能，这一观点是错误的。合同法有关司法解释规定，人民法院确认合同效力时，对合同法实施以前成立的合同，适用当时的法律合同无效而适用合同法合同有效的，则适用合同法，该条明确体现了无效合同的效力补正原理。同时明确，法院在宣告合同效力时，须根据宣告时的客观情况及法律规定来确定，而不是根据已经消失了的客观情况或者已经被废止的法律规定来确定合同效力，诸多司法解释都体现了这一原则。具体到本案当中，原审法院在审理本案时，抵押物已经过了监管期，已不属于被海关监管的物品，法律对于已过海关监管期的物品的抵押不再有任何限制。抵押合同当属合法有效。（2）《物权法》第188条确立了动产抵押登记对抗主义。物权法上善意第三人应指对同一标的物享有物权之人，抵押人的一般债权人并不包括在内。就法律性质而言，物权具有排他性，其效力恒优先于债权，这是民法的基本原则。动产抵押权既属物权，理应优先于一般债权，登记与否并不影响其优先于债权之物权效力。就交易安全而言，一般债权人与债务人发生债权债务关系，系信赖债务人的清偿能力，故应承担不获清偿的风险，否则其为避免风险，自应设定担保物权。其他物权人因与抵押标的物同享物权，权利之间可能产生对抗，故法律应确认何者优先。而一般债权人与动产抵押标的物无法律上的直接联系，因此不存在对抗之说。中力公司认为善意第三人应包括"查封债权人""破产债权人"，无法律依据，且与民法关于"物权优先于债权"的基本原则相悖。法院查封债务人财产仅是为了保证判决结果的顺利执行而限制物权变动，不具有将原本债权性质的权利变更为物权的效力，更不可能由此创设享有物权的善意第三人。同理，破产程序中的普通债权人，并不因债务人破产，其原先享有的一般债权就上升为与享有优先权的抵押物权同一清偿顺位的权利，破产法对此并无任何规定。《企业破产法》第109条明确规定：对破产人的特定财产享有担保权的权利人，对该特定财产享有优先受偿的权利。有关司法解释也明确规定：对债务人的特定财产在担保物权消灭或者实现担保物权后的剩余部分，在破产程序中可用于清偿破产费用、共益债务和其他破产债权。换言之，其他破产债权的清偿只能是在对特定财产的担保物权消灭或者担保物权实现之后。中力公司认为企业一旦进入破产程序，便应否定抵押权的优先受偿效力，所有债权人一律平均受偿，显然违反了物权法、破产法关于抵押权人享有优先受偿权的规定，也曲解了公平原则。(3) 关于原审是否应对圣大集团以及远翅集团的抵押债权做出认定的问题。首先，在民事诉讼活动中，人民法院遵循"不告不理"原则。要求法院对案外人是否享有权利、享有何种权利以及权利行使的顺序进行认定，违背民事诉讼不告不理原则。其次，如前所述，在原审中中力公司明确表示其提交的与圣大集团及远翅集团订立的《抵押合同》和《抵押物清单》不作为证据使用，法院自无审理之权力，更无审理之必要。最后，圣大集团和远翅集团申报的普通债权经管理人审查确认，提交第一次债权人会议核查，债务人、圣大集团、远翅集团均对债权表记载的债权无异议，法院已经裁定确认。圣大集团和远翅集团系自动放弃就抵押物行使优先受偿的权利。因此圣大集团和远翅集团的债权作为普通债权，与本案抵押权并不冲突，原审无须审理。综上，请求驳回上诉，维持原判。

5. 二审法院的认定和处理

二审期间，上诉人中力公司向法院提交了下列新的证据材料：(1) 萧山区人民法院民事裁定书以及裁定通过的重整计划，用于证明中力公司重整计划已经裁定通过，重整程序已经终止，黄剑锋的抵押权将以40%的清偿率进行清偿。(2) 圣大集团与中力公司签订的反担保与抵押合同（原件）、远翅集团与中力公司签订的动产抵押合同（复印件），用于证明圣大集团、远翅集团与黄剑锋一样对诉争的抵押设备具有抵押权。经质证，被上诉人黄剑锋认为：对证据(1) 的真实性没有异议，合法性、关联性有异议。证据(2) 不属于新证据，真实性也无法确认，中力公司也自认远翅集团存在相互矛盾的两份合同，且两份合同与本案没有关联性，远翅集团与圣大集团两家公司的债权也被确认为普通债权，与本案的抵押权没有冲突。二审法院经审查认为，证据(1)(2) 均不影响本案抵押合同效力及抵押权是否依法设立的认定，对其证明效力在本案中不予确认。

二审期间，被上诉人黄剑锋未向法院提交新的证据材料。

二审法院经审理查明的事实与原审判决认定的事实一致。

二审法院认为：双方当事人的争议焦点在于黄剑锋对于案涉抵押物是否享有优先受偿权。本案中，黄剑锋与中力公司订立《抵押合同》之时，所涉的抵押物系海关监管之物，因我国《物权法》第184条规定依法被监管之物不得设定抵押，该《抵押合同》违反了法律强制性规定，应属于无效合同。我国《合同法》第56条规定，无效的合同自始没有法律约束力，故案涉《抵押合同》始终不能发生设立抵押权的法律效果，原审法院认定《抵押合同》因海关监管期的经过从无效合同转化成有效合同，没有法律依据。案涉《抵押合同》并非合同法实施以前成立的合同，也不存在适用当时的法律合同无效而适用合同法有效的情形，故该合同并不能适用《最高人民法院关于适用〈中华人民共和国合同法〉若干问题的解释（一）》第3条的规定而被认定为有效。法院还注意到，案涉抵押物的所有权人系破产中的企业，故评价抵押合同的效力不仅应考虑合同法的一般性规范，还要注意企业破产法中涉及抵押合同效力的特别性规范。我国企业破产法第31条规定，人民法院受理破产申请前一年内，债务人对没有财产担保的债务提供财产担保的，管理人有权请求人民法院予以撤销，这表明在债务人破产情形下，法律对在特定期限内对债务人财产设立抵押担保的行为效力持否定性评价。案涉抵押物的海关监管期届满日分别为2013年11月、12月，而中力公司破产重整案件受理之日为2013年12月30日，即使案涉《抵押合同》因监管期的经过而补正为有效合同的法律观点成立，但因该抵押权设立的时间在前述企业破产法规定的特定期限内，对该抵押权的效力仍应做出否定性的法律评价。综上，案涉《抵押合同》系无效合同，黄剑锋对案涉抵押物的抵押权并未依法有效设立，黄剑锋主张对抵押物享有优先受偿权没有法律依据。原审判决认定事实清楚，但对案涉《抵押合同》的效力以及抵押权的效力认定错误，法院依法予以纠正。依照《中华人民共和国物权法》第184条第（5）项，《中华人民共和国合同法》第52条第（5）项、第56条，《中华人民共和国民事诉讼法》第170条第1款第（2）

项之规定，判决如下：第一，撤销杭州市江干区人民法院（2014）杭江商初字第51号民事判决书；第二，驳回黄剑锋的诉讼请求。一审案件受理费人民币205013.6元，二审案件受理费人民币205013.6元，均由黄剑锋负担。浙江中力节能玻璃制造有限公司于本判决书生效之日起十五日内来法院退费，黄剑锋于本判决生效之日起十日内，向法院交纳应负担的诉讼费。本判决系终审判决。

6. 本案解析

本案二审法院与一审法院认定的事实基本一致，也就是说该案所涉事实较为清楚，一审法院和二审法院做出不同判决，主要还是对法律适用方面上的分歧。笔者认为，本案所涉及的核心问题是动产抵押合同效力的认定问题以及动产抵押权对抗善意第三人的范围问题。抵押合同有效，抵押权成立，抵押权人便享有优先受偿权；抵押合同无效，抵押权未能成立，对方当事人不具有优先受偿权。下面笔者就从抵押合同效力的认定以及抵押权是否成立角度对本案进行分析。

本案一审法院和二审法院就抵押合同的效力的认定有着不同的认识。一审法院认为抵押合同虽然一开始无效但后来转化为有效合同，因而抵押权成立；二审法院认为抵押合同自始至终就是无效合同，抵押权不成立，债权人无优先受偿权。一审法院所持观点的理由主要是：根据我国《物权法》第184条关于监管财产不得抵押的规定，本案抵押合同签订时违反物权法强制性规范，属于无效合同。但无效民事行为亦可进行补正或因无效事由消失而归于有效。根据《最高人民法院关于适用〈中华人民共和国合同法〉若干问题的解释（一）》第3条规定"人民法院确认合同效力时，对合同法实施以前成立的合同，适用当时的法律合同无效而适用合同法合同有效的，则适用合同法"。可见，即使是无效的合同也可因新的情况发生而归于有效。本案抵押合同因抵押物机器设备海关监管期的经过，无效事由消失而归于有效。因此本案的抵押合同有效，抵押权成立。

而二审法院的观点认为：本案中，黄剑锋与中力公司订立《抵押合同》之时，所涉的抵押物系海关监管之物，因我国《物权法》

第184条规定依法被监管之物不得设定抵押，该《抵押合同》违反了法律强制性规定，应属于无效合同。无效的合同自始没有法律约束力，始终不能发生设立抵押权的法律效果。原审法院认定《抵押合同》因海关监管期的经过从无效合同转化成有效合同，没有法律依据。案涉《抵押合同》并非合同法实施以前成立的合同，也不存在适用当时的法律合同无效而适用合同法有效的情形。

二审法院与一审法院，都认为抵押合同订立时，因抵押物为海关监管之物，根据物权法的规定抵押物为被监管的物不得设定抵押，抵押合同无效，但一审法院却认为监管解除之后，无效合同自动变为有效合同，因而抵押权成立，而二审法院认为无效合同不会转化为有效合同，并指出一审法院适用《合同法司法解释一》中规定，合同法实施前无效但合同法实施后有效的，合同认定为有效的规定是适用法律的错误。笔者在这一点上赞成二审法院的观点，合同无效当然自始就不发生效力，本案也并不是合同法实施前后有关合同效力的认定问题，所以不发生一审法院认为的那种效力转化问题。一审和二审法院都认为抵押合同订立之时因违反物权法有关监管的物不得抵押的强制性规定而无效，不成立抵押权，在这一点上二者还是有共同之处的。笔者对抵押合同效力的认定以及抵押权是否成立的观点与其有不同之处。

笔者认为，这里的抵押合同应区分发生债权后果的抵押合同以及发生物权后果的抵押合同，在合同有效成立的条件以及合同的法律效果上应做明确区分。发生债权后果的合同为债权合同，发生物权后果的合同为物权合同，这也是债权行为与物权行为相区分原则的体现。所谓债权行为，是发生债权法上法律效果的法律行为，即产生、变更、消灭债权债务关系的法律行为；所谓物权行为，是发生物权法上法律效果的法律行为，即产生、变更、消灭物权的法律行为。就抵押合同而言，抵押合同双方当事人就抵押事项做出约定，如果不能设立抵押权或有其他违约行为将产生相应违约责任，此约定在当事人之间产生了债权债务的法律关系。抵押法律行为当中，当事人还专门为抵押权的设立进行了约定，有关抵押权的设立，即物权的发生，所为的行为产生的是物权法上的后果，自然为物权行为，所以抵押合同中既有产生债权债务关系的约定，也有设定抵押权的契约，是债权行为和物权行为并存的行为。虽然，我国在学理上并未承认物权行为的概念，但我国物权法也明确规定了区分原则，我国《物权法》第9条第1款规定："不动产物权的设立、变更、转让和消灭，经依法登记，发生效力；未经登记，不发生效力，但法律另有规定的除外。"第23条规定："动产物权的设立和转让，自交付时发生效力，但法律另有规定的除外。"从这两条法律规定来看，物权的变动与物权变动的原因是相区分的。所谓物权变动的区分原则，是指依据法律行为发生物权变动时，物权变动的原因与物权变动的结果作为两个法律事实，它们的成立和生效依据不同的法律原则。在原因行为中，当事人享受债权法的权利，并承担债权法上的义务；而在结果行为中，当事人完成物权的变动，使得物权能够发生排他性的后果，债法上的意思表示不能引起物权的变动，必须按照物权法上的规定，才能产生物权变动的后果。所以，在抵押法律行为中，也要区分作为债权法上意义的抵押合同，以及就抵押权设定的具有物权法上效果的抵押合同。前者是债权合同，负担行为；后者是物权合同，处分行为。当然，可能生活当中一项抵押行为，一份抵押契约，区分为债权合同和物权合同看似没什么必要，但就法律逻辑上来看，意义非常，因为不同的行为所导致的法律效果是不同的，这也是正确判断当事人之间法律关系，公平分配当事人权利义务所需考虑的。就本案而言，黄剑锋与中力公司签订《抵押合同》一份，约定中力公司以其所有的十台leybold低辐射镀膜玻璃镀膜机（型号：apollon-g2540/3-11-h-1）为双方同日签订的借款合同黄剑锋享有的债权提供抵押，抵押担保范围包括本金、利息、罚息、复利、违约金、实现债权费用等。双方的合意由两部分构成，一部分是为担保借款债权而自愿抵押的合意，另一部分是抵押权设定的合意。前者在当事人之间产生债法上效果，如果一方未履行或者未能设定抵押权，便是违反了约定，依法承担相应违约责任。由于该行为是负担行为，行为人无须对该标的物有处分权，根据合同法的规定，行为人有相应行为能力，意思表示真实，不违反法律行政法规的强制性规定、不违背社会公序良俗等，该合同即是有效的。本案从行为人行为能力以及意思表示上来看，都符合法律的规定，有争议的是订立合同时该标的物受到海关的监管，根据相应法律的规定，受到监管的物不得随意处分，根据《物权法》的规定，受到监管的物不得抵押，从这些规定来看都属于强制性规定不得违反，但从监管的目的来看，主要是保障物的质量安全、保障对国家进出口货物依法管理的秩序，如果该物有问题将做出依法处置，如果没问题将自动解除监管，该物的处分权暂时受到一定限制，将来还是有可能获得完全处分权能的，所以当事人双方仅以负担义务为目的的法律行为理应不受到限制，当事人订立合同后，契约能够得到实际履行自然对双方都有利，履行不了也视违约情形，可以让违约行为人承担相应民事责任，所以，双方债权意义上的抵押合同完全可以有效成立，不应受到物的监管的影响。再从法律体系上来看，受到监管的物不得抵押，是从物权法角度进行规定的，不应影响债权合同的法律效果。物权合同，是对特定标的物进行处分，使物权发生变动的法律行为。本案中，设定抵押权时该标的物尚处于海关监管中，标的物所有权人并没有完全处分的权能，所以抵押权的设定行为无效，也就是物权意义上的抵押合同是无效的。那么无效的物权意义的抵押合同能否得到补正呢？这就要看抵押权设定法律行为是如何约定的，如果约定为附条件、附期限的法律行为，该合同可以成立但不生效，条件成就时生效，或者是待到解除监管时双方对设定抵押权有明确的确认，此时抵押权方能成立，但在双方签订抵押合同当时，由于抵押物处于监管状态，抵押权不能设立，债权人不具有优先受偿权。从本案现有的事实来看，并不能直接推导出解除监管时双方有设定抵押权的合意，所以债权人主张优先受偿权不能得到支持。当然，因没能成功设定动产抵押权，给债权人造成的损失，可以根据抵押合同，由违约一方当事人承担相应民事责任。

第五章 动产抵押效力探究

一 动产抵押的一般效力

动产担保交易人通过合意设定动产抵押，动产抵押设立行为符合法律行为的成立和有效要件，即可以生效，在当事人之间产生动产抵押权利义务关系。动产抵押法律关系较为复杂，不似一般的买卖合同当事人之间只有债权债务关系，也不似物权关系物权人享有物权。动产抵押既有抵押合同的债权债务关系，也有动产抵押权的担保物权法律关系。

（一）抵押合同之债权债务关系

根据前文的论述，动产抵押设立过程中有既有物权行为也有债权行为，也就是说抵押合同既有作为债权行为的抵押合同，也有作为抵押权设定的物权行为。抵押合同的特殊之处就在于债权行为与物权行为往往是同时出现，合在一起，但这并不妨碍当事人之间发生的债权债务关系。

动产抵押债权合同，为从属性合同，其效力与主债权债务关系有关，主债无效或已履行，从债自然归于消灭。动产抵押债权合同债权人为主债权人，债务人为抵押人。成立动产抵押债权合同的主要目的就是设立动产抵押权，所以该合同债权人有要求对方当事人完成设定动产抵押权的义务，如不能设定则应负违约责任。由于，动产抵押债权合同与物权合同往往是合并在一起的，而动产抵押权设立行为也即物权合意的达成即已产生动产抵押权成立的效果，所以债权行为和物权行为的区分并未受到重视，甚至混淆了债权行为和物权行为。如此，动产抵押合同约定违约责任便毫无意义。事实上，如果抵押合同中约定其他义务，如要求抵押人办理公示，当抵押人没有按照约定办理公示，就会使抵押权人的抵押权不具有对抗效力，因此给抵押权人造成的损害，自然是因违约行为所引起，理应承担违约责任。所以，抵押合同亦是判断当事人之间债权债务关系的依据。

(二) 动产抵押权的时空效力

1. 动产抵押权的时间效力

动产抵押权是一项担保物权，有无时效期间的限制呢？美国《统一商法典》第9—515条规定，登记有效期间一般为5年，在5年期间届满前6个月内可以通过登记展期报告的方式来延展登记的有效期间。我国台湾地区"动产担保交易法"关于登记，设有有效期间之制度。该法第9条规定，"动产担保交易之登记，其有效期间从契约之约定。契约无约定者，自登记之日起有效期间为1年。期满前30日内，债权人得申请延长期间，其效力自原登记期间之次日开始。前项延长期限登记，其有效期间不得超过1年。登记机关应比照本法第7条、第8条之规定办理，并通知债务人"。

针对动产抵押权登记期间的性质有着不同的认识。有学者认为此期间为消灭时效，也有人认为是除斥期间。消灭时效是针对请求权而言，为督促请求人及时行使权利，请求权人在一定期间不行使其权利，时效已过，则丧失请求权。除斥期间是针对形成权而言，在除斥期间内可以通过自己的意思形成一定法律关系，期间已过，即不能再对法律关系进行变动。而动产抵押权性质上为抵押权，属于物权，自然不应受到消灭时效和除斥期间的限制。那么如何解释该登记期间的性质呢？我国台湾学者王泽鉴先生曾言："动产担保交易法上之登记期间，论其性质，系属对抗善意第三人期间。"[①] 动产抵押已成立，且经登记，则在动产抵押权存续期间，自应使其登

---

① 王泽鉴：《民法学说与判例研究》第2册，中国政法大学出版社1998年版，第308页。

记继续保有对抗力，盖债权人既不占有标的物，动产抵押权之设定多以信赖为其基础，债权人之利益应予适当之保护。如登记期间已过，则相当于登记的效力丧失，也就相当于该动产抵押权不再存在登记，如抵押权并未消灭，设定的抵押权还存在，只不过不再具有对抗第三人的效力。只有通过适当延长登记期间，方可使动产抵押权具有对抗效力。

我国大陆地区的《物权法》《动产抵押登记办法》并无登记期间的规定。只要动产抵押权一经有效设立，便产生，当所担保的主债权消灭，或动产抵押权的标的物灭失又无代位物，或者动产抵押权已经实行，动产抵押权即会随之消灭。

2. 动产抵押权的空间效力

就动产抵押权的登记机关而言，有采统一登记机关，有采分别登记制度。当然如果是在中央性质的登记机关进行登记，则在全国范围内有效，如果是在地方性的登记机关进行登记，也只能在该区域范围内有效。我国动产抵押登记机关不统一，各地方也都有一套登记系统，极容易出现动产抵押权的空间效力问题。我国台湾地区"动产担保交易法"实施细则第4条规定，"动产担保交易在空间上有一定之效力范围，即以登记机关所管辖区域为限"。主张动产抵押权只在其登记所辖区域范围内有效的观点主要是，动产容易迁徙、搬离，如没有债务人的配合，则无法确知该在何地登记机关进行查阅动产抵押权登记状况，因此，如果债务人恶意隐瞒而对动产抵押标的物进行任意处分，则第三人在不知情的情况下无法避免遭受不测之害。[①]

笔者认为动产抵押权公示制度的不完善并不能成为动产抵押权的空间效力范围限制的借口。动产抵押权属于物权，经过公示就应该享有物权的对世性和追及力。不能因为动产抵押公示机构不统一，而否定物权的公示公信力，就让动产抵押权仅在登记的行政区域内有效。公示制度的缺陷理应完善和改进，本书前述部分已论证了建立统一的动产抵押公示机构及动产抵押登记系统和平台，采取

---

① 王磊：《论我国动产抵押制度现存缺陷及其完善》，《政治与法律》2001年第5期。

登记和打刻、贴标签、印记等相结合的公示方式。经过完善动产抵押权公示制度，动产抵押公示各自为政，各地互不连通的局面就会打破。因动产抵押公示制度的不完善，从而让动产抵押权效力受地域范围的限制，纯粹是头痛医脚的做法。

（三）动产抵押权对人的效力

1. 对抵押人的一般效力

动产抵押是在抵押人之动产上设定的抵押权，作为抵押人就应尊重抵押权的权利，不得对抵押权人的抵押权实施加害行为，这也是其应尽的义务，当然，作为抵押人也有相应权利。

具体而言，抵押人的权利义务主要有：（1）占有使用收益权。抵押人在抵押权存续中，仍可以占有抵押物，并为使用获取收益，这也是与质押最显著的不同。但抵押人在使用动产抵押标的物时应以善良管理人之注意为之。如不进行妥善保管或加害使用，致使抵押权人的权利受到损害，须承担相应责任。（2）得设定数个担保权。因抵押人毕竟是物的所有权人，对该标的物再行设定担保如设定质押或者动产抵押，以获得融资，是其权利。但是不得有害抵押权人的抵押权，如因抵押人在该标的物上再设定担保，有害于抵押权人的抵押权，须承担相应民事责任。（3）标的物的转让权。抵押人是所有人，有权处分其所有物，与设定担保道理类似，不得损害抵押权人的利益。我国《物权法》第191条规定，"抵押期间，抵押人未经抵押权人同意不得转让财产"，从该条规定看，我国物权法是不承认抵押人有转让标的物的权利的。立法禁止的目的就是担心一旦标的物转让与他人，抵押权人的权利就会受到影响。这点大可不必担心，因为，抵押权若进行了公示，就应该具有对抗效力，即使是第三人受让了该标的物的所有权，在标的物上设定的抵押权也不会因标的物的转让而消灭，抵押权人仍可以行使抵押权。作为动产抵押要比不动产抵押特殊一些，毕竟动产有流动性，不似不动产具有固定性，动产一旦转让追查起来多有不便，因此，在动产抵押权标的物转让时，要经过抵押权人的同意，不能损害抵押权人的抵押权，如果因抵押人转让抵押物给抵押权人造成损害，也要承担相应民事责任。(4) 回赎权。抵押权人实行占有抵押物后，抵押人可以在指定或法定期限内，回赎抵押物。(5) 处分权的限制。抵押人在进行处分抵押物时，不得有害于抵押权人的抵押权，否则应承担相应责任。比如在抵押物上设定质押、故意使留置权发生、故意毁损抵押物等，因此对抵押权人造成的损失应承担法律责任。(6) 办理或协助办理公示的义务。如果按照抵押合同约定由抵押人办理或协助办理抵押权的公示，抵押人须履行此义务，因未履行此义务，造成抵押权人的损失，应该承担对抵押权人造成损害的责任。(7) 协助实行抵押权的义务。当抵押权人在行使抵押权时，抵押人也有予以配合的义务，无故阻碍抵押权人行使抵押权，也要承担相应责任。

2. 对抵押权人的一般效力

动产抵押对抵押权人来说，动产抵押权一旦设定，抵押权人就享有抵押权。抵押权的内容主要有下述各项。

(1) 抵押权人的次序权

抵押权的次序权，是抵押人为担保数个债权，就同一标的物上设定数个抵押权时，各抵押权受偿先后的次序，亦即抵押权间相互之关系，先次序之抵押权人有较后次序的抵押权人优先受偿的权利，则后次序抵押权人，就抵押物拍卖所得的价金，必先次序抵押权人受偿有余额后，才可以受偿。如果是同次序的抵押权，则按债权额的比例受偿。动产抵押人，在动产抵押标的物上设定动产抵押之后，亦可以根据需要在该标的物上再设定动产抵押，这里就会出现哪一个抵押权优先的问题，享有优先次序的可以优先受偿。抵押权人之次序就其经济上的意义而言，乃抵押权人依其次序所能支配的抵押物的交换价值，简言之，乃抵押权人依其次序所能获分配的受偿金额。具体抵押权的优先顺位问题，容后再论。总之，作为抵押权人之次序关乎其利益的实现，实是一种权利，而该权利亦可让与、抛弃和变更。

(2) 抵押权人的处分权

抵押权的处分，广义而言，包括抵押权的让与、供担保、抛弃以及抵押权次序的让与、抛弃、变更在内，均属抵押权人收回投资方法的一种。至于抵押权次序的让与、抛弃和变更，已作为次序权的内容，这里抵押权的处分，是狭义的处分，即抵押权的让与、供担保以及抛弃等。

抵押权为非专属财产权，自得让与，但因抵押权具有从属性，抵押权的让与，需与债权一并为之。所以，抵押权的让与，是指抵押权伴随其担保债权的让与而转移。如若是抵押权担保的债权已经消灭，但抵押权登记未涂销，而第三人予以受让标的物，则不会发生抵押权转移的效力，第三人并无主张公信力保护之余地，因抵押权已经消灭。

抵押权不得与债权分离而为其他债权担保，这也是抵押权具有从属性的一个具体表现。抵押权虽不得单独为其他抵押权的标的，但连同债权一并为其他债权的担保标的，设定附随抵押权之债权质押自无不可。所以可以连同债权作为质权的标的，质权人对于为质权标的物的债权，固有收取权，为实现此项权能，质权人亦有实行抵押权之权，当然，需要质权和抵押权的实行条件均具备，才可以实行。

抵押权是为财产权，权利人自无不可抛弃之理，除非有害于第三人利益时，如已设定附随抵押权之债权质押不可抛弃之外，抵押权人可以任意抛弃其抵押权。

（3）抵押权人的保全权

动产抵押权作为物权，对其侵害，法律自应当给予保护。对于物权的民法保护，一般有物权法上的保护和债法上的保护。物权法上规定物权人有物上请求权，当他人有侵害物权时，权利人可以行使物上请求权进行救济。债法上的保护，主要是追究加害人的侵权责任。动产抵押权虽是物权之一种，但抵押物不为抵押权人所占有，抵押权本质上为价值权，抵押权在于直接支配标的物的价值，不太适合行使物上请求权。当然如符合侵权行为的构成要件，自然可以追究加害人的侵权责任。仅仅通过侵权法的保护，显得不够周延。

抵押权人不占有抵押物，在抵押权实行之前，倘若抵押人的行为，有害于抵押物时，法律理应当赋予抵押权人必要权限，以保全其抵押权使抵押物的价值不致受到影响，价值权不致落空。所以应赋予抵押权人保全其抵押权的权利，具体地说，当抵押人的行为足以导致抵押物的价值减少的，抵押权人得请求停止其行为，如有急迫情事，抵押权人得自为必要的保全处分，这就是抵押权之抵押物价值减少防止权。此权利比较类似于所有权侵害除去请求权与预防请求权，旨在赋予抵押权人对抵押物积极介入的权能，以防止抵押物价值的减少。除此之外，还应赋予抵押权人抵押物价值减少回复原状或增加担保请求权。如已发生价值减少的情形，法律为保障抵押权人的权益不能不给予救济，如因可归责于抵押人的事由致使抵押物价值减少，抵押权人有权请求回复原状或增加担保；如因不可归责于抵押人的事由致使抵押物价值减少，可以减轻其责任，仅于抵押人得受损害赔偿的限度内，抵押权人可请求提供担保。

（4）抵押权人的占有权

这里的占有权，是指债务人不履行契约或抵押物被迁移、出卖、出质、转移或受其他处分，致有害于抵押权的行使的，抵押权人可以占有抵押物。[①] 当然作为抵押人有处分其标的物的权利，只要不有害于抵押权即可，如若有害于抵押权的行使，抵押权人即可行使占有权，可以通过自行占有或申请法院强制执行，以保护其权益。

（5）抵押权人的拍卖变卖权

当债务人不能清偿到期债务时，抵押权人可就抵押物进行拍卖或变卖。拍卖变卖权是抵押权实现的主要方式。

（6）抵押权人的优先受偿权

当债务人不能清偿到期债务时，抵押权人可就抵押物进行拍卖或变卖，卖得价金可优先受偿，此乃抵押权的主要权能。倘若抵押权的行使与第三人的权益发生冲突，则应该依相应规则去处理，主要是看动产抵押权有没有进行公示，经过公示的抵押权，具有对抗第三人的效力；未公示的动产抵押权不能对抗第三人，其优先受偿权就要受到限制。

---

① 谢在全：《民法物权论》下册，中国政法大学出版社1999年版，第703页。

3. 对第三人的一般效力

动产抵押当然不仅仅是抵押人与抵押权人之间的权利义务关系那么简单，因动产标的物具有流动性，而动产物权又是以占有为公示方式，抵押人也有权处分其所有物，所以动产抵押的效力往往也会牵涉到第三人。抵押权人与第三人存在着利益冲突，抵押人与第三人也会发生利益纠纷，他们之间的法律关系，容后详述。这里只强调一点，动产抵押对第三人而言，抵押权是否公示，对其效力影响巨大，经过公示的动产抵押权，具有对抗第三人的效力，未公示的抵押权不得对抗第三人。

我国物权法对动产抵押权的内容，动产抵押对抵押人、抵押权人、第三人的效力的规定较为粗糙简陋。建议在今后的司法实践过程中，可以出台一些司法解释，以弥补缺漏。在处理实际纠纷的时候，要根据动产抵押法律关系的特性适用法律，没有专门针对动产抵押的规则时，也可以适用抵押的一般规定，当然如果抵押的一般规定与动产抵押格格不入时，则应适用物权法、民法的一般原则，比如物权公示公信原则，保护交易安全原则等。

（四）未公示动产抵押权的性质

物权是对世性的权利，具有优先效力、追及效力。动产抵押权经过公示即可以对抗第三人，可谓具有对世性。但是未经公示的动产抵押权，因为没有物权的权利外观，第三人无法从外观知悉物权状况，因而不能对抗第三人，所以有学者对未公示的动产抵押权的权利性质存有疑问，甚至认为不应属于物权。

1. 未公示动产抵押权性质的有关学说

关于未登记的动产抵押权的性质，大致有四种学说。一是债权效果说，该说认为未经登记的动产抵押权，在当事人之间不发生物权变动的效力，仅仅发生债权的效果。二是相对无效说，该说认为，未经登记，在当事人之间已经发生物权变动的效力，但对第三人则完全不发生物权变动的效力。三是不完全物权说，该说认为，未经登记，在当事人之间以及对第三人关系上，虽应认为已经发生物权变动的效力，但不完全，不发生具有完全排他效力的物权变动。该说认为，未经登记的动产抵押权，一方面是物权，具有物权的一般特征，如对世性，物权优先于债权等；但另一方面，由于其未登记，相对于登记的抵押权其效力更弱，不得对抗善意第三人。四是第三人主张说，该说认为，未经登记，在当事人之间以及对第三人关系上，均应发生物权变动的效力，但在第三人为一定的主张时，如否认物权变动的效力或者提出与该物权相抵触的事实，则在第三人关系上不发生物权的效力。①

笔者认为上述四种学说，第一种学说认为未经登记的动产抵押权属于债权，有违通过合意成立物权的意思主义的立法原意。第二种学说，在当事人之间发生物权变动，在对第三人时不发生物权变动，自身就相互矛盾。只有第三种和第四种学说，肯定了未经登记的动产抵押权也是物权，只不过两种观点看问题的角度不同，一个是从权利人角度，一个是从第三人角度，实质上这两种观点是一致的，可谓互为表里。从总体上看，日本的判例也倾向于不完全物权说和第三人主张说。② 我国《物权法》第188条规定，"以本法第一百八十条第一款第四项、第六项规定的财产或者第五项规定的正在建造的船舶、航空器抵押的，抵押权自抵押合同生效时设立；未经登记，不得对抗善意第三人"。从我国立法规定来看，动产抵押权是自抵押合同生效即已设立，并未否认未经登记的动产抵押权物权的属性。

2. 未公示动产抵押权仍为物权

笔者认为，未经公示的动产抵押权性质上仍然是物权，而非债权，其理由如下：

第一，未公示的动产抵押权解释成物权，是与物权合意生效一致的。设定物权有通过物权合意即可成立者，也有需要登记才可以成立的，这要看立法是如何规定物权的成立要件。前述部分笔者已论述了动产抵押权的设定应采公示对抗主义模式，公示并不是物权成立或生效的要件，物权成立只需有设定物权的合意即可，如果因为未经公示而否定其物权属性，只能是自相矛盾。

---

① 孙鹏、肖厚国：《担保法律制度研究》，法律出版社1998年版，第350页。
② 肖厚国：《物权变动论》，法律出版社2002年版，第274—275页。

第二，未经公示的动产抵押权并非不能对抗任何第三人。公示对抗主义的本旨就是赋予公示对抗第三人的效力，经过公示的物权就有强大的公信力，可以对抗第三人，未经公示，不能形成公信力，不得对抗第三人，但是如果第三人是明知在该标的物上已设定抵押权，仍与之进行交易，则为恶意，对于恶意行为人，无须保护，所以未公示的动产抵押权仍然可以对抗恶意第三人，从对抗恶意第三人角度来说，也不能说该权利是债权。如果因为动产抵押权不能对抗善意第三人而否定其物权性，则会使动产抵押权变得极其脆弱，也不利于动产抵押制度的广泛应用和发挥应有的功效。

第三，未经公示的动产抵押权在当事人之间仍为有效。当事人设定动产抵押权，抵押权人即享有对该标的物的抵押权，当债务人不能清偿到期债务，可以拍卖或变卖抵押物，获得价金优先受偿，在抵押人为损害标的物的行为时可以行使抵押保全之权等。所以，在没有善意第三人的情况下，未登记的动产抵押权人仍可以在抵押的特定动产上实现自己的债权，仍对该动产的交换价值有支配性。这体现了物权的两个重要特征，即标的物的特定性和支配性。当事人通过合意所设定的这个权利仍是抵押权。

不可否认，未经公示的动产抵押权效力较弱，但也不能因此而否定其物权属性。所以用以上列举的第三种和第四种学说，来解释我国物权法规定的未公示的动产抵押权的属性是可资借鉴的，对物权法上物权"支配"和"排他"的界定，也不能就理解成"绝对支配"和"绝对排他"，未公示的动产抵押权能够对抗背信弃义的第三人，一定程度的支配和排他亦是符合物权特征的。

二 抵押权人与第三人利益的冲突与协调

（一）抵押权人与第三人利益冲突的表现

前述部分，笔者已经论述了动产抵押权的设定应采公示对抗主义的立法模式。公示对抗主义的本质仍是意思主义，只要通过合意即可设定物权，而无须登记。而当事人的合意只是在当事人之间有约束力，具有隐蔽性，不具有公开性，第三人无从知晓，也就是单单从外观上第三人无法知悉当事人所设定的抵押权。而动产所有权是以占有为公示方式，一般占有人即是权利人，第三人可以通过占有的外观来推定所有权的归属和权利状况，这也就是动产占有的权利推定效力。

但是如果抵押人已在该动产上设定抵押，对外谎称是完全的物权，又与第三人进行交易，转让、设定质押或抵押，那么第三人应该如何面对，是信赖占有的公示，还是交易之前仔细查阅登记簿呢？如果信赖占有的公示，那么该标的物上已经设定有抵押权，能不能取得一个完整的物权，或者说会不会带来交易风险，影响交易安全？如果说每笔动产交易之前都要进行查阅登记簿，那么又会花费大量交易成本，与动产交易的快捷的要求不符。

如果立法偏重保护抵押权人势必会导致第三人利益受损，如果偏重保护第三人利益又会导致抵押权人所设定的抵押权毫无意义。所以，这就导致了在动产担保交易中抵押权人与第三人的利益的冲突。造成抵押权人与第三人利益冲突的根源就在于动产所有权占有的公示方式与动产抵押权意思成立的相悖。一边是为担保债权实现的抵押权人的抵押权需要保护，另一边关乎交易安全和交易秩序的第三人利益也要保护，这就需要做好两方主体的利益平衡，只有平衡了两方主体的利益，才能更好地发挥动产抵押制度的功能。

（二）抵押权人与第三人利益平衡的解决方案

抵押权人与第三人的利益冲突，并非不可解决。在解决抵押权人与第三人利益冲突的方案中，有的是通过强行登记的方案，加强动产抵押权的公示性。此种方案要求动产抵押权进行登记，只有登记始能生效。经过登记产生物权的效力，第三人与抵押人进行交易时，通过查询动产抵押登记簿，便可知悉该标的物上的权利状况，从而保护交易安全。未经登记，便不能产生抵押权，抵押人与抵押权人之间的约定，效果上不具备物权的效力，充其量是个债权而已。此种做法，好像是解决了抵押权人与第三人的冲突，事实上并非如此。登记生效不利于当事人设立动产抵押，债权人维护其债权的实现,若要想通过设定动产抵押权必须要通过登记的烦琐程序才能成立,债务人为获得融资,以动产作为担保也必须要经过登记的程序。对于第三人而言,第三人在进行动产交易的时候都要进行动产抵押登记的查询,加大了交易成本,实行起来也比较困难,如其信赖占有的公示就可能会因此承受交易的风险。所以,登记生效并不是最佳的解决方案。

在动产抵押设定部分,笔者已论述了采取公示对抗主义模式是比较好的一种方案,既能体现私法自治精神,又能照顾到交易安全和交易的便捷。公示对抗模式也是平衡抵押权人与第三人利益冲突,协调抵押权人与第三人关系的一个方案。

公示对抗主义内容就是当事人通过合意设定的动产抵押权,经过公示便可以对抗第三人,未经公示不得对抗第三人。所谓对抗,其实就是具有排他性,追及力,优先效力。未经公示的抵押权抵押权人并不能排斥他人设定的物权,不具有优先效力,对于第三人而言也可主张其权利。例如第三人为受让人,因其信赖了抵押物占有的外观,与抵押人进行交易,即可以取得完全的所有权,就可以主张完全的所有权以排斥抵押权人的抵押权。对于抵押权人的损失,亦是其未办理公示应负的代价。若是已进行了公示,在该标的物上已有动产抵押权的权利外观,买受人就不能取得完全的所有权。如此,便可以较好地平衡抵押权人与第三人之间的利益冲突。

(三) 从"第三人"到"善意第三人"

经过公示的动产抵押权可以对抗第三人,是不是可以对抗任何第三人呢?我国《担保法》第43条、《海商法》第13条以及《民用航空法》第16条都规定,当事人未办理抵押物登记的,不得对抗第三人。《日本民法典》第177条也规定,不得对抗第三人。我国《物权法》第188条规定,"未经登记,不得对抗善意第三人",我国台湾地区"动产担保交易法"也规定了不得对抗善意第三人。就立法而言,第三人有的要求是善意第三人,有的并无规定。在学理上对此问题,亦有争议,主要有三种观点:一是不区分善意恶意说;二是善意第三人说;三是不包括违反诚信原则的恶意第三人说。

1. 应为善意第三人

动产抵押权未经公示的，不得对抗第三人，这里的第三人应为善意第三人。如果不区分第三人善恶与否，若第三人明知该动产抵押物上已设定抵押权，仍与抵押人进行交易，或者与抵押人进行通谋，那么依据公示对抗法则，未经公示的动产抵押权不能对抗第三人，抵押权人便会受到损害，其设定的抵押权也就起不到担保债的作用。如此，获得益处的只是那些奸诈不诚信之徒，实与立法意旨相悖。

持不区分善意恶意说观点的理由是登记制度的公益性表现在对权利外形做统一处理，而区分具体当事人的善意和恶意，则意味着对不同的当事人给予不同的保护，不利于交易市场的统一。此种理由太没有说服力，正是因为当事人有善意和恶意的不同，才需要区别对待，以维持交易秩序，实现公平正义，对于那些损人利己的恶意第三人没有保护的必要。我国《物权法》采用保护善意第三人说，还是有进步意义的。

2. 善意的判断标准

动产抵押权未经公示不得对抗善意第三人，那么何为善意？我国法律并无明确规定，这就需要对善意的概念进行探讨了。

在善意的判断标准上大致有两种观点：一是善意就是不知情。所谓恶意，就是知道当事人之间的权利状况。例如，我国台湾地区学者王泽鉴先生认为，抵押权人明知已有其他未经登记之动产抵押权存在，即使进行了抵押登记，其效力仍不能优先，以贯彻恶意不受保护的基本原则。刘春堂先生认为，恶意第三人是明知某物已设立抵押权而仍然受让，对损人利己的恶意第三人，法律没有保护的必要。

二是背信的恶意人排除说。此说又分为恶意加违反公序良俗说和恶意加违反诚信原则说。此说认为第三人仅仅不包括背信弃义的恶意人。未登记的物权，虽不能对抗一般的第三人，但能够对背信的恶意人产生对抗力。这种学说为"二战"后日本判例、学说所采取的通说。

以上两种学说可以说，一是主观善意，二是客观善意。将善意理解成不知某种情形存在，就是从当事人主观方面而言的。客观善意对善意的界定为，"如果一个人诚实行事，即不知道或无理由相信其主张没有根据，他就是善意行为"，"当该人得知或应知表明其主张缺乏法律依据的事实，则不存在善意"。[①] 作为客观善意，只要一个人客观上诚实行事，即使其已知情也为善意，那么此时，就不能对其产生对抗效力。笔者以为有些不妥，只要是第三人知悉了权利状况，而仍为一定行为，主观上就存在恶意，就应该受到非难。所以，笔者比较赞同主观善意说，也就是知情与否为判断标准，知情者为恶意，不知情者则为善意，注意这里的善意恶意与伦理道德意义上的善恶并非一个意思。

3. 善意的举证责任

当第三人与抵押人进行交易时，动产抵押权未登记，就不能对抗善意第三人。此时第三人是善意还是恶意应由谁来证明呢？这也是证明责任分配的问题，证明责任的分配对当事人的权利保护也非常重要，正所谓"证明责任之所在，败诉风险之所在"。动产抵押权在未经公示的情况下，抵押权人与第三人本就存在重大的利益冲突，如果由抵押权人承担举证责任对于保护抵押权人较为不利，反之则是不利于第三人利益的保护。但是，当抵押权人与第三人发生利益冲突时，总要有人承担证明责任。

根据民事诉讼法的一般原理，"谁主张、谁举证"，那么是不是当抵押权人主张抵押权时就要承担证明第三人恶意的责任，而当第三人主张对抗抵押权人时则由其进行举证呢？答案并非如此。笔者认为对于第三人主观上是善意还是恶意的举证责任应由第三人来承担，理由如下：

第一，根据民事诉讼举证责任分担的一般规则"谁主张、谁举证"来判断，也应该是第三人来承担。因为，在抵押权人与第三人发生冲突的时候，抵押权人要主张其具有抵押权，只要能证明其享有抵押权即可。至于有没有对抗第三人的效力，此时第三人就需要

[①] [美] 戴维·M.沃克：《牛津法律大辞典》，邓正来等译，光明日报出版社1989年版，第102页。

证明自己能够对抗抵押权人，其中只有善意的第三人才具有对抗效力，如果第三人主张能够对抗抵押权人的抵押权，就需要证明自身是善意的。

第二，由于我们采取的是主观善意标准，善意与否其他人不容易证明。如果要抵押权人来证明第三人的主观状况，有失公平，不利于保护抵押权人的利益。是否善意，当事人比较清楚，让其承担证明责任，并无对其不公。因此，善意的证明责任应该分配给第三人来承担。

（四）第三人的范围

1. 第三人范围的界定

未公示的动产抵押权不得对抗善意第三人，判断善意第三人的范围也直接关乎双方利益的保护。如果善意第三人的范围过大，就会限制抵押权的效力范围，不利于抵押权人利益的保护。如果善意第三人的范围过窄，又会不利于第三人利益的保护，有碍交易安全的维护。关于第三人的范围问题，也是平衡抵押权人与第三人利益冲突，判断动产抵押权公示效力范围的重要方面，需要依据物权法基本原理，采取利益衡量的方法，化解双方的利益冲突，以维护交易秩序。

就第三人的范围问题，我国物权立法没有明确规定，仅在《物权法》第188条规定，"未经登记，不得对抗善意第三人"。所以，第三人的范围还有必要从理论上进行明晰。在理论上关于善意第三人的范围有三种学说：广义说、狭义说和折衷说。

广义说认为，谓所有善意第三人，不论是债权人还是物权人皆属之，因法律并未限制第三人范围。

狭义说认为，仅指善意之第三物权人而言，即一般债权人虽为善意，仍可对抗。

折衷说认为，此项善意第三人仅限于与债务人（抵押人）发生交易之第三人而言，其他情形则非该条效力之所及。

广义说对善意第三人未加任何限制，太过宽泛，倘若第三人为继承人或为非法占有人，抵押权人不能与之对抗，则对抵押权人的利益保护十分不利。折衷说，把善意第三人限定在与抵押人进行交易之人，并没有把第三人范围说得很清楚。狭义说把一般债权人排除在外，仅限定在善意的第三物权人，争议颇大。

第三人的范围与未公示动产抵押权的效力为正反两方面的问题，划清第三人的范围，也就能使动产抵押权之于第三人的效力明晰。下面笔者就从哪些善意第三人不在限制范围，哪些善意第三人应该给予限制两个方面解析第三人的范围。

2. 不得对抗善意第三人之范围

并非所有第三人都不得对抗，下面就动产抵押权不得对抗善意第三人之范围，进行分类说明。

（1）善意第三人是否包括一般债权人

持狭义说的观点认为，不应该包括一般债权人。我国台湾地区学者王泽鉴先生就认为，"所谓第三人应指对同一标的物享有物权之人，债务人之一般债权人并不包括在内。动产抵押权等若已成立，则无论登记与否，其效力恒优先于债务人之一般债权人"。他为证明其观点，列举了五个理由：一是就法律性质而言，物权具有排他性，其效力恒优于债务人之一般债权，此为一项基本原则，动产抵押权既属物权，应优先于一般债权，实为当然之理，登记与否，并不影响其优先受偿效力，否则动产抵押权是否具有物权性，将因有无登记而不同，势将混淆法律体系。二是就文义而言，对抗云者，系以权利依其性质有竞存抗争关系为前提，始生对抗问题，动产抵押权依其本质即优先于债权，自不发生对抗问题。三是就立法史而言，"动产担保交易法"第5条系仿美国立法例而设，依美国动产抵押法，动产担保无论是否登记，其效力恒优于一般债权。四是就交易安全而言，一般债权人之借与金钱，系信赖债务人之清偿能力，故应承担其不获清偿之风险，其既与动产抵押之标的物无法律上之直接关系，实不能承认其具有对抗物权之效力，一般债权人为避免遭受不测危害，应设定担保物权。五是再就附条件买卖而言，所谓第三人不应包括买受人之一般债权人，尤为明显，一般债权人不能仅因信赖买受人所占有之物为其所有物，即应受到保护，交易上的信赖危险，仍应由其自己负担。①

笔者认为，王泽鉴先生的观点值得商榷。第一点、第二点理由无非是说明物权的效力优先于债权，动产抵押权属于物权，理应优先于债权，自然能对抗债权人。为什么物权一定会优先于债权？如"买卖不破租赁"的规则，买受人作为所有权人不是也不能对抗租赁人吗？该理由不完全正确。第三点理由从立法史角度论证，美国立法如此，"动产担保交易法"仿照美国立法例而制定，也应该可以对抗债权人。难道不管外国立法如何，即使是一个糟糕的立法例我们也一样要照搬吗？第四、第五点理由更是把风险完全推给了作为第三人的债权人来承担，又怎能保障交易安全？

笔者与王泽鉴先生的观点相反，认为未公示的动产抵押权不能对抗作为善意第三人的债权人，也就是善意第三人也包括一般债权人。理由如下：

第一，从利益衡量角度看，为保护交易安全，应保护第三人信赖占有所为的交易。当第三人与抵押人交易的时候，抵押人作为债务人，第三人作为债权人，第三人如是善意第三人，也即对该动产标的物已设定动产抵押权并不知情，因为该动产抵押并无公示，从外观是不能知悉该动产标的物上设定有抵押权，按照一般的交易规则，善意第三人只要信赖该标的物的占有，即可推定抵押人为所有权人，因信赖占有与之进行的交易，就应该受到保护。保护善意第三人也代表的是保护交易安全，如果善意第三人与对方交易都要进行查询登记或者会被一个未公示的抵押权所对抗，那么交易安全就无法保障，交易秩序也无法维持。因此，不能把这个交易成本和风险由善意第三人来承担，也不应该让善意第三债权人遭受不测损害，这不只是保护的一个善意第三人而是保护的整个交易安全。动产抵押权人未对其抵押权进行公示，也要为此承担一定风险，那就是不得对抗善意第三人，不能对善意的第三债权人有排他、优先的权利。如此才更符合公平原则。

第二，未经公示的动产抵押权不能对抗债权人并不影响动产抵

---

① 王泽鉴：《民法学说与判例研究》第 1 册，中国政法大学出版社 1998 年版，第 243—244 页。

押权作为物权的性质。有学者认为，物权优先于债权，未经公示的动产抵押权不能优先于债权，就不再属于物权了而是债权。王泽鉴先生也是基于物权优先于债权这个逻辑，认为动产抵押权一定要优先于债权。在民法规则上也未必一定是物权优先于债权，"买卖不破租赁"就是例证。而未公示的动产抵押权虽不能优先于债权，但从其对特定物的支配上，还有可以对抗恶意第三人等方面上看，仍然不失为物权的属性，关于此点，前已论证。

第三，未公示的动产抵押权人与善意第三债权人应平等受偿。未经公示的动产抵押权不得对抗善意第三人，这里的对抗可以理解成排他、优先效力。这也并不等于，动产抵押权人的抵押权绝对不能实现，只不过未公示的动产抵押权不享有优先、排他的权利，如果抵押权人先实行其抵押权，就可以获得优先受偿，当然如果被善意第三债权人优先受偿，也就意味着附着在该特定物上的抵押权消灭。还有就是当抵押人破产的情况下，该动产抵押标的物也属于破产财产，不能别除在破产财产之外，抵押权人不享有别除权，只能与其他债权人平等受偿。

第四，善意第三人包括一般债权人亦有司法实践经验可为借鉴。我国台湾司法实务界也都承认包括一般债权人。[①] 日本实务界也认为未登记的动产抵押权不得优先于查封债权人、破产债权人和假处分债权人。[②] 法国司法实务界则认为，未登记的抵押权不得优先于扣押债务人财产的债权人。[③] 既然已有相应的司法实践经验，我们亦可以作为借鉴。

（2）未登记的动产抵押权是否可以对抗买受人

在现实市场交易中，可能会出现一些背弃诚信原则的抵押人，虽然已经在该动产标的物上设定了动产抵押，获取了融资，但还是把该标的物转让与他人。如若买受人是善意第三人，因其对该标的

---

① 王泽鉴：《民法学说与判例研究》第 8 册，中国政法大学出版社 1998 年版，第 296 页。

② ［日］加贺山茂：《日本物权法中的对抗问题》，于敏译，《外国法评译》2000 年第 2 期。

③ 尹田：《法国不动产公示制度》，载梁慧星《民商法论丛》第 16 卷，法律出版社 2000 年版，第 570 页。

物上已设定动产抵押权并不知情，与抵押人完成了交易，受让了该标的物，那么受让人即可以获得完全的所有权。抵押权人可以支配的抵押物的价值也随之消失，其动产抵押权也就随之消灭。因善意的买受人无法从该动产标的物之上获悉动产抵押权的权利外观，只能信赖占有的公示，推定抵押人有完全的处分权利，买受人的信赖应该受到法律的保护。当然，如若买受人是非善意第三人，仍受让该标的物的所有权，就不应获得保护，动产抵押权人的权利并不会因此消失，仍可以对该标的物行使抵押权，也就是说，恶意受让人不能获得一个完全的所有权。

（3）未登记的动产抵押权是否可以对抗其他担保权人

如若抵押人将该特定物再行设定担保，亦未尝不可。如抵押人为获取融资的需要，又将该标的物设定动产抵押，质押，所有权保留或者成立了留置权，那么该动产抵押权与其他担保权利孰优呢？这个问题实质上是担保权的竞存问题，不可一概而论，第六章在论述动产抵押权与其他担保物权竞存时再详加论述。

3. 可以对抗之第三人

未登记的动产抵押权也不是任何第三人都不可对抗，第三人的范围亦是有限制的，下面笔者就分类说明。

（1）抵押人的继承人

抵押人在其动产上设定动产抵押权后，该动产标的物即为特定物，作为该标的物的所有权人也即抵押人死亡，其财产应作为遗产由其继承人继承。抵押人的继承人在继承抵押人的遗产时，因在特定的动产之上的抵押权并未消灭，也应该连同抵押人的相应抵押义务一并承继。所以，即使该动产抵押权未进行公示，抵押人的继承人也不能因此主张对抗。

与此同理，如若抵押人为法人时，当法人消灭的时候，该法人的财产也会由承受其权利义务之人接受，承受抵押人权利义务之人接受该动产标的物时，连同附着在该标的物之上的抵押人的义务也一并承受。未登记的动产抵押权人可以以其动产抵押权对抗之。

（2）第三人不包括实质的无权利者

如若第三人无实质的权利，如虚假登记、冒用登记，即使已经进行了权利外观公示，也不能取得相应权利。对于无权利之人怎能与抵押权人相抗衡，即便是动产抵押权未经公示，权利人仍享有动产抵押权，可以通过行使抵押权的保全之权，要求回复原状等，当然可以对抗此类第三人。

（3）第三人不包括不法行为者、不法占有者

动产抵押权标的物之动产，倘若为第三人不法占有，则亦会影响抵押权人之抵押权的实现，作为动产标的物所有人的抵押人本应通过行使物上请求权回复原状，如其怠于行使，抵押权人的利益就难以获得保障。此时，抵押权人因享有抵押权，也当然享有回复原状的权利，为保障抵押权的实现，亦可行使占有权。不法占有的第三人属无权利人，当然也不能以动产抵押权未进行公示进行对抗。

按照折衷说的观点，善意第三人应当是与抵押人进行交易的第三人，此说基本上值得肯定，但如若第三人与抵押人并无真实交易而是恶意串通之人当然不应包括在内，还有就是折衷说较为笼统，不够细化，应对第三人范围进行类型化研究，具体情况具体分析。

三 抵押人与抵押权人、第三人利益的冲突与协调

在动产抵押法律关系中，抵押权人与抵押人设定了动产抵押权，抵押权人自此就享有了抵押权，抵押人应负担相关义务，但针对抵押物亦有其权利，如有第三人针对该标的物亦建立了某种法律关系，这些人都可谓利益主体，他们相互之间就会发生利益上的冲突，也就需要法律规则以调整他们之间的利益关系。上文已重点谈了抵押权人与第三人的利益的冲突与协调，这里着重论述抵押人与抵押权人之间，抵押人与第三人之间利益的冲突与协调问题。

（一）抵押人与抵押权人之间的关系

在动产抵押关系中，抵押人是动产标的物所有人，是以其动产

进行抵押为债务人提供担保之人，抵押权人是债权人，为担保之债权能够实现，对抵押人所提供的动产享有抵押权的人。也就是说抵押权人享有抵押权，而抵押人则要负担一定抵押义务，当然因其是抵押物的所有人他仍享有对标的物的所有权。抵押权的权利与抵押人的权利义务前文在分析动产抵押一般效力的时候已经分析，这里主要是从抵押人与抵押权人利益冲突，发生冲突如何平衡双方当事人的利益角度进行分析。

抵押人与抵押权人可谓利益对立的双方主体，由于动产抵押不似质押、留置的法律关系，质权人、留置权人可以直接占有标的物，而动产抵押权人并不直接占有标的物，只是支配标的物的交换价值而已，标的物仍为抵押人所占有，使用，获取收益，所以，动产抵押权人的抵押权随时可能因为抵押人的不法行为和不诚信行为遭受不测。为维护其抵押权需要明确对抵押权的救济渠道。

当抵押人损坏动产抵押权公示外观时，抵押权人有权阻止并要求回复原状，补充或重新进行公示。因为动产抵押权的公示对抵押权人来说意义重大，动产抵押权一经公示即具有了强大的公信力，可以对抗第三人，未经公示不得对抗善意第三人。抵押人无故损坏动产抵押权的公示外观，破坏了抵押权人抵押权的优先、对抗的效力，倘若动产抵押标的物被善意第三人所取得，便会直接导致动产抵押权的消灭。所以，抵押权人有权要求抵押人回复公示的外观，如果是不能回复或已被第三人善意取得优先于抵押权人的权利，使得抵押权人的抵押权不能实现，还应承担侵权损害赔偿责任。对于动产抵押权公示外观的毁损，也要分情况处理，如果是抵押人故意毁损，以加害抵押权人的抵押权，除承担民事责任外，严重者还要承担行政责任，甚至刑事责任。如果是抵押人非故意或者由于自然磨损，导致外观公示消灭，则应及时回复原状，给抵押权人造成损失的，应承担相应民事赔偿责任。

当抵押人擅自转让动产抵押物，或者在该标的物上又设定担保，造成动产抵押权人的利益损失，则应由抵押人承担向抵押权人赔偿的责任。

当抵押人毁损标的物，致使动产抵押权因标的物灭失而消灭的，抵押人也应负担赔偿抵押权人损失的责任。如果是由不可抗力等不可归责于抵押人的原因致使标的物灭失的，则可免除抵押人的责任。

对于抵押人利益的保护来说，因抵押权人可转让其抵押权，但是抵押权人转让其抵押权时不得有害于抵押人。

上述抵押权人与抵押人的法律关系中，可能会因为抵押人与抵押权人之间的抵押合同，由违约一方当事人承担一定违约责任，该抵押合同是抵押权成立的原因行为，当然作为一种债亦约束着双方当事人，有违约者，当然依据合同应承担相应合同责任。

因抵押权人享有抵押权，给抵押权人的抵押权造成损害的，抵押权人亦可要求侵权行为人承担相应侵权责任。侵权责任和合同责任亦有竞合的情形，当出现竞合之时，权利人可以选择有利于自己的方式来维护自身合法权益。

总而言之，抵押人与抵押权人的利益冲突，主要还是抵押人与抵押权人之间的合意问题，能起到调整两者利益冲突的主要还是二者之间的合意。

（二）抵押人与第三人之间的关系

抵押人为担保其债务在其所有物上设定担保，就应该尊重抵押权人的抵押权，但抵押人毕竟仍为抵押物的所有权人，其并没有丧失对标的物的占有和使用、收益的权利，这是动产抵押与动产质押的最大不同，也是抵押人设定动产抵押而不设定质押的最大目的。当抵押人在使用该抵押物时，可能会与第三人发生一定法律关系，尤其是抵押人在处分该抵押物时，与第三人的利害关系甚大，因为该标的物上已设有动产抵押权，必然会影响到第三人的利益，所以抵押人与第三人也会利发生益冲突，需要法律规则进行平衡。

当抵押人在与第三人进行动产交易时，或者是所有权的让渡，动产的买卖；或者是在该标的物上设定质押、抵押或其他担保，此类对标的物的处分行为，并无不可。第三人在与抵押人进行交易时，也要区分是善意第三人还是恶意第三人，这里主要分析的是善意第三人。如果已设定的动产抵押权进行了公示，那么该第三人是可以知悉动产抵押权的权利外观的，除非是该公示已被破坏，第三人无从知悉动产抵押权的权利外观，那么第三人也应该受到既有的动产抵押权的束缚，也就是上文已论述的动产抵押权的公示对抗效力。既然第三人明知有抵押权的事实，而仍与抵押人进行交易，则表明他认可该交易可能带来的风险，此时，第三人利益的维护，还是主要看他与抵押人的交易合同是怎么约定的了，所以，此种情况抵押人与第三人之间的关系主要是合同关系，理应通过合同法律制度来解决冲突，平衡双方的利益冲突。

当动产抵押的抵押权未进行公示，由于未经公示的动产抵押权不能对抗善意第三人，第三人则可以取得相应对抗抵押权人的权利。就第三人与抵押人关系来说，如抵押人是该标的物的受让人，则可以取得完全的所有权；如第三人在该标的物上也享有担保物权，如质权或动产抵押权、留置权等，他对抵押人而言，也可行使其权利。倘若因抵押人的原因，导致第三人的物权受到损害，也可主张侵权损害赔偿请求权或者物权法上的救济权。

四　动产抵押权对抵押物的效力范围

动产抵押权对抵押物的效力范围，不仅关系到动产抵押权人之抵押权实现的问题，甚至还关系到第三人如后次序抵押权人、一般债权人的利益。动产抵押权对抵押物的效力范围越大，越有利于抵押权人之抵押权的足额实现，相反，对于第三人而言其保有利益的机会就越小。所以，动产抵押权效力所及标的物的范围，对于平衡抵押权人、抵押人与第三人的利益关系亦非常重要。在动产抵押权实行时，动产标的物没有变化，动产抵押权的效力当然及于该标的物，这也是动产抵押权的一般效力。动产抵押权的效力及于抵押物本身，不证自明，无有探讨深究的必要。由于动产抵押权是在特定的动产之上设定的，抵押权的设立与抵押权的实现通常不是同时出现的，往往有一定时空间隔。在此期间，特定的动产标的物亦可能发生变化，如因加工、附合或混合而改变原来形态，或者原来标的物亦有从物,或者生出孳息,又或原标的物发生毁损灭失有代替物、代位物,那么动产抵押权的效力能否及于这些物呢?下面笔者就着重谈谈动产抵押权对加工、附合、混合物、从物、孳息、代位物的效力问题。

(一) 动产抵押权对加工、附合、混合物的效力

加工、附合、混合统称为添附,皆为动产所有权得丧之原因,俱有结合关系。其中,加工为劳力和他人之物相结合,附合、混合为物与物相结合。在现代各国法制下,法律通常规定由一人取得添附物的所有权,或共有合成物,其目的在于不许回复原状,使添附物能为社会经济利益而继续存在。法律规定添附物为一人所有,通常是纯粹出于立法政策与法律技术上的考虑,而非实质赋予取得人不付任何代价的纯粹利益,受损害的当事人更无无端丧失权利,忍受损害之理由。

具体而言,加工是指就他人的动产加以制作或改造,使成新物,从而发生物权变动的事实。加工一般是由材料的所有权人取得加工物的所有权,但加工物的价值明显高于材料的价值的,则由加工人取得加工物的所有权,取得所有权的人给予对方一定的补偿。附合是指所有人各异的两个或两个以上的有体物相结合,交易上认为一物者,包括动产与不动产的附合和动产与动产的附合。动产与不动产的附合,通常是不动产所有人取得所有权,动产所有人的所有权消灭;动产与动产的附合,附合的动产如有视为主物的,则由该主物所有人取得合成物所有权,否则按各动产所有人依附合时的价值共同享有合成物的所有权。所谓混合是指所有人各异的动产,互相混合,成为一物,不能识别或识别需费用过巨者,因混合所形成的动产为混合物。混合物原则上各动产所有人按其混合时的价值共有混合物,混合后的动产有可视为主物的,该主物所有人取得混合物的所有权。

在动产抵押标的物发生添附的情况下,动产抵押标的物自身已发生了价值甚至权属的变化,对动产抵押权不能不有影响。

各国立法一般都认为,抵押物发生附合、混合、加工的时候,抵押权存续于附合物、混合物和加工物之上。如我国台湾地区"动产担保交易法"第4条之一规定：动产担保交易之标的物，有加工、附合或混合之情形者，其担保债权之效力及于加工物、附合物或混合物，但以原有价值为限。此项规定，可谓使动产抵押权的效力扩及于添附物。美国《统一商法典》及其判例规定：（1）在加工或混合情形下：担保权益继续存在于该货物的混合整体或大宗动产之中；有数个担保权益附着时，各担保权益根据其原始成本在整体产品或大宗货物的成本中所占的比例享有权利；（2）在不动产附着物情形下：在附着物发生前设定的抵押权，将续存于不动产附着物之上，而且优先于所有前存的不动产权益人；（3）在添附场合中：在抵押物成为添附物之前设定的抵押权，续存于添附物之上，并且优先于对整体动产有权利主张的权益人。

我国《最高人民法院关于适用〈中华人民共和国担保法〉若干问题的解释》第62条规定，"抵押物因附合、混合或者加工使抵押物的所有权为第三人所有的，抵押权的效力及于补偿金；抵押物所有人为附合物、混合物或者加工物的所有人的，抵押权的效力及于附合物、混合物或者加工物；第三人与抵押物所有人为附合物、混合物或者加工物的共有人的，抵押权的效力及于抵押人对于共有物享有的份额"。

从以上立法例可以看出，美国《统一商法典》把动产抵押权的效力扩及于全部加工、附合或者混合物，通常情况下加工物、附合物、混合物要比原来的动产标的物的价值有所增加，如此一来就是把动产抵押权的效力范围扩大化了，这种做法虽能更好地保护动产抵押权的实现，但对其他利益主体未免有失公允。我国台湾地区"动产担保交易法"对动产抵押权的效力范围作了限制，即是动产抵押权的"担保债权之效力及于加工物、附合物或混合物，但以原有价值为限"，虽然对动产抵押权的效力范围以原有价值为限，但是没有考虑到加工物、附合物、混合物的物权变动问题，若加工物、附合物、混合物的所有权并非为抵押人所取得，这样对所有权人也不太公平。我国《物权法》对此没有明确规定，在《最高人民法院关于适用〈中华人民共和国担保法〉若干问题的解释》第62

条中对此问题做出了司法解释，这条解释可以分解成三层意思：一是抵押物因附合、混合或者加工使抵押物的所有权为第三人所有的，抵押权的效力并不及于附合物、混合物、加工物，仅仅及于补偿金；二是附合物、混合物或者加工物为抵押人所有的，抵押权的效力及于附合物、混合物或者加工物；三是第三人与抵押物所有人为附合物、混合物或者加工物的共有人的，抵押权的效力及于抵押人对于共有物享有的份额。我国司法解释区分附合物、混合物、加工物的所有权归属，注意到第三人取得附合物、混合物、加工物所有权时第三人利益的保护问题，但当抵押人成为附合物、混合物、加工物的所有权人时，效力扩及于附合物、混合物、加工物，同样是扩大了动产抵押权的效力范围，于抵押人的保护不利。

综上，笔者认为动产抵押权的效力能否及于加工、附合或混合物，关系到抵押权人、抵押人和第三人的利益，需要通过利益衡量，让三者的利益平衡才是比较公允的。首先，动产抵押物因加工、附合或混合而发生变动，倘若抵押权不能及于加工物、附合物或混合物，抵押权人会遭受不测之损害。其次，如果抵押权人不能对加工物、附合物或混合物有追及效力，抵押权人势必会阻挠抵押物的加工、附合或混合，也不利于物的增值，有悖于立法经济目的。最后，抵押物因加工、附合或混合而实现增值，必有第三人的贡献，抵押权的效力完全及于加工、附合或混合物，对抵押人和第三人的利益是完全漠视，是牺牲抵押人和第三人的利益而成全抵押权人的利益。故而，笔者认为判断动产抵押权的效力能否及于加工物、附合物或混合物，应从以下两点考虑。

第一，根据所有权归属的不同来确定动产抵押权的效力范围。动产所有权会因添附而发生物权变动，根据添附的法律规则，加工物、附合物、混合物的所有权可能仍归抵押物所有人，也可能归属另外第三人，也有可能抵押人和第三人共同拥有所有权。添附之后的合成物与原来的抵押物已非同一物，第三人对该物的增值有贡献，如果第三人因添附而取得所有权，第三人取得所有权的代价就是向原物所有人即抵押人支付补偿金，补偿金应该是与抵押人失去的价值相当。总之添附导致物权发生变动，但也不会使失去所有之人丧失应该享有的利益。就动产抵押权对加工物、附合物、混合物的效力而言，若不问所有权的归属，效力直接及于加工物、附合物、混合物，若加工、附合、混合物所有权已经转移与第三人，难免对第三人不公平，在其已经向抵押人支付了补偿金之后，还要面临抵押权人行使抵押权，实在是有损其利益。所以，若第三人取得加工物、附合物、混合物的所有权，在其已经支付了补偿金的情况之下，动产抵押权的效力就不能再及于添附之后的合成物了。当然，如此立法对抵押权人来说，并无不公，因为抵押人虽失去物的所有权，但也得到了相当的补偿金，该补偿金的存在并不会导致抵押权落空。

第二，根据动产抵押物的价值来确定动产抵押权的效力范围。动产抵押权在设定之时，抵押物的价值是抵押权人明知的，抵押人也是以此为限设定的抵押。如果因加工、附合、混合导致物的价值增加，抵押人虽获得所有权，但是也要向为增值部分做出贡献的第三人进行补偿。如果动产抵押权的效力及于全部的加工物、附合物或者混合物，不仅对抵押人有所不公，对该标的物上其他担保权人或者抵押人的一般债权人也不公平，因为动产抵押权人的抵押权的效力及于全部的加工物、附合物或者混合物，无形中使其抵押权的效力范围扩大化了，也就压缩了抵押人的一般责任财产，影响了其他当事人的利益。所以，有必要对动产抵押权的效力在及于加工物、附合物或者混合物时的范围进行限制。当然也不能损害到动产抵押权人的利益，从利益衡量角度看，以动产抵押权抵押物的价值为限，比较合理，如此，既不会损害动产抵押权人当初设定动产抵押权所要担保的价值，也不会损害到抵押人以及其他利益主体的正当利益。司法实践中具体操作亦不难处理，以添附之后的物的价值减去所支出的补偿金即可。

（二）动产抵押权对从物的效力

所谓从物，是指非主物之成分，常助主物之效用，而同属于一人者。区分主物与从物的意义主要在于，对主物的处分及于从物。如果在主物上设定动产抵押权，动产抵押权的效力是否也及于从物？对于此问题，各国和地区立法亦有不同。《法国民法典》第2133条，《德国民法典》第805条以及我国台湾地区的相关立法都肯定动产抵押的效力及于从物。《日本商法典》第685条规定，凡是记载于船舶属具目录之物，皆推为从物。第848条规定，船舶权及于其属具。可见也是持肯定的态度。美国立法认为，动产抵押权不当然地及于从物，除非担保设定人在担保契约中或融资登记报告中对附件、部件等动产从物作为担保物给予了充分的说明，否则，该附件等从物并不为担保权所及。我国《最高人民法院关于适用〈中华人民共和国担保法〉若干问题的解释》第63条规定，抵押权设定前为抵押物从物的，抵押物的效力及于抵押物的从物。但是，抵押物与其从物为两个以上的人分别所有时，抵押权的效力不及于抵押物的从物。从以上不同国家和地区的立法来看，对动产抵押权的效力能否及于从物，有持肯定态度的，有持否定态度的，我国则是有限承认的观点。

在学理上对此问题的认识也有争议。有持肯定态度的，如史尚宽先生认为，抵押权设定后发生的从物，亦应理解为抵押权效力之所及，因为主物与从物的关系，非依当事人的意思解释，而应依客观的两物之经济结合，以定之。持否定态度的学者认为，不问从物来自何处，概属于抵押权的范围的看法不妥，有悖于当事人的意思，并且从物为抵押权效力所及须具备以下三个条件：一是当事人无特别约定；二是须他人在抵押权设定之前，未就从物取得任何权利；三是须从物成于抵押权设定当时。① 也有折衷的观点认为，抵押权人可以将后增的从物一并拍卖，但其无优先受偿权。②

动产抵押权的效力如果能够及于从物，则有利于加强对抵押权的保护，此时有利于抵押权人，但对一般债权人则为不利；如不能及于从物，则会对一般债权人有利，不利于抵押权人。笔者认为，动产抵押权的效力是否及于从物，仍应采取利益衡量的方法，既不能扩大对抵押权的过分保护而损害一般债权人，也不能妨碍抵押权的实现。具体做法应该是：

---

① 高圣平：《动产抵押制度研究》，中国工商出版社2004年版，第222—245页。
② 王闯：《让与担保法律制度研究》，法律出版社2000年版，第78—92页。

第一，在动产抵押设定时从物已存在，动产抵押权的效力是否及于从物，须看抵押人与抵押权人之间的抵押合同。如果抵押合同中约定，抵押权的效力及于从物，那么抵押权的效力范围就应当及于从物。如果抵押合同中没有约定可以及于从物，则抵押权的效力范围不及于从物。

第二，从物是在动产抵押权设定之后才有的，动产抵押权的效力不能及于从物。毕竟在成立动产抵押权时，从物并不存在，抵押合同中也不可能就效力是否及于从物做出约定，从物的价值本就不属于抵押权应支配的价值。如动产抵押权的效力及于从物，则只会损害抵押人及其一般债权人的利益。

第三，在抵押权实现时，抵押权人可以就主物和从物一并拍卖。如果拍卖或变卖主物时，不能连同从物一起处分，不利于主物经济价值的实现，不具有经济合理性，对抵押权人抵押权的实现有所影响。根据民法的一般理论，对主物的处分效力及于从物。抵押权人拍卖主物时，连同从物一起拍卖并无不可。只不过，在抵押权的效力不能及于从物时，从物所卖得的价款，抵押权人不得优先受偿。如此既做到了抵押权人利益的保护，也考虑到了抵押人和一般债权人利益的保护，实现了利益平衡。

（三）动产抵押权对孳息的效力

两物之间，有原物和孳息之分。原物指孳息所从出之物，孳息是指原物所出之收益。孳息有天然孳息和法定孳息，前者如果实、动物之产物及其他依物之用法所收获之出产物；后者如利息、租金及其他因法律关系所得之收益。

区分原物与孳息的意义在于决定物所生利益的归属。依据民法基本理论，孳息一般是归属于原物所有人享有。

我国《物权法》第197条第1款规定，"债务人不履行到期债务或者发生当事人约定的实现抵押权的情形，致使抵押财产被人民法院依法扣押的，自扣押之日起抵押权人有权收取该抵押财产的天然孳息或者法定孳息，但抵押权人未通知应当清偿法定孳息的义务人的除外"，第2款规定，"前款规定的孳息应当先充抵收取孳息的费用"。

我国立法规定在实现抵押权时，抵押财产被人民法院依法扣押时，抵押权人有权收取该抵押财产的天然孳息或者法定孳息，但抵押权人是否就收取的孳息优先受偿并未明确规定。

笔者认为动产抵押权的效力不应及于孳息。首先，在抵押期间，债权人在动产标的物上享有抵押权，但债务人的债务未到履行期限，抵押人仍然有权占有、使用抵押物，并获取收益。这也是抵押人之所以设定动产抵押而不是设定质押的主要原因。抵押物在此期间所得孳息自然归属于抵押人，由抵押人收取，抵押人所取得孳息也不应成为抵押权的标的物。因为孳息虽是由原物所出之物，但毕竟已与原物脱离，属于独立的物，而抵押权仅仅在原物之上设定，所以此时，动产抵押权的效力不能扩及于孳息。

其次，债务人不能清偿到期债务，动产抵押权人行使抵押权，申请法院扣押标的物，抵押物已被法院扣押，此时所生孳息，抵押权的效力亦不能及于。我国物权法规定此时原物所生孳息应由抵押权人收取，因为抵押人已丧失对标的物的占有，孳息应当先充抵收取孳息的费用。此种做法有所不妥，抵押物虽被法院扣押，但抵押人仍是抵押物的所有权人，只有经过拍卖或变卖转让之后才会发生物权变动，抵押人才会丧失对抵押物的所有权，根据民法原理，抵押物所生孳息仍然应归属于抵押人。另外，由抵押权人收取孳息，徒增收取孳息的成本。抵押权人行使抵押权之时，并非已当然获得抵押物的所有权，由其收取孳息较为不妥。即使抵押物所生孳息由抵押人收取，对抵押权人并无不利，因为其抵押权的标的仅仅是抵押物而已。相反把抵押权的效力范围扩张到孳息，势必使抵押人的一般责任财产减少，强化保护了抵押权，但却忽略了对一般债权人的保护，有失公平，所以，笔者认为动产抵押权的效力不应扩大化，不及于孳息较妥。

（四）动产抵押权对代位物的效力

动产抵押权设定之后，动产标的物并未转移占有，抵押人仍占有抵押物，并可以使用获取收益以满足抵押人的需要，抵押权人并不占有标的物。另外在抵押权设定之后距抵押权的实行尚有一段时日，倘若在此期间抵押物出现毁损、灭失或被征收等情形，亦非不可能。一般情况下，抵押权标的物的灭失，也会导致抵押权的消灭。倘若是第三人的原因，致使抵押人的物权丧失，第三人应向权利人承担补偿或赔偿责任。那么，这种情况下，动产抵押权的效力是否能及于该补偿金或赔偿金呢？这也就是抵押权的物上代位问题。

依传统民法理论认为，抵押权之标的物灭失、毁损，因而得受赔偿金者，该赔偿金成为抵押权标的物之代替物，抵押权人得就该项赔偿金行使权利，被称为抵押权之代位性，该得受之赔偿金，即为抵押物之代位物或代偿物。

抵押权物上代位理论基础何在，学者间因偏重抵押权之物权性质或价值权性质之不同，而见解互异。主要有物权之特种效力说、担保物权效力说和公平说。物权之特种效力说偏重抵押权的物权性，物权因标的物之灭失而消灭，此乃物权之一大原则，抵押权既属物权，则纵因其标的物之灭失而产生价值之变形物，亦难认抵押权可继续存在其上，故抵押权之物上代位并非因抵押权而当然产生，实系因法律特别保护担保物权人而赋予，故应系物权之特种效力。担保物权效力说，此说认为担保物权，尤其抵押权，与用益物权不同，非以取得标的物之实体亦即利用价值为目的，而系以支配标的物之交换价值为目的之权利。担保物权之价值变成为金钱或其他形态时，当可认系担保标的物交换价值之具体显现，而抵押权之效力及于抵押物具有同一性质之价值变形物上，实亦系基于担保物权本质上为价值权之当然道理。公平说认为，担保物权之物上代位制度，与债权法上给付不能情形时之代偿请求权等，同属代位法理或代偿法理之一环，系基于公平之原则而设。[①]

无论采何种学说，承认抵押权的物上代位性则是一致的。这是因为抵押权是以支配抵押物的交换价值，以作为债权优先受偿为目的的物权，故抵押物毁损灭失后，如有交换价值存在，无论其形态

---

① 谢在全：《民法物权论》下册，中国政法大学出版社1999年版，第595页。

如何,其仍为抵押权所支配之交换价值,不过因抵押物之毁损灭失,致此项交换价值提前实现而已。况该交换价值既为抵押权所支配之交换价值,则抵押权移存于其上,就其经济上之实质客体言,抵押权仍具有同一性。故抵押权移存于代替物上,不仅与抵押权之价值权本质相符,可贯彻抵押权之价值权性,且可避免抵押权因抵押物灭失而消灭,抵押人却可保有赔偿金之利益,不足以实现当事人间之公平。

我国《物权法》第174条规定,"担保期间,担保财产毁损、灭失或者被征收等,担保物权人可以就获得的保险金、赔偿金或者补偿金等优先受偿。被担保债权的履行期未届满的,也可以提存该保险金、赔偿金或者补偿金等"。我国《最高人民法院关于适用〈中华人民共和国担保法〉若干问题的解释》第80条,"在抵押物灭失、毁损或者被征用的情况下,抵押权人可以就该抵押物的保险金、赔偿金或者补偿金优先受偿"。我国台湾地区"民法"第881条规定,抵押权因抵押物灭失而消灭,但因灭失得受之赔偿金,应按各抵押权人之次序分配之。欧陆各国亦设有抵押权代位物之规定。

为保护抵押权人之利益,承认抵押权物上代位性,很有必要。动产抵押权作为抵押权之一种类型,亦应如此。所以,当动产抵押物毁损、灭失、被征收等,动产抵押权的效力也应及于其代位物。当事人设定抵押权的目的就是担保债权的实现,抵押物虽然灭失,但抵押物灭失所形成的价值还在,不过是以赔偿金或补偿金的形式出现而已。

五 动产抵押担保债权的范围

抵押权所担保债权的范围,是指抵押权人实行抵押权时,所得受优先清偿的债权的范围。在现代各国和地区立法上,抵押权所担保债权的范围一般都是由当事人自行约定,例如可约定违约金不在担保范围内,或实行抵押权的费用也在担保范围内。当事人未约定时，则抵押权担保的债权范围通常为原债权、利息、迟延利息及实行抵押权的费用四项。我国《物权法》第173条规定，"担保物权的担保范围包括主债权及其利息、违约金、损害赔偿金、保管担保财产和实现担保物权的费用。当事人另有约定的，按照约定"。根据我国物权法的规定，动产抵押担保债权的范围，首先遵照约定，如没有约定，则依照法律，主债权及其利息、违约金、损害赔偿金、保管担保财产和实现担保物权的费用六项内容都在担保的债权范围之内。下面笔者就该六项内容进行逐项分析。

（一）主债权

主债权，又称为原债权，是为抵押权设定时决定予以担保的原本债权。动产抵押权的设定即是为担保原本债权实现的，因此原本债权当然应成为动产抵押担保的债权范围。当然，具体主债权的范围，还要看当事人在设定抵押时抵押合同中的约定，如果当事人仅就部分债权设定担保，抵押权所担保的主债范围也只能是部分的债权，如没有明确约定，则可以推定为全部主债权。

我国《物权法》第171条规定，"债权人在借贷、买卖等民事活动中，为保障实现其债权，需要担保的，可以依照本法和其他法律的规定设立担保物权"。从该条文的规定看，似乎当事人在设定担保时只可以针对借贷、买卖等民事活动所生之债进行担保，这些债都是通过合同而发生的，至于法定之债是不是就不可以设定担保呢？

笔者认为，哪些债可设定担保不应以债权发生原因进行分类，依法产生的债，债权人为担保其债权能够实现都可以设定担保。因为担保物权的功能本来就是提供信用，担保债权实现的，不管是什么原因发生的债，只要是合法的债权债务关系，基于债权平等性、不具有优先性、不具支配性的特征，债权人为保障其债权能够获得实现，就可以通过合意设定担保。所以，作为动产抵押能够担保的主债权的范围应做扩大解释，方符合立法本意。

（二）利息

利息是指由原本债权所生孳息。动产抵押关系中，是由主债权所生的孳息。利息有普通利息和迟延利息之分，普通利息是指当事人基于主债权而约定的于主债权之外的金钱给付，迟延利息是指金钱债务履行迟延时，在延迟期间发生的利息。

普通利息能否作为抵押权担保的范围，有不同见解。我国台湾地区学者谢在全先生认为，"利息为抵押权担保之范围，但仍应就利息之约定加以登记后，始为抵押权担保效力之所及"[①]。我国物权法对此规定不甚明确。笔者认为利息乃是当事人约定而产生，如无特别约定则不应收取利息，债权仅以主债为限，如有利息的约定，应该加以公示，才不会对第三人造成不测之损害。另外约定的利息也不应高于法律规定的限额，超过限额的部分无效，自然也不在抵押权担保的范围。

至于迟延利息，乃是因债务人迟延给付债权人可以请求的法定利息。当事人可以约定迟延利息，但是约定的数额不得超过法定的最高限额，如无约定则应依照法定利率计算。迟延利息属于罚息的性质，所以不论登记与否，都应该成为抵押权所担保的范围。

（三）违约金

违约金，债务人不履行或不适当履行债务时，根据合同的约定向对方当事人支付的带有惩罚性或补偿性的货币，是违约责任形式之一。有学者认为违约金是由于违反主债务的约定而应向债权人支付的金钱赔偿，理应为抵押权所担保的范围。我国立法也规定，抵押权所担保的范围包括违约金。

笔者认为，动产抵押所担保的债权范围不应包括违约金。这是因为，首先，当事人所设定的抵押权目的主要是担保主债权能够得以实现，如果债务人到期不能履行债务，抵押权人通过行使动产抵押权，也就可以实现其债权，担保其债权的安全。其次，违约金是因违反主债务而向债权人承担的责任形式，如果抵押权连同违约金一起担保，势必造成债务人的其他债权人的损害，有违公平原则。

---

① 谢在全：《民法物权论》下册，中国政法大学出版社1999年版，第576页。

（四）损害赔偿金

损害赔偿金，是指因债务人的违约行为或不法侵害人的侵权行为，给合同另一方当事人或权利人造成损害，而应承担的以金钱为表现形式的损害赔偿责任。在抵押关系中，主要是债务人违反合同约定，给债权人造成损害，而应承担的违约损害赔偿责任。

损害赔偿金与违约金类似，只不过一个是法定的赔偿金一个是约定的赔偿金。动产抵押权担保的债权范围也不应该及于损害赔偿金。理由与违约金相同，如果允许损害赔偿金亦为抵押权的担保范围，对其他一般债权人和后序担保权人都十分不利，况且损害赔偿金亦不能确定，不能为抵押权所特定，与物权的标的为特定物的原理也不符。所以，我国物权法规定，抵押权所担保的债权范围包括损害赔偿金有所不妥。

（五）保管担保财产的费用

我国物权立法担保物权所担保的债权范围也包括保管担保财产的费用。不过在动产抵押中，由于抵押物并不转移占有，仍为抵押人所占有、保管，不应发生此类费用，所以，动产抵押权所担保的债权范围，一般实际上并不包括保管担保财产的费用。除非是在抵押人为有害于抵押权人之抵押权时，抵押权人实行保全之权，占有抵押物，如因保管抵押物所花费用，应为动产抵押权所担保的范围。不过，这只是特例而已，在名称上可以改为保全抵押权的费用。

（六）实现担保物权的费用

此项费用，是指抵押权人因实行抵押权所支出的费用。在债务人不能履行到期债务时，抵押权人可实行抵押权，可以采取自力救济或诉讼的方式行使，比如拍卖、变卖、申请法院强制执行，需要支出拍卖费、变卖费，申请法院执行费等。毕竟这些费用都是为实现抵押权进行的支出，不能有所担保，对抵押权人不利。所以实现抵押权的费用是动产抵押权所担保的范围。

六 小结

　　动产抵押权作为抵押权的一种与一般抵押权在效力上有很多相同的地方，动产抵押权效力上未做特殊规定的，适用一般抵押权的规定。毕竟，动产抵押权是当事人在动产标的物上设定的抵押权，由于在标的物上与传统的一般抵押权主要是在不动产之上而设定有很大的不同，所以，在动产抵押权的效力上有其特殊之处。

　　作为动产抵押权的一般效力主要体现在，对人的效力方面，抵押人为提供抵押标的物之人，其拥有抵押物的所有权，因无须转移占有，抵押人仍有权占有并使用标的物，获取标的物的收益，在不影响抵押权人的权利的情况下，亦可为处分行为，当然在抵押权人行使抵押权时，应该给予配合；对抵押权人而言，其拥有抵押权，当债务人不能清偿到期债务时可以就抵押物进行拍卖或变卖优先受偿，在抵押期间亦有保全权，对抵押物有次序权等；对第三人而言，动产抵押权经过公示即具有排他的优先效力，如若未进行公示很难具有对抗第三人的效力，但动产抵押权是对抵押物价值的支配，在当事人之间仍有抵押权的效力，还可以对抗恶意第三人，虽未公示，但仍不失抵押权的性质。

　　因为动产抵押权是在动产之上所设定的抵押权，与传统的一般抵押权在不动产之上设定的有很大不同。这就是不动产所有权以登记为其公示方式，不动产抵押权亦以登记为其公示方式，二者不会产生冲突的原因，特别是在抵押人与第三人进行交易的时候，第三人只要信赖了登记的外观公示即可。而动产所有权是以占有为其公示方式，在抵押人与第三人进行交易时，第三人也没义务去查询动产抵押登记簿，所以，如此一来第三人与抵押权人就有着不可调和的利益冲突。如何平衡二者的冲突，也是动产抵押权制度设计上的关键。笔者认为采取公示对抗主义模式是解决抵押权人与第三人利益冲突的较好的立法选择。动产抵押权采取适当的公示方式进行公示，就可以产生公信力，公示可以对抗善意第三人，如此立法选择，第三人就可以借助动产之上抵押权的公示外观，选择与抵押人进行交易，保护善意第三人的利益，同时抵押权人进行公示可以使其抵押权具有强大的效力，如未进行公示，所产生的交易风险也由其自己承担。另外笔者认为对善意第三人应该明确其范围，买受人、担保权人，以及一般债权人也都在第三人范围之内。虽有学者认为，第三人不能包括一般债权人，但笔者从利益衡量角度看，毕竟动产抵押权未经公示，外人无法知悉抵押权的状况，如果对动产抵押权给予优先保护，对一般交易第三人实为不利，有失公平。

另外动产抵押法律关系，主要还是抵押人与抵押权人之间的关系，在这个法律关系中，抵押权人享有抵押权，抵押人应该尊重抵押权人的权利，不应阻碍或破坏，如损害抵押权人的权利致使其无法实现，因此要承担相应民事责任，特别是抵押人损坏动产抵押权公示标记的情况下，除承担民事责任之外，严重的还要承担行政责任，甚至是刑事责任，只有这样，才能更好地维护动产抵押权的公示秩序，保护抵押权人的利益。对于抵押人而言，虽在其所有物上设定了抵押，但其占有、使用获取收益甚至处分标的物的权利仍在。抵押权人与抵押人的关系，主要还是看当事人之间的意思。所以，抵押合同成为判断双方权利义务关系的关键。

当抵押人在处分动产抵押标的物时，会与第三人发生法律关系。第三人能否取得标的物之物权，则依据物权法的规定来处理。如该动产抵押权经过登记，第三人则不能取得完全物权，如果动产抵押权未经公示，善意第三人则可以取得完全物权。如果第三人不能取得完全物权，或者不能取得物权，则根据双方当事人之间的合同来处理双方的纠纷，根据合同法来判断双方的权利义务关系。

动产抵押权的效力所及的标的物范围关乎着动产抵押权人的利益，也关系着抵押人的一般债权人和其他担保权人的利益，所以判断动产抵押权效力所及的标的物范围应采利益衡量的方法。动产抵押权效力所及于抵押物，自不待言，需要论述的主要是对于一些特殊情况动产抵押权的效力能否企及。笔者认为动产抵押权一般情况下可以及于加工物、附合物、混合物，但应以标的物的原有价值为限，还要考虑到所有权的变动情况，具体问题具体分析；动产抵押权的效力不能及于从物和孳息，至于抵押物的代位物，因抵押物虽已消灭，但其价值转移至代位物了，动产抵押权的效力可以及于代位物。

动产抵押权主要是为担保债权人债权的实现而设，主债权自然在担保债权的范围之内，除此之外，主债所生利息则要看是否约定以及是否登记，如无公示不具对抗效力，迟延利息是因主债而起，应在所担保的债权范围之内。除此之外，还有为保全抵押权和实行抵押权所支出的费用亦应为动产抵押权所担保的债权范围。但是，我国法律规定的违约金、损害赔偿金，笔者认为应排除在所担保的债权范围之外，毕竟违约金、损害赔偿金是因主债而生的赔偿性债务，若把担保权的范围扩及违约金、损害赔偿金会对一般债权人和其他后序担保权人不利，有失公平。

案例5　动产抵押权的时间效力
——原告苗×与被告×公司动产抵押权纠纷案

1. 当事人起诉和答辩情况

原告苗×诉称：2004年4月9日，苗×与×公司签订贷款购车合同，苗×以贷款方式从×公司购买捷达汽车一辆。同日，×公司又作为苗×的保证人，在苗×与×银行分行个人汽车消费贷款借款暨保证合同上签字。苗×所购车辆已办理抵押登记，抵押权人为×公司。2008年5月15日，苗×已将贷款按合同约定全部提前还清。现因×公司被吊销营业执照，且下落不明，无法办理注销抵押登记手续。为此，起诉要求×公司对苗×所有的京××× 189号捷达车不再享有抵押权，×公司协助苗×办理注销抵押登记手续。

原告苗×向法院提交以下证据予以证明：贷款购车合同、个人汽车消费贷款借款暨保证合同、借款借据、机动车登记证书、个人贷款还款凭证、购车发票、个人贷款结清证明。

被告×公司既未做出答辩，亦未参加法院庭审。

2. 法院查明的事实

2004年4月4日，苗×与×公司签订贷款购车合同，合同约定：苗×向×公司购买捷达汽车一辆，车价为10.4万元，苗×交付车款2.1万元，余款8.3万元由苗×向银行申请贷款，×公司为苗×提供连带责任担保（保证），苗×将所购车辆抵押给×公司。同年4月7日，苗×与×银行、×公司签订了个人汽车消费贷款借款暨保证合同，约定：苗×向×银行借款8.3万元用于向×公司购买捷达汽车一辆，借款期限自2004年4月8日至2009年4月7日，×公司提供连带责任保证，保证期间自本合同生效之日起至本合同项下的债务履行期限届满之日后两年。合同签订后，×银行依约发放了借款。苗×购买汽车后，将其所购车辆向×公司提供了抵押担保，并办理了抵押登记。2008年5月12日，苗×向×银行归还了全部借款本息。但未办理注销抵押登记手续。

3. 法院的认定和处理

审理法院认为：根据我国民事诉讼法的规定，当事人有答辩并对对方当事人提交的证据进行质证的权利，本案被告×公司经法院合法传唤，无正当理由拒不出庭应诉，视为其放弃了答辩和质证的权利。苗×与×公司间的抵押合同关系存在，法院予以确认。苗×归还全部借款本息后，×公司对抵押物不再享有抵押权，×公司应协助苗×办理抵押物注销登记手续，故对苗×要求确认×公司抵押权消灭，×公司配合其办理抵押物注销登记手续的请求，法院予以支持。依据《中华人民共和国担保法》第52条、《中华人民共和国民事诉讼法》第130条之规定，判决如下：第一，确认被告×公司对原告苗×所有的京×××189号捷达轿车不再享有抵押权。第二，被告×公司于本判决生效后十日内协助原告苗×办理注销抵押登记手续。案件受理费50元、公告费560元，由被告×公司负担，于本判决生效后七日内缴纳。如不服本判决，可在判决书送达之日起十五日内，向法院递交上诉状，并按对方当事人的人数提出副本，同时按照不服本判决部分的上诉请求数额，缴纳上诉案件受理费，上诉于北京市第二中级人民法院。上诉期满后七日内仍未交纳上诉案件受理费的，按自动撤回上诉处理。

4. 对本案的解析

本案中原告诉请法院判决动产抵押权消灭并予以注销登记，该请求能否得到法院支持，涉及抵押权的时间效力问题，具体而言涉及两个问题，一是当事人之间是否存在抵押权，何时成立；二是抵押权是何时消灭的。下面笔者就围绕这两个问题进行分析：

（1）动产抵押权的成立

抵押权的取得，有基于法律行为而取得，具体包括通过抵押合同进行设立而取得抵押权以及通过债权人将附有抵押权的债权一并转让与受让人而取得；有非基于法律行为而取得，如因法律规定而取得、因善意取得或者继承取得等。本案当事人是通过订立抵押合同进行设定抵押权，笔者主要就通过抵押合同设定抵押权的抵押权成立的有关问题进行分析。

a. 动产抵押合同的成立与生效

抵押权的设立，需要债权人和债务人或第三人签订抵押合同，其中债权人是抵押权人，债务人以其财产提供抵押的，该债务人是抵押人，第三人以其财产提供抵押的，该第三人是抵押人。不论是不动产设定抵押，还是动产设定抵押，均需要通过抵押合同的方式进行。动产抵押合同的成立需要满足合同的一般成立要件，即行为主体，意思表示和标的三个方面。就本案而言，苗×与×公司签订贷款购车合同，苗×通过向×银行贷款，×公司为苗×与×银行之间借款合同提供保证担保，为担保×公司的保证债权，苗×将其车辆抵押给×公司。通过该案例来看，该抵押担保实为反担保，而该抵押的标的物为新购买的汽车，抵押人为苗×，抵押权人为×公司，通过当事人之间订立的购车贷款担保合同以及保证合同，还有在苗×购买汽车后，将其所购车辆向×公司提供了抵押担保，并办理了抵押登记等行为，可以看出双方存在着订立抵押合同的意思表示，所以该抵押合同具备合同的一般成立要件。另外抵押合同为要式合同，根据我国《物权法》第185条第1款、《担保法》第38条等的规定，抵押合同须采取书面形式，可以是单独订立的书面合同，也可以是主合同中的抵押条款。根据当事人提供的证据，双方并没有专门订立书面的抵押合同，该抵押合同主要表现为贷款购车合同中的抵押条款，符合书面形式要件。从抵押合同的生效要件来看，合同的生效需要行为人有相应行为能力，意思表示真实，标的合法等条件，从本案的主体来看，行为人均具有完全民事行为能力，从庭审的质证情况来看，订立动产抵押合同是双方当事人的真实意思表示，不存在意思表示瑕疵问题，该抵押合同的标的物机动车是原告新购的，其享有所有权可以自由处分，不属于限制或禁止流通物，标的合法，因此该动产抵押合同合法有效。

b. 动产抵押权成立的条件

一般的不动产抵押权的设立，需要当事人进行登记，只有登记完成后，抵押权才得以设立。通过抵押合同设定动产抵押权，抵押权何时成立呢？需不需要践行特定方式呢？对此问题，向来有不同的观点。具体有：其一，意思成立主义模式。该主义推崇意思自治，仅凭当事人的合意就可以发生动产担保交易的效力。其二，书面成立主义模式。当事人设定动产抵押或保留所有权，除了当事人意思表示一致之外，还须完成一定书面形式，只有二者结合方可以成立动产抵押权或成立保留所有权担保。其三，登记成立主义模式。该主义则是当事人设定动产抵押权，除了有设立动产抵押的合意之外，还必须践行登记，不经登记抵押权不成立。其四，登记生效主义模式。该主义则是当事人设定动产抵押权，除了有设立动产抵押的合意之外，还必须践行登记，不经登记抵押权不生效力，只有经过登记才能产生有效的抵押权。其五，意思成立，登记对抗主义模式。该主张主要是设立动产抵押权首先要有当事人的合意，只要达成设立抵押权的合意，抵押权便可以成立，而设立抵押权的合意，无须书面形式，仅意思表示相一致即可，但是该抵押权还需要登记，不经登记不能对抗第三人，登记产生的效力是对抗效力。其六，书面成立，登记对抗主义模式。该主义也是登记对抗，只不过设立动产抵押的合意必须采取书面的形式，只有采取书面的形式动产抵押才能成立，登记可以产生对抗第三人的效力，不经登记不得对抗第三人。就以上各种观点而言，意思主义和书面主义，都欠缺公示性，抵押权作为物权，只有经过公示才具有公信力，未经公示的物权，交易第三人如何知悉，又怎能赋予其较强大的物权效力，所以不太可取。而登记成立主义，又不利于交易效益价值的实现，因为动产抵押不似不动产抵押，不动产物权本就以登记为公示方式，不动产数量也不似动产庞大，便于登记，所以，动产抵押权的设立不宜采取不动产抵押的设立方式。而登记对抗的方式，是很多国家和地区的立法中采用的一种立法模式，笔者认为比较符合动产抵押权制度的目的，比较能发挥动产抵押制度的功能，既尊重了当事人的意思，提高了交易效率，又能够发挥登记公示的公信力，登记具有公信力可以对抗善意第三人，未经登记不可对抗善意第三人，保护了交易安全；同时在当事人之间仍有抵押权的合同约束，即便未经登记，当事人之间设立的抵押权还是有效的，可以以此明确双方当事人的权利义务关系。我国大陆地区《物权法》第185条，"设立抵押权，当事人应当采取书面形式订立抵押合同"；第188条，"以本法第一百八十条第一款第四项、第六项规定的财产或者第五项规定的正在建造的船舶、航空器抵押的，抵押权自抵押合同生效时设立；未经登记，不得对抗善意第三人"。我国现有立法即采取了书面成立，登记对抗主义的立法模式。本案当事人之间虽没有另定专门的书面抵押合同，但在贷款购车合同中订立有抵押条款，符合书面形式，另外，苗×在购车后，立即办理了机动车的抵押登记，将在该车上设定抵押权的情形及时进行了登记。经过登记，该抵押权具备了对抗善意第三人的效力。通过本案的事实来看，动产抵押权已经成立，自双方抵押合同有效成立时便已经设立。所以，在苗×的该车上设定有动产抵押权，抵押权人为×公司。

（2）动产抵押权的消灭

抵押权的消灭主要基于以下原因而消灭：主债权的消灭，因为抵押权为从权利，具有从属性，担保的债权消灭，抵押权就失去了存在的基础，自然归于消灭；抵押物灭失，即抵押标的物毁灭不再存在，抵押权无所附着；抵押权的抛弃，即抵押权人可以通过抛弃而使抵押权归于消灭；抵押权的实现，当债务履行期限届满债务人不履行债务或者有其他实现抵押权的情形到来时，抵押权人可以通过对抵押物进行变价，所获价金优先受偿，从而实现抵押权，抵押权实现后，抵押权自然归于消灭。无须登记的抵押权消灭，在抵押权人和抵押人及债务人之间，在抵押权人和第三人之间，都发生抵押权消灭的结果。登记的抵押权，其消灭时，应注销登记；如果没有进行注销登记，抵押权在抵押权人和抵押人之间虽归于消灭，但因物权的公示公信力，对于善意第三人，抵押人、抵押权人均无法对抗，无权主张抵押权归于消灭。因此，就本案而言，苗×按期归还了银行的借款，苗×的债务消灭，×公司的保证债务也同时归于消灭，为担保保证债权而设立的动产抵押权，也随着×公司的债权的消灭而归于消灭。但因设立动产抵押权时，对该车进行了动产抵押权的登记，虽×公司的抵押权已经消灭，苗×的车不再存在负担，但动产抵押权的公示还在，对于善意第三人若信赖了该权利的表征，仍然有效，所以，苗×作为车的所有权人有权主张将该动产抵押权办理注销登记，并要求×公司提供协助义务，注销动产抵押权。

案例6 未经登记的动产抵押权不得对抗善意第三人

1. 案情简介

2013年9月12日，张某与仲某签订借款合同一份。合同约定：张某借给仲某150万元，借款期限两个月，自2013年9月12日起至2013年11月12日止。同时，合同约定，仲某将其所有的一套房屋以及四辆汽车作为抵押物抵押给张某，其中上述抵押房屋办理了抵押权登记，但抵押车辆均未办理抵押登记。借款期限届满后，仲某尚有111万借款未予偿还。张某遂向法院提起诉讼，请求仲某偿还借款，并对被告所提供的抵押物行使抵押权。

法院依法判决仲某向张某归还借款；如被告仲某逾期未能履行上述还款义务，张某有权在111万元本息限额内，以仲某设立抵押权的房屋、汽车折价或者以拍卖、变卖所得的价款优先受偿，但该车辆抵押权不得对抗善意第三人。

2. 案件分析

本案中张某与仲某订有借款合同，借款金额150万元，借款期限两个月，自2013年9月12日起至2013年11月12日止。为担保借款债权，当事人同时约定，仲某将其所有的一套房屋以及四辆汽车作为抵押物抵押给张某，其中上述抵押房屋已办理了抵押权登记，但抵押车辆均未办理抵押登记。从这些案件事实来看，本案既有不动产抵押也有动产抵押，根据我国《物权法》第180条的规定："债务人或者第三人有权处分的下列财产可以抵押：（一）建筑物和其他土地附着物；（二）建设用地使用权；（三）以招标、拍卖、公开协商等方式取得的荒地等土地承包经营权；（四）生产设备、原材料、半成品、产品；（五）正在建造的建筑物、船舶、航空器；（六）交通运输工具；（七）法律、行政法规未禁止抵押的其他财产。抵押人可以将前款所列财产一并抵押。"第187条的规定："以本法第一百八十条第一款第一项至第三项规定的财产或者第五项规定的正在建造的建筑物抵押的，应当办理抵押登记。抵押权自登记时设立。"第188条的规定："以本法第一百八十条第一款第四项、第六项规定的财产或者第五项规定的正在建造的船舶、航空器抵押的，抵押权自抵押合同生效时设立；未经登记，不得对抗善意第三人。"本案当事人以房产和车辆作为抵押标的物进行抵押，符合法律规定，抵押合同有效成立。对于抵押权的设立，抵押物的不同，设立条件也有所不同。不动产抵押不仅需要抵押合同，还要践行登记抵押权才能设立；而动产抵押，则抵押合同生效时抵押权设立，登记不是抵押权的生效条件。当事人对房产抵押已经办理了登记，该不动产抵押权设立，但对四辆汽车未进行抵押登记，根据法律规定，车辆为交通运输工具，是动产，只需抵押合同生效时就可以成立，登记仅起到对抗第三人的法律效果，未经登记，不得对抗善意第三人。本案中，债务人的债务到期没能清偿债务，债权人有权行使抵押权，所以法院支持了原告的诉讼请求，法院判决仲某向张某归还借款；如被告仲某逾期未能履行上述还款义务，张某有权在111万元本息限额内，以仲某设立抵押权的房屋、汽车折价或者以拍卖、变卖所得的价款优先受偿，但该车辆抵押权不得对抗善意第三人。这个判决结果本身没有什么法律问题，笔者仅就判决主文中"以仲某设立抵押权的房屋、汽车折价或者以拍卖、变卖所得的价款优先受偿，但该车辆抵押权不得对抗善意第三人"这句话进行深入分析，为何动产抵押权和不动产抵押权在优先受偿时进行区别对待，其中的法理何在，动产抵押权不得对抗善意第三人又将如何理解。下面笔者就从以下几个方面进行论述：

(1) 经登记的不动产抵押何以对抗善意第三人

不动产抵押权，是在不动产上设定的抵押权，不动产不可移动，移动会毁损其价值的物，主要是土地及其地上定着物，地上定着物主要是建筑物。由于不动产与动产相比，其价值较大，不易变动，数量有限，在交易上一般都比较慎重。为了维护社会的稳定和基本秩序，国家也需要对有限的不动产给予一定管理，所以一般都是采取登记的方式来表征权利的归属。而动产与不动产有着相反的特征，一般都采取占有作为权属的表征方式，也就是所谓的不动产的登记，动产的占有，物权变动就需要对不动产进行变更登记，对动产进行转移占有。不动产的所有权归属以及变动都以登记为表征，当然，在不动产上设立的他物权亦是如此，也以登记为权利变动的表征，这就保证了不动产物权在公示方式上的一贯性，因此，不动产抵押权的设立以登记为生效条件，未登记不动产抵押权不能设立，公示即有公信力，只要信赖了物权的公示，哪怕登记的权属与真实权属不一致，为了保护交易的安全，保护善意第三人不至于在交易中受到损害，善意第三人也可以受到保护，所以不动产抵押权就具有天然对抗善意第三人的效力，纵然是不真实的不动产抵押权只要践行了登记，也可以对抗善意第三人，这其中的根本缘由是因为不动产登记的公示公信力。

(2) 未经登记的动产抵押不得对抗善意第三人

a. 未经登记的动产抵押权属性

动产抵押权可以选择登记或者不登记，不影响抵押权的设立，动产抵押权的设立是以动产抵押合同的生效为生效条件，也就是说只要动产抵押合同生效，即成立动产抵押权，动产抵押合同不生效，动产抵押权无从产生。为什么同是抵押权，不动产抵押权采取登记生效要件而动产抵押权并未采取登记生效主义呢？这其中的根源还是动产物权与不动产物权在公示方式上的不同，不动产所有权采取登记生效要件，一以贯之，不动产抵押权也采取登记生效要件，比较合理；而动产所有权的公示方式采取占有为公示方式，如果硬是要求动产抵押权采取登记成立要件主义，那么由于抵押权的设立并不转移占有，对于交易相对人而言，是该信赖占有的公示效力还是登记的公示效力呢？这里就产生了公示方式的冲突，出现难以调和的矛盾。所以，各国的动产担保交易法，也大都是将是否登记交给当事人自己来决定。为保证交易的安全，对于慎重选择登记的公示方式，赋予其更强大一些的效力，就是登记之后可以对抗善意的第三人。那么，未登记的动产抵押因不具有权利外观，不能对抗第三人，不具有对世性，还能称得上是一种物权吗？

对于未登记的动产抵押权的权利性质，也有人提出过疑问。主要有四种流行观点：第一是债权效果说；第二是相对无效说；第三是不完全物权说；第四是第三人主张说。对此，笔者在上文中进行了介绍、比较和分析，笔者仍坚持认为，虽然未经公示的动产抵押权，不具有对世性的绝对效果，起码在当事人之间通过约定明确了就特定物的优先受偿之权，动产抵押权是在特定物上成立的，动产抵押权是抵押权人对抵押物交换价值的支配，未经公示虽然不具有对抗第三人的效力，但起码在当事人之间这个优先受偿权还是要被保护的，就对特定物的支配而言，该权利还是属于抵押权，属于物权属性。

b. 未经登记的动产抵押权不得对抗善意第三人的理由与无奈

从我国现有的立法来看，对于动产抵押权的效力，是采取了登记对抗主义模式。所谓登记对抗主义，是指当事人一旦达成了引起物权变动的合意，就会发生物权变动的效果，只不过在未进行登记之前，已经发生的物权变动不能对抗善意第三人，善意第三人可以以当事人未进行登记为由而否认物权变动的效果。该种立法模式，为法国、日本等国家和地区采用。登记对抗主义，是民法私法自治精神的最佳体现，登记不登记全由当事人自己做主，只要有物权变动的合意便可以发生物权变动的效果，大大提高了效率和交易自由。当然，如果交易仅仅是在双方当事人之间发生，此种模式并无大碍，抵押权人的权利也不会受到威胁，当债权人的抵押权的实行条件到来时，抵押权人可以直接行使抵押权以获得优先受偿，实现自己的债权。当然，人类社会关系是如此复杂，当事人之间的关系也不会简单，社会交易也不会只有双方当事人。抵押人设定抵押权之后，还有可能对标的物再行处分，如转让、赠予他人；出租、借贷给他人；或者又设定抵押或质押等担保；又或者抵押人的债权人就债务人财产（这里可以包括抵押的财产）提出清偿的要求等。对于交易中的第三人而言，只有明了在该标的物上的权利，才能更好地做出选择和判断，才能更好地规避风险，最大限度地实现自己的利益。所以，在物权上要有明确的公示才能更好地保护交易安全，善意第三人信赖了该公示就可以得到保护，这也是法日等国家物权变动虽采用意思主义，但仍采用公示对抗主义，赋予公示具有对抗第三人的效力的原因。从保护交易安全上来看，公示生效主义还是公示对抗主义本质上无大区别。奉行意思主义的立法，必须与公示对抗组合方能更好地让法律适应社会，应对纷争。所以，动产抵押权的设立在采取抵押合同生效时设立的，也需要明确公示对抗的意义，动产抵押权未经公示不得对抗善意第三人有其存在的价值和合理性。

当然，动产抵押权在实行登记对抗主义模式时，也有其很大的无奈，因为在传统的民法物权中，动产以占有为公示方式，不动产以登记为公示方式，即便是采取意思主义、公示对抗的模式，动产物权也同样是以占有作为判断其权属状况的外观标志，不动产物权是以登记作为判断其权属状况的外观标志。传统民法，在动产上一般以设定质押（即转移占有）的方式来担保债权，而不动产上才以设定抵押（不需转移占有）的方式进行担保债权，所以，动产担保物权与不动产担保物权与动产所有权、不动产所有权，在公示方式上是一脉相承的，并无冲突。现在我们讨论的是动产抵押，在设定抵押权时，标的物无须转移占有，仅仅从外观上（即占有）无法判断该动产上是否设定有抵押权，即便是动产抵押权通过登记的公示方式进行公示，但毕竟该标的物是动产，交易相对人是该选择占有的公示方式，还是选择登记的公示方式呢？选择占有公示方式，登记即毫无意义，选择登记公示方式，毕竟动产所有权只需信赖占有的表征即可，在交易时相对人根本无须考虑有无抵押权的登记，登记也变得毫无意义。这里出现的矛盾主要是动产抵押中占有和登记存在着不可调和的冲突所致，所以说，登记对抗也有很多无奈。有的学者从动产抵押标的物的限缩角度来试图解决这个问题，即动产抵押可以用来抵押的标的物，只限于那些已经实行了登记公示方式的船舶、航空器、机动车辆等准不动产。当然，这不失为一种解决办法，但笔者认为，还是坚持私法的自我调节功能，即遵循意思自治，当事人自愿以准不动产之外的物进行抵押，也未尝不可，当事人交易过程中能够自觉遵守诚实守信的基本原则，也不会出现多大社会问题，如果交易行为人不是那么诚信，自然需要法律进行规制和调整。笔者认为这主要还需在登记对抗效力上做文章。

c. 未经登记的动产抵押权不得对抗善意第三人的范围

未经登记的动产抵押权，因为缺乏公示的外观，而抵押权的设定无须转移标的物的占有，抵押人仍然占有着标的物，动产所有权以占有为公示方式，此时抵押人作为所有权人继续占有着标的物，抵押权的设立，基本上也只有抵押人、抵押权人等当事人知悉，该抵押权是非常"私密"的权利，作为第三人，无从查知，当然也不排除第三人通过其他途径知悉抵押权的存在，世界上任何事情都没有绝对性；既然第三人无从知晓抵押权的存在，就不能让此类交易风险由其承担，所以，未经登记的动产抵押权不得对抗第三人。

当然，这里的第三人需要一个限定词，就是善意第三人，原因就是不排除第三人已经知悉抵押权的存在，既然第三人已经知悉抵押权的存在，就不能再援引该抵押权未经公示不对其产生效力进行抗辩。第三人需是善意第三人，那么如何理解善意？学界主要有以下几种观点：一是不知情，有无过失，在所不问；二是对标的物上设定抵押不知情，依客观形势，在交易经验上看，一般人都认为有抵押权的存在，那么就可认定为恶意；三是不知和不得而知都可认定为善意；四是非明知或非因重大过失而不知，可认定为善意。笔者认为，对于抵押权是否存在总的来说有两种情况，知或不知。对于知情仍主张抵押权对其不发生效力，于理不合，也有违诚信，可认为是恶意。那么不知情，有的可归责于自己，有的不可归责于自己，交易中的第三人都是不特定的主体，保护第三人的利益事关对交易安全和交易秩序的保护，当然不能对第三人要求过于苛刻，所以，如果非因重大过失而不知，都应认定为善意，由于重大过失而不知，这种情况的交易风险和成本应由其个人负责，所以在重大过失情形下虽然不知，也认为其有恶意。所以，笔者认为，非因重大过失而不知皆为善意第三人。我国《最高人民法院关于适用〈中华人民共和国物权法〉若干问题的解释（一）》第15条规定："受让人受让不动产或者动产时，不知道转让人无处分权，且无重大过失的，应当认定受让人为善意。真实权利人主张受让人不构成善意的，应当承担举证证明责任。"第17条规定："受让人受让动产时，交易的对象、场所或者时机等不符合交易习惯的，应当认定受让人具有重大过失。"从该条司法解释上来看，承认了对善意理解为"无重大过失的不知情"的理论观点，虽然该条文是对善意取得制度中"善意"的理解，但笔者认为，未经登记的动产抵押权不得对抗善意第三人中的善意也可以如此理解，因为，二者的法理是相通的，都是对交易安全的保护，保护交易过程中有着善意的第三人的利益制定的规则。

对于第三人的范围也颇有争议，有的学者认为第三人范围应限定在所有权人、担保物权人、用益物权人等物权享有者的范围；有的认为除物权权利人外，还应扩及某些特定债权人，如破产债权人；还有的认为应扩及一般债权人。认为不应将债权人放到第三人范围之内的理由主要是抵押权属于物权，物权具有优先效力，优先于债权，因此动产抵押权即便是未进行登记仅凭其物权的权利属性也有优先于债权的效力，因此，即便是善意的债权人也不能对抗物权人。笔者对这一观点不敢苟同，未经登记的动产抵押权，也仅仅是抵押人和抵押权人私下约定的一个结果，因为缺乏公示，不能被当事人之外的其他人知悉，从对第三人的效果上来看，与债权无异。况且，物权优先于债权并不是一个铁定的准则，如"买卖不破租赁"，所有人的所有权也不能对抗租赁人的承租权。该理由无充足的正当性。笔者认为，对于第三人范围的认定，要通过利益衡量的方法，对于需要进行利益保护的第三人都应在范围之内，而不是通过区分物权、债权的属性。因为，物权都是对物的支配，一旦一个物上存在两个以上物权，就需要明确先后顺序，既然动产抵押权未经登记，其他善意第三人无从知悉该权利的存在，不应赋予其对抗效力。至于，如果第三人是债权人，因为债权并非是对特定物的支配，只是请求权，具有平等性和相容性，一般两个权利可以并存，但若是抵押人限于破产等特殊情形，债权人需就债务人的财产进行公平受偿，如果动产抵押权人主张优先受偿权，对于其他债权人而言就是不公平的，所以，此刻，未登记的动产抵押权应与其他一般债权人一样不应具有优先性，也就是说未登记的动产抵押权不能对抗善意的诸如破产债权人之类的第三人。当然，如果第三人是一般债权人，范围失之过宽，也无必要。

在前文（案例4）黄剑锋与浙江中力节能玻璃制造有限公司抵押合同纠纷一案中，原审被告、上诉人中力公司主张"未登记的抵押权不可对抗善意第三人，善意第三人包括一般债权人，特别是抵押人在陷入破产情形下，不得对抗破产债权人"，原审原告、被上诉人则认为："《物权法》第188条确立了动产抵押登记对抗主义。物权法上善意第三人应指对同一标的物享有物权之人，抵押人的一般债权人并不包括在内。就法律性质而言，物权具有排他性，其效力恒优先于债权，这是民法的基本原则。动产抵押权既属物权，理应优先于一般债权，登记与否并不影响其优先于债权之物权效力。就交易安全而言，一般债权人与债务人发生债权债务关系，系信赖债务人的清偿能力，故应承担不获清偿的风险，否则其为避免风险，自应设定担保物权。其他物权人因与抵押标的物同享物权，权利之间可能产生对抗，故法律应确认何者优先。而一般债权人与动产抵押标的物无法律上的直接联系，因此不存在对抗之说。中力公司认为善意第三人应包括查封债权人、破产债权人，无法律依据，且与民法关于物权优先于债权的基本原则相悖。"而一审法院与原告观点相同，认为："关于案涉抵押权可否对抗善意第三人及第三人范围的问题。因特殊动产抵押权未经登记不得对抗善意第三人，故因本案抵押权未经登记，不得对抗善意第三人。关于第三人范围的问题。因抵押权系担保物权，其本义即为抵押权人就其债权对抵押物享有优先受偿的权利，即使未经登记亦不能否认其作为担保权的性质，天然地具有优于一般债权人的效力，只是因未经登记不得对抗对抵押物同样享有物权的权利人。故即使本案的抵押权未经登记亦优于一般债权人,本案抵押权不得对抗善意第三人,第三人的范围应属于对案涉抵押物享有物权权利的民事主体"。

抛开该案抵押合同是否有效,动产抵押权是否设立不论,假设动产抵押权已经有效成立,那么本案下面就需要面对未登记的动产抵押权有没有对抗的效力这个问题了。未登记的动产抵押权不能对抗善意第三人,这不仅在学理上,同时在立法上也是得到认可的,关键是善意第三人的范围问题。如果第三人为物权人,因动产抵押权没有经过公示,不能与作为善意第三人的物权人相对抗,这一点不难理解。如果善意第三人是一般债权人,因债权人无须对特定物进行支配,债权具有平等性、相容性,债权性质上是请求权,只要债权人有能力清偿债务,债权人之间并无冲突,也无须确定先后顺序。虽然动产抵押权是物权,但未经登记的物权因不具有公示性,也无优先于债权人的理由,抵押权人行使不行使抵押权对其他一般债权人没有利益影响的情况下,也无对抗不对抗的问题。如果因抵押权人行使抵押权,优先于其他债权人受偿,会影响到其他一般债权人的利益,致使其他一般债权人不能得到清偿或者出现不公平受偿的情形,则未登记的抵押权不能对抗一般债权人。这种情形,一般出现在抵押人、债务人破产的情形,如果适用物权优先于债权的一般规则,作为登记的动产抵押权因为已经进行了公示,不能获得清偿的风险由其他一般债权人承担还可以理解,但未登记的动产抵押权作为物权优先于一般债权人受偿,对其他一般债权人而言,是非常不公平的。所以,就该案而言,中力公司的主张应该得到支持。

第六章 动产抵押权的冲突与实现

一 受让人的所有权与动产抵押权的冲突

(一) 动产抵押物是否可以转让

抵押物是否可以转让，关系到抵押人、抵押权人以及受让人三方主体的利益。如果是因标的物已设定了抵押而不允许抵押物转让，难免不利于抵押人，毕竟抵押人仍享有所有权，享有对物的处分权利；如果允许抵押物转让，也可能会损害到抵押权人的利益，抵押物所有权转让给第三人，若第三人取得完全的物权，抵押权人的抵押权会因而落空，尤其是动产抵押，动产流动频繁，亦可能不知辗转与何人，即使是抵押权人追及抵押物，也很难追及到；对受让人而言，受让人通过支付对价从抵押人手中受让抵押物，如果抵押权人对该标的物行使权利，势必会影响受让人对该标的物的支配。抵押物是否可以转让，在各国和地区立法以及学理上有着不同的见解。

1. 限制转让立法模式

我国《物权法》第191条规定，"抵押期间，抵押人经抵押权人同意转让抵押财产的，应当将转让所得的价款向抵押权人提前清偿债务或者提存。转让的价款超过债权数额的部分归抵押人所有，不足部分由债务人清偿。抵押期间，抵押人未经抵押权人同意，不得转让抵押财产，但受让人代为清偿债务消灭抵押权的除外"。从我国物权法的规定来看，抵押物的转让须经抵押权人的同意，抵押权人如若不同意转让则不能转让，除非是受让人代为清偿债务满足了抵押权人债权的实现。经过同意转让抵押财产，亦须将所得价款提前清偿债务或者提存。

2. 不限制转让立法模式

美国《统一商法典》第9编第315（a）（1）条规定，"即使担保物被变卖、出租、许可使用、互易或以其他方式进行处分，担保利益及农产品担保权仍将继续存在于该物上，但担保权人同意免除担保物上之负担的除外"。我国台湾地区"动产担保交易法"第17条第1款，"债务人不履行契约或抵押物被迁移、出卖、出质、移转或受其他处分，致有害于抵押权人行使者，抵押权人得占有抵押物"。加拿大《魁北克民法典》第2751条规定，"无论担保财产归于何人，债权人均得对其行使担保物权"。从这些立法主张来看，并没有从正面明确限制抵押物的转让，只是针对抵押物被转让后抵押权的效力进行了规定。

笔者认为直接从正面规定限制抵押物的转让并不切实际，因为毕竟抵押物为抵押人所占有，完全排除或限制抵押人对抵押物的处分是无法做到的，索性对抵押人转让抵押物的行为就不加禁止，只针对转让之后的法律关系进行规定，此乃是务实之举。

（二）标的物转让对动产抵押权效力的影响

1. 对几种立法和理论的评析

在抵押标的物转让的情况下，如何明确抵押权的效力，如何规定抵押人、抵押权人以及第三人之间的权利义务，也成为立法和理论不可回避的问题。从各国立法来看，有的通过建立抵押权涤除制度来维护抵押权人的利益，抵押权涤除制度，即是抵押物受让人可以通过向抵押权人支付一定金额的涤除金而消灭抵押权；有的采受让人代价清偿制度，即是受让人代债务人清偿债务从而换取对标的物的完整的所有权。这两种做法实质上是一样的，目的都是维护抵押权人的抵押权，但在确保抵押权实现的同时，却把风险转嫁给了受让人，受让人要么是代为清偿要么是支付涤除金，也意味着要双重支付才能获得对标的物的所有权，对受让人着实不公。

鉴于以上两种做法对受让人不利，又有不同观点的出现。如有理论认为应扩大抵押权物上代位性的适用范围，一般抵押权效力及于标的物的代位物,而代位物通常是由于标的物的毁损灭失、征收、添附等而获得的赔偿金、补偿金。那么在抵押物转让时,把抵押人从受让人处获得的转让金作为代位物用以替代原抵押物来担保债权人的债权,如此可以使得受让人获得完整的所有权不会出现双重支付的不公平情形,也不会让抵押人获得不当得利,还可以保障抵押权人的利益得以实现。此种做法,看起来很合理,如果是第三人在受让抵押物时支付的价格公平合理,这种制度安排在结果上也是较为公平的。但是,如果抵押人以不合理的价格低价转让,甚至无偿转让的情况下,所得价金就不能保障抵押权人的利益得以实现,对抵押权人又会不公。

为了加强对抵押权人的保护,亦有主张重叠并存理论者。所谓重叠并存理论,是在抵押人转让抵押物时,抵押权人可以就转让所得价金主张代位权,如果不足以保障抵押权人的权利实现,则还可以行使追及权,就抵押物优先受偿。此种观点对抵押权人给予了最大保护,但亦有不妥当之处。

2. 标的物转让对动产抵押权效力影响的具体设计

笔者认为,既然动产抵押物标的物的转让,关系到抵押人、抵押权人、受让人三方的利益,如何进行制度设计,也要从三方主体的利益平衡角度进行思考,不仅如此,还应区分动产抵押权是否进行公示,公示的和未公示的效力上也不应相同。

(1) 对公示的动产抵押权的效力影响

前文已经论证了动产抵押的公示制度,通过登记和辅助的公示方式也可以做到动产抵押权的公示,动产抵押权一经公示即具备了公信力,也就是说具备了对抗善意第三人的效力。第三人在与抵押人进行交易的时候,完全可以通过公示的外观表象知悉动产抵押权的存在,因此,标的物的转让对动产抵押权的效力影响的制度设计也要考虑这一因素。

笔者认为,公示的动产抵押权,买受人不能取得完全物权,也就是说抵押权具有追及效力,即使受让人取得抵押物的占有,抵押权人需要行使抵押权时,仍然可以追及抵押物,就该抵押物进行拍卖或变卖,以获得优先受偿。经过公示的动产抵押权,在抵押物转让时，如若否定抵押权的追及力，对抵押权人十分不利，即使通过扩大代位物的范围，把抵押人转让所得价款作为代位物，对抵押权人也不利，因为抵押人在转让抵押物时转让的价格是否公平合理未可知，即使是以合理价格进行转让，倘若抵押人花费了转让所得价金，抵押权人的抵押权亦无法得到实现。否定抵押权的追及效力无疑是把交易的风险完全让抵押权人承担了。抵押权作为物权之一种，物权的追及效力亦应在抵押权之上同样适用。

况且抵押物转让的情形与添附、抵押物被征收或者毁损灭失而获得赔偿的情形是不同的，添附、抵押物被征收或者毁损灭失的情形下，抵押物会因添附而发生转变，或者是因被强制征收而不得回复，因毁损灭失而消失，此种情形皆不能追及。另外就获得的赔偿金或补偿金而言，也与抵押物的价值是相当的，抵押权的效力及于该补偿金或赔偿金上亦可保障抵押权人的利益得以实现，因而完全可以作为代位物让抵押权的效力及于此。而抵押物转让的情形，始作俑者是抵押人，乃是抵押人的处分行为，与添附、征收、因第三人的原因毁损灭失不可一概而伦。所以，也不应该将代位物的范围扩展至抵押物转让所得价金。

由于动产抵押权已经进行公示，第三人在与抵押人交易时就应该知悉该标的物上存在动产抵押权，而仍与之进行交易，此时的交易风险就应由其自己承担。也就是说当抵押权人行使抵押权时，即使受让人是通过支付合理的对价而取得的标的物，亦不能对抗抵押权人的抵押权。如此做法，亦是在维持物权的公示公信力。善意受让人会因此蒙受交易的风险，当然作为善意受让人在其利益受到损害时，可以通过追究抵押人的责任以获得救济，也算是对其的补救。这也是考虑到抵押人、抵押权人、受让人三方主体的利益平衡而做出的制度选择。

（2）对未公示的动产抵押权的效力影响

动产抵押权如未经公示，则不能对抗善意第三人。如果买受人是善意的，则可以取得完整的所有权。此时，抵押权人就不能再行使追及权，这是因为要维护物权的公示公信原则，既然动产抵押权未经公示，善意第三人对该动产抵押权并不知晓，而动产所有权又是以占有为公示方式，第三人信赖占有的公示所为的交易就应该予以保护。所以，在动产抵押权未公示的情形下，法律的天平则应倾向于对善意受让人的保护。

在动产抵押权未经公示的情况下，抵押人转让抵押物，善意受让人可以取得标的物的完整的所有权，那么，抵押权人能否向抵押人行使物上代位之权呢？笔者对此亦是持否定的观点。因为转让所得价款并非代位物，抵押权的效力自然不能及于转让所得价款。此时，抵押权人的抵押权会消灭，但是这并不妨碍抵押权人追究抵押人损害赔偿之责任，通过行使损害赔偿请求权以救济其所受到的抵押权，从而维护其利益。

（三）标的物转让与动产抵押权的实现

在动产抵押权的标的物发生转让时，抵押权人如何实现其抵押权的问题，因动产抵押权是否公示而有所不同。在动产抵押权未进行公示的情况下，若受让人为善意，则取得完整的所有权，抵押权人的抵押权会因此而消灭。此时，就谈不上动产抵押权的实现的问题了，只能说是动产抵押权的救济，可以通过行使侵权损害赔偿请求权或违约损害赔偿请求权，以追究抵押人的民事责任。

在动产抵押权进行了公示或虽未公示但受让人为恶意的情形，动产抵押权不会随着标的物的转让而消灭，抵押权人可以行使追及权，就抵押物进行拍卖或变卖以优先受偿，实现其抵押权。

但是，由于动产抵押权是在动产之上设定的抵押权，不似不动产抵押权，不动产不可移动，而动产流动性比较强，即使在动产抵押物上做了抵押权的公示，在抵押权人行使抵押权时，又怎知该标的物转移至何人之手呢，这对动产抵押权的实现来说无疑是一个很大的挑战。笔者认为，在动产抵押物转让时，转让人要负担通知的义务，也就是说要把转让事项通知到抵押权人。如此立法设计，既不妨碍抵押人对抵押物的转让，又不至于导致因抵押物的转让而使抵押物下落不明，以至于抵押权人无法行使抵押权。转让通知义务属于强制性的，不进行通知则转让无效，如果因抵押物的转让致抵押权人的权利受到损害，则应承担损害赔偿责任，甚至是科以刑事处罚。

二 双重抵押权的次序问题

(一) 双重抵押权发生原因

在动产抵押法律关系中，抵押人并未将抵押物转移占有，抵押人仍然占有、使用、支配着标的物，抵押人仍然可以对标的物进行一定处分。再者，抵押权本质上是对物的交换价值的支配，只有在债务人不能清偿到期债务时，抵押权人才能就抵押物行使优先受偿之权，如果债务人能够清偿到期债务，自然无行使抵押权的理由。所以，为发挥物尽其用的功效，法律上也并未对抵押人对抵押物的处分做过多的限制。倘若抵押人需要融资，在抵押物上又设置担保，只要对方当事人愿意接受，亦无不可，这就会发生抵押权与其他担保权利冲突的情形。担保权利乃是优先受偿权，当担保权利发生冲突时，各种权利的优先次序，是理论和实务中都需要面对的问题。

如果动产抵押人在抵押物上又设置一个抵押，就会发生双重抵押的情形。动产抵押权与动产抵押权之间的冲突要比不动产抵押权之间的冲突复杂得多。不动产抵押权，由于标的是不动产，而不动产自身的性质，不可移动，具有固定性，且不动产抵押权的设立是以登记为生效要件的，因此当同一个不动产之上存在两个以上的抵押权时，只需按照成立先后的顺序即可解决冲突。而动产抵押则不然，动产流动性比较强，而动产物权一般是以占有为公示方式，动产抵押权采公示对抗主义，有经过公示的动产抵押权，也可能有未经公示的动产抵押权，当发生冲突时，孰能优先受偿，如何实现抵押权，确实值得探讨。

(二) 双重抵押权的优先次序

我国《物权法》第199条规定，"同一财产向两个以上债权人抵押的，拍卖、变卖抵押财产所得的价款依照下列规定清偿：(一) 抵押权已登记的，按照登记的先后顺序清偿；顺序相同的，按照债权比例清偿；（二）抵押权已登记的先于未登记的受偿；（三）抵押权未登记的，按照债权比例清偿"。虽然该条文没有指明针对动产抵押是否同样适用，但鉴于我国物权法承认了动产抵押制度，既然在抵押权一章中规定了抵押权发生冲突的解决方案，那么该规则不仅适用于不动产抵押，也适用于动产抵押。该条文明确了三个基本规则，就是若抵押权进行了登记，则按照登记的先后顺序清偿；登记的抵押权优先于未登记的抵押权；若数个抵押权都未登记，则按债权比例清偿，无先后顺序。笔者认为，该条解决抵押权冲突的规则大体上值得赞同，但也有些瑕疵。下面笔者就两个以上动产抵押权竞合的场合，如何实现抵押权略陈己见。

1. 公示的动产抵押权优先于未公示的动产抵押权

动产抵押权的设立不以公示为生效要件，而是采意思主义，只要经当事人合意，即可成立动产抵押权。作为物权，要具有优先效力，对世效力，就要经过公示，让人知悉，如此才能保护交易安全和交易秩序，所以，物权的公示公信原则成为物权法一个最为重要的原则。动产抵押权乃是物权的一种类型，亦应遵从公示公信原则，所以动产抵押权一旦经过公示，第三人即能通过外观知悉动产抵押权的存在。抵押权本质上就是优先受偿的权利，具有优先性，经过公示的动产抵押权便能对抗第三人。如果未经公示，抵押权只能在当事人之间有效，善意第三人无法从外观上知悉抵押权的存在，因而不能对善意第三人产生对抗效力。所以，当抵押人在同一动产之上设定两个以上的动产抵押权，经过公示的动产抵押权效力要比未公示的强大，也就是说，公示的动产抵押权要优先于未公示的动产抵押权。

我国物权法规定登记的优先于未登记的，这种做法有些不够完善。正如笔者前文论述的动产抵押权的公示方式并非登记一种，而是针对动产的不同类型，适宜于登记的采取登记的公示方式，适宜于采取其他辅助公示方式的就应该采取辅助公示方式，而不是笼统地以登记为公示方式。既然动产抵押权有多种公示方式，只要采取了合理的公示方式，达到公示的效果便可，当存在双重动产抵押权时，则应以公示的优先于未公示的原则来解决动产抵押权的冲突，而不问两个抵押权事实上成立的先后顺序。

2. 先公示的动产抵押权优于后公示的动产抵押权

如果两个以上的动产抵押权都进行了公示，都会产生公信力，因为设立动产抵押权的目的就是当债务人不能清偿到期债务时可对抵押物拍卖或变卖，获得价金优先于其他债权人受到清偿。同一标的物上存在两个以上的动产抵押权，就会产生权利冲突，一个抵押权获得实现可能就会损害到另一个抵押权无法实现，此种情况下，哪一个抵押权能够获得优先受偿呢？这就需要看两者完成公示的先后顺序，先公示的理应优先于后公示的，即使是先公示的动产抵押权成立在后，只要公示在先，就可以享有优先效力，这也是动产抵押权遵循公示公信原则的体现。作为理性的交易人，就应该知晓不进行及时公示抵押权所带来的后果，其中的交易风险也应由其自己承担。对于后公示的抵押权人而言，因为在其之前已经存在抵押权，通过外观公示即可以知悉权利状况，而仍与抵押人进行动产担保交易，个中风险也是在交易过程中自知的，其权利次于在先公示的抵押权对其也无不公平。所以，若是两个以上动产抵押权都做了公示，那么就以公示在先的优先于公示在后的原则来解决公示的动产抵押权竞合的问题，在法理上是说得通的，也是完全可行的。当然，这里的公示也不限于登记，只要是符合动产抵押权的公示方式均可。若是同一天进行公示，则视为同时进行公示，两个抵押权则无先后顺序，在行使动产抵押权时，为公平起见，也只能按照债权比例进行清偿。

3. 动产抵押权均未公示，按债权比例受偿

如果两个以上的动产抵押权都没有进行公示，这种情况下，按照意思主义，每个动产抵押权也只能在当事人之间有效力，对外无法对抗善意第三人，抵押权人之间可谓互为第三人，那么此时，孰优孰劣呢？如果以成立在先的优先于成立在后的，表面上听起来似乎有些道理，但怎样证明哪一个抵押权成立在先呢，如果抵押人与后抵押权人串通把设立抵押权的时间提前，对于先成立抵押权的抵押权人来说也很难保障其优先顺位。不如，在这种情况下，动产抵押权就不分先后顺序，具有同等地位，按照债权比例进行清偿，如

此做法，可能对真正在先成立抵押权的权利人会有所不公，但总好于被恶意的后顺位的抵押权人抢先受偿。另外，成立在先的抵押权人自身也有责任，如果他能够及时对其动产抵押权进行公示，也不至于承受如此不利的风险。所以，按照债权比例清偿也不算是个坏的方案。

三 动产抵押权与质权的冲突问题

（一）动产抵押权与质权冲突的原因

传统的抵押权一般是建立在不动产之上的，而质权则是设立在动产或权利之上，不会发生抵押权与质权的竞合问题。而动产抵押的出现，在动产之上亦可设立抵押权，在该动产抵押物之上再设立其他担保亦无不可，那么就会出现动产抵押权与质权的冲突问题。同一个标的物上存在两个不同的担保权利，总要有一个权利具有优先性。能够担保债权优先获得清偿，这也是设定担保物权的目的，所以，当动产抵押权与动产质权竞合时，就需要理顺动产抵押权与动产质权的优先次序。

在同一动产上发生抵押权与质权相竞合的情形，主要有以下几种原因：一是抵押人已经在特定动产上设定动产抵押，由于抵押并不需要转移标的物的占有，因此抵押人又在该动产上设定了动产质权；二是动产所有人先在动产之上设定了动产质权，但为融资的需要又在该动产之上设定了动产抵押；三是动产所有人在动产之上设定了动产质权，出质人转移质押物的占有之后，质权人又在质押物上设定一个动产抵押权。

（二）动产抵押权与质权冲突的解决

对于如何解决动产抵押权与动产质权的冲突问题，以前出台的《最高人民法院关于适用〈中华人民共和国担保法〉若干问题的解释》第79条第1款规定，"同一财产法定登记的抵押权与质权并存时，抵押权人优先于质权人受偿"，而我国《物权法》并未做出明确规定，不能不说是一个缺憾。也有学者对如何解决动产抵押权与质权的竞合做过论述，如谢在全先生认为，"应依动产抵押权与质权成立之先后，定其优先次序"①。以成立先后为标准来判断动产抵押权与质权的优先次序，未免过于简单。解决动产抵押权与质权的冲突问题，不仅要考虑到二者成立的先后次序，还应该考虑权利的公示状况，质权是以占有为公示方式，而动产抵押权是采取登记和辅助方式相结合的公示方式，当然也可以不进行公示，通过意思而成立动产抵押权，即便是公示也有公示的先后顺序的不同。不考虑动产抵押权与质权存在着公示方式的不同，而笼统地以成立先后顺序为判断优先次序的标准，无法维护物权的公示公信力，在结果上也不公平，不利于保护当事人的正当权益。下面笔者就动产抵押权与质权竞合的不同情形，详细分析二者的优先次序。

1. 先押后质的情形

动产所有权人将标的物设定抵押，而动产抵押的设立只要具备合法有效的动产抵押设立的合意即可，若抵押人又将该标的物出质，则在该标的物上又会存在一个质权，动产抵押权与质权便出现了竞合的情形。若解决此种情形下动产抵押权与质权的冲突问题，还要分三种情况具体分析。

第一，先设定的动产抵押权已经进行了公示，而后抵押人才将抵押物出质。在这种情况下，由于动产抵押权已经做了公示，公示就会产生对抗效力，第三人在与抵押人进行交易的时候，便会知悉动产抵押权的存在。也就是在质权人接受质押物时，根据动产抵押权的公示外观，理应知悉该标的物上已经存在动产抵押权，而仍愿意与出质人设定质押关系，那么就意味着其在与出质人进行交易时知道交易的风险，可能会因抵押权人行使抵押权而使其质权无法实现。而抵押权人在交易时则无法判断在抵押物上还会有一个质权的存在，自然不应该由其承担因抵押人后来对抵押物的处分而带来的风险。所以，此种情况下，自然是动产抵押权可以优先于动产质权获得实现。

---

① 谢在全：《民法物权论》下册，中国政法大学出版社 1999 年版，第 706 页。

第二，先设定的动产抵押权未进行公示，而后抵押人又将抵押物出质。先设定的动产抵押权未经公示，虽然抵押权人享有抵押权，但因未经公示，则不能对抗善意第三人。当抵押人又将抵押物出质，质权的设立须转移标的物的占有，此时，质权人若为善意第三人，因其对已存在的动产抵押权并不知情，便不能让其承受担保交易的风险，那么质权人所取得的质权就可以优先于未公示的动产抵押权。当然如果质权人并非善意，明知已存在动产抵押权则不能对抗动产抵押权人，此时动产抵押权优先于质权。

第三，先设定的动产抵押权在抵押人将抵押物出质之后才进行公示。先设定的动产抵押权在抵押物出质之后才进行公示，也就是质权公示在先，抵押权公示在后，这种情形与动产抵押权未经公示类似，尽管动产抵押权最终做了公示，但是在质权设立之后，质押物转移占有在前，根据物权的公示公信原则，自然应维护先进行公示的物权。与第二种情形一样，当质权人为善意时，先成立的动产抵押权不能对抗质权，质权优先于动产抵押权；当质权人为恶意时，动产抵押权则可优先于质权。

2. 先质后押的情形

当动产标的物被出质人质押后，质押物的占有就转移至质权人。质权作为担保物权，其实质是对物的交换价值的支配，只有在债务人不能清偿到期债务时，质权人才可以拍卖或变卖质押物获得价款优先受偿。标的物设定质权之后，并不是对质押物绝对禁止处分，如在标的物上再设定动产抵押亦无不可，这样也就出现质权与动产抵押权的竞合情形，动产抵押权与质权发生冲突时，当然需要厘清二者的优先次序。先质后押的情形，动产抵押权与质权的冲突又可分为两种情况。

第一，出质人再行设定动产抵押的情形。出质人也就是标的物的所有人已经将标的物转移占有，但如其需要再行设定担保，只要不与质权相冲突，亦无不可。而再设定质押亦不可能，但若设定动产抵押因抵押无须转移标的物的占有，则是可以的。此种情形，因质权成立在先，质权的成立又以转移占有的公示为条件，后成立的动产抵押权无论是否经过公示，都不能先于质权。所以，此种情形下质权应优先于动产抵押权。

第二，质权人将质押物设定动产抵押的情形。因质押的成立须转移标的物的占有，出质人须将动产标的物的占有转移至质权人。质权人虽占有标的物，但并不是所有权人，不享有所有权，不能对质押物进行处分，只能在债务人不能清偿到期债务时，就占有的质押物拍卖或变卖获得价款优先受偿。但对于动产物权而言，是以占有为公示方式的，善意第三人信赖占有而为的交易应受到法律保护，这也是物权公示公信力的体现。若是质权人在质押物上设定动产抵押，亦会出现动产抵押权与质权的竞存。解决此种情形下动产抵押权与质权的冲突的问题，还需要区别质权人是否有权处分以及第三人的主观状况。

质权人在设定动产抵押的时候未经所有权人的同意，乃为无权处分，此种情况下，若第三人为善意，并不知晓真情，第三人可以取得动产抵押权，此乃为动产抵押权的善意取得，抵押权人的动产抵押权自然也不应受先前设定的质权的制约，因而动产抵押权可以优先于质权，当然因质权人的处分行为给出质人造成的损害由质权人承担相应法律责任。若第三人明知抵押人并非物的所有权人，则动产抵押权不能成立，也无动产抵押权与质权的冲突的问题。

另外质权人也可在征求出质人的同意的情况下，在质押物上设定动产抵押，质权人此时的处分即是有权处分。在这种情况下，动产抵押权是在质押物上设定的，抵押权人的债权先届期的，动产抵押权便可优先实现，质权人的债权先届期的，质权便可优先实现。

四　动产抵押权与留置权的冲突问题

（一）动产抵押权与留置权冲突的原因

留置权，是指按照合同约定债权人占有属于债务人财产，当债务人逾期不履行债务时，债权人有留置该动产并依法以该财产折价或以拍卖、变卖该财产的价款优先受偿的权利。留置权是一种建立在动产之上的法定的担保物权，而动产抵押权亦是在动产标的物上设定的，当某动产标的物已设定动产抵押权，但由于某种原因被第三人留置时，根据法律的规定依法享有留置权，或者因留置权人占有着动产标的物而又对该标的物进行处分，如为担保自己的债务而设定动产抵押，这样都可能会发生留置权与动产抵押权竞合的情形。动产抵押权和留置权一样都为担保物权，本质上都是优先受偿的权利，那么，在动产抵押权与留置权竞存的情况下孰优孰劣，势必也要做出一个判断和选择。

（二）动产抵押权与留置权冲突的立法模式和学说

1. 动产抵押权与留置权冲突的立法模式

我国《物权法》第239条规定，"同一动产上已设立抵押权或者质权，该动产又被留置的，留置权人优先受偿"。该条规定与《最高人民法院关于适用〈中华人民共和国担保法〉若干问题的解释》第79条第2款规定的"同一财产抵押权与留置权并存时，留置权人优先于抵押权人受偿"是一致的，均采取了留置权优先于动产抵押权的做法。我国台湾地区"动产担保交易法"第25条规定：抵押权人依本法规定实行占有抵押物时，不得对抗依法留置标的物之善意第三人。我国台湾地区解决动产抵押权与留置权的冲突，也是以留置权优先于动产抵押权为准则，只不过要求留置权人应为善意第三人，若留置权人为恶意，则次于抵押权。美国《统一商法典》第9编第310条规定，依商业常规，对于已具有担保权之标的物，供给劳务或材料，并依有关劳务或材料之法律或法则，占有该物品而有留置权者，除该留置权，法有明文另做规定外，应优先于已有成立之担保权。从该条规定来看，美国统一商法典原则上也是采取留置权优先于抵押权的做法，只不过留置权应是根据商业常规依法而成立，这一点与我国台湾地区要求留置权人为善意第三人比较类似。

2. 动产抵押权与留置权冲突的理论学说

留置权与动产抵押权的优先次序问题，学理上的探讨也颇多，一直争论不断，主要有以下三种学说：一是先来后到说，即设立在先的担保物权应优先于设立在后的担保物权，不管是抵押权还是留置权哪一个先设立哪一个就具有优先性；二是实行先后说，这种观点主要以担保物权的实行时间为标准，哪一个先实行哪一个就具有优先效力；三是留置权优先说，该观点认为留置权是法定的担保物权，而抵押权是约定的担保物权，所以法定的担保物权应当优先于意定的担保物权。① 总体上看，持留置权优先于抵押权的观点比较多，如王利明先生认为，"比较而言，应当采留置权优先于抵押权的观点。一方面，留置权是法定的物权，抵押权虽具有法定物权的性质，但在我国一般是通过约定来产生的。另一方面，留置权人已经占有了留置财产，并且已经对留置财产进行了一定的加工，如果不允许其优先实现的话，抵押权的实现也非常困难"②。王闯先生更是从经济分析角度对抵押权人与留置权人各自的生产成本转化物的性质、公平观念、风险成本、法律救济以及风险规避诸方面展开分析，最后得出结论，"在先押后留场合，留置权绝对优先于抵押权，而没有区分恶意和善意的必要"③。

（三）动产抵押权与留置权冲突解决的方案设计

动产抵押权与留置权发生冲突时哪一个权利可以优先实现，笔者认为不能简单地以一种标准来判断，而应根据权利发生的原因、顺序，权利实行的先后，以及物权公示公信的原则等多个方面综合分析，来最终确定动产抵押权与留置权的优先次序。下面笔者就从动产抵押权与留置权产生的先后两种场合中，探讨不同情形下二者的优先次序。

1. 先押后留场合

出现这种场合的情况一般是抵押人为担保债务人之债，而将其动产标的物设定了动产抵押权，由于动产抵押无须转移标的物的占有，抵押人仍然占有该抵押物。此时，如若因出现法定的事由，如第三人因修理该抵押物而留置该动产标的物，为担保第三人之债权，第三人依法享有对该动产标的物的留置权；那么，这种情况就

---

① 许明月：《抵押权制度研究》，法律出版社1998年版，第304页。
② 王利明：《试论动产抵押》，《法学》2011年第1期。
③ 王闯：《动产抵押论纲》，《法制与社会发展》1995年第1期。

是先有动产抵押权,而后又成立留置权,动产抵押权与留置权并存在该动产标的物之上,孰具有优先效力,便需要法律以定之。

笔者认为,此种情况原则上应是留置权优先于抵押权。大部分学者都认为留置权优先于抵押权的原因是留置权是法定的担保物权,而抵押权是当事人通过约定而产生的,法定的担保物权优先于意定的担保物权。笔者认为留置权之所以应当优先于抵押权,主要并非因为留置权的法定性,而是因为留置权的本质功能决定了它的优先效力。留置权的发生原因,一般都是基于留置权人因对标的物进行加工承揽、修理、保管等而对动产标的物进行占有,留置权所担保的债权也一般是因加工承揽、修理、保管等而发生的劳务费等。正是因为这种债权与一般当事人约定的债权本质上有异,才应赋予其强大的担保效力。所以留置权就是担保该债权能够获得优先受偿的权利,当然在留置权与动产抵押权发生冲突时,留置权优先于抵押权,才更符合立法目的,也才更符合法律的公平价值。

如果先成立的动产抵押权已经进行公示,那么后成立的留置权能否优先于抵押权呢?笔者认为留置权仍然应当优先于抵押权,道理相同,留置权优先于抵押权的原因是在于留置权所担保的债权的本质和成立留置权的本来目的,而不是依公示公信的原则为判断标准,此时公示公信的原则就让位于留置权人的保护这个价值了。

那么,留置权优先于动产抵押权是否需要留置权人为善意呢?此问题确实值得探究。我国台湾地区"动产担保交易法"第 25 条规定,"抵押权人依本法规定实行占有抵押物时,不得对抗依法留置标的物之善意第三人"。该条规定明确了留置权人需为善意第三人,否则不能享有优先效力。也有学者认为留置权恒优先于抵押权,不论留置权人善意与否,如有学者认为,"无论留置权人是善意抑或恶意,都不影响留置权优先于抵押权。因为,善意抑或恶意,纯属留置权人的主观意志,外界无从得知,若以此作为留置权优先于抵押权的要件,将在司法实践中很难判断"[①]。也有学者认为,"如果抵押人得对抗知情的留置权人,那么,要么使得加工人、

[①] 谭九生:《论动产抵押权与留置权的效力冲击》,《商业研究》2004 年第 13 期。

承运人、保管人为保护自己的利益而拒绝签订加工承揽、货物运输、仓储保管合同，要么使得直接对标的物提供了服务而使其保值增值的债务人反居于次要地位，这样等于承揽人代定作人向抵押权人承担责任"①。笔者认为此种观点有待商榷，理由如下：

首先，抵押人与留置权人恶意串通损害抵押权人的权利的事实无法避免。如果是抵押人为逃避债务而又不想让抵押权人的抵押权实现，也可能会与第三人恶意串通，以合法的形式形成一个留置权，因留置权优先于动产抵押权，动产抵押权人的抵押权就无法实现，对于抵押权人来说着实不公平。所以留置权人的主观状况，善意与否也应作为留置权能否优先于抵押权的考量标准。

其次，这里的留置权人的善意并不能以通常的"知情"或"不知情"来判断。即便是留置权人知情的情况下，而发生的留置权也可能具有优先于抵押权的效力，正如上文所述，留置权的优先效力乃是因其担保的债权的本质所决定，当然通过恶意串通以表面合法的方式而成立的留置权，其目的就是陷他人于不利的，自然不能让其得逞，因而此种情形，留置权不得优先于抵押权。那么如何判断留置权为善意呢？笔者认为，美国《统一商法典》第9—310条所规定的，"依商业常规"的标准可资借鉴。也就是说，留置权所担保的债权，根据商业常规来判断，合情合理而发生的，只要该债权的产生具有合乎商业常规，那么该留置权就具有正当性，留置权人就为善意第三人，否则，留置权人为恶意第三人。留置权人为善意第三人的，不论在留置权产生时，其对动产抵押权的存在是否知情，其享有的留置权都能优先于动产抵押权，否则就不能优先于动产抵押权。

2. 先留后押场合

先留后押的场合是留置权成立在先，标的物的所有人又将该动产标的物设定动产抵押，那么就会在同一动产标的物上并存着留置权与动产抵押权。或者在已成立有留置权的情况下，留置权人又将其占有的留置物设定动产抵押。这样在同一标的物上既有留置权的

---

① 赵启龙：《论我国动产抵押制度的完善》，硕士学位论文，华东政法大学，2008年。

存在，又有动产抵押权的存在，就会发生留置权与动产抵押权的冲突问题。在先留后押场合，动产抵押权与留置权的优先次序问题，还要具体情况具体分析，下面笔者就不同情况分别分析。

第一，所有人设定抵押的情况。也就是在成立留置权之后，虽然标的物已被留置权人占有，但动产抵押又不需要转移标的物的占有，所有人也可能在该标的物上又设定一个动产抵押。这种情况下，留置权优先于抵押权，这不仅是因为留置权在先成立，更为主要的原因是留置权的制度目的决定了留置权本就应该享有优先受偿的权能，这种情况下也不会出现留置权人善意与否的问题，毕竟留置权产生在前，至于动产抵押权是否进行公示都不会影响留置权优先于动产抵押权的效力。

第二，未经所有人的同意，留置权人擅自设定抵押的情形。留置权人并非留置物的所有人，其只享有留置权，而不能行使留置权之外的对标的物的处分。倘若未经所有人同意，而擅自在该标的物上设定动产抵押，因动产所有权是以占有为公示方式的，在第三人不知其并非所有权人的情况下，也就是第三人为善意第三人的情况下，可善意取得动产抵押权。那么，此种情况下，抵押权优先于留置权未必对留置权人有害，毕竟动产抵押是由留置权人设定，目的是为担保其债务，善意第三人取得留置权对所有人是最大不利的，若给所有人造成损害，也应由无权处分人承担相应责任。

如果第三人为恶意第三人，也就是说第三人明知留置权人为无权处分人而仍与之进行动产担保交易，第三人就不能取得动产抵押权，此种情形，也谈不上动产抵押权与留置权冲突的问题。

第三，留置权人经所有人同意在留置物上设定动产抵押的情形。此种情况在该动产标的物之上既有留置权，又存在抵押权，就会发生抵押权与留置权的竞合问题，也就需要判断抵押权与留置权的优先次序。这种情况下就不能说留置权一定优先于抵押权，否则抵押权就会落空难以实现，此种竞合需要判断抵押权和留置权的实行期限，先届期的先于后届期的，如果是留置权先实行的，留置权优先于抵押权，如果是抵押权先实行的，则抵押权优先于留置权。

五 动产抵押权的实现

（一）动产抵押权的实现条件

担保物权制度的核心是在债务人不能履行到期债务时担保权人得以担保物的交换价值优先受偿，动产抵押权是担保物权之一种类型，是为担保债权人的债权在动产标的物上设定的抵押，当债务人不能清偿债务时动产抵押权人可就特定的抵押物的交换价值行使优先受偿之权。抵押权的实现，又称为抵押权的实行，是抵押权人于债权已届清偿期而未获清偿时，为求优先受偿之实现，而处分抵押物的行为。动产抵押权的实现是动产抵押制度的最后一道程序，也是非常重要的制度，它关系着动产抵押制度功能的发挥，关系着设定动产抵押初衷的实现，也关系着抵押权人、抵押人甚至第三人利益的实现。所以说，抵押权的实现，既为抵押权最主要的效力，也为抵押权人最主要的权利，若无此效力，则抵押权将无存在的价值。

抵押权的实现须满足一定条件方可，动产抵押权亦如是。我国《民法通则》第89条第（2）项规定，"债务人或者第三人可以提供一定的财产作为抵押物。债务人不履行债务的，债权人有权依法律的规定以抵押物折价或者以变卖抵押物的价款优先得到偿还"。我国《物权法》第195条规定，"债务人不履行到期债务或者发生当事人约定的实现抵押权的情形，抵押权人可以与抵押人协议以抵押财产折价或者以拍卖、变卖该抵押财产所得的价款优先受偿"。从这些条文可以看出，抵押权的实现要具备一定条件，但是法律的规定总是过于抽象，不利于实务中具体适用，下面笔者就对抵押权的实行条件做一下解释，希望能够方便具体适用。

第一，须有动产抵押权的存在。这也是行使动产抵押权的前提，无动产抵押权，谈何行使，也只有有了明确的权利存在，才能行使之。至于该权利发生的原因，是依法律行为而取得，还是依法律规定而取得，在所不问。另外，权利是否进行公示，会不会影响动产抵押权的实行呢？有学者认为存在的抵押权是"抵押权已经登记，并已载明所担保之债权"①，笔者认为动产抵押权的实行，并不能以公示与否为条件，即便是未经公示，只要当事人设立了抵押权，抵押权都是存在的，也就是说认定抵押权的存在与否也应以意思主义为原则。当然，未经公示的动产抵押权不能对抗善意第三人，在抵押权实行的时候不能与善意第三人相抗衡。还有就是存在权利冲突的情况下，会出现权利的优先顺位的问题，但这是另外一个问题，并不是否认动产抵押权的实现。

第二，须债权已届清偿期而未受清偿。动产抵押权设定的目的就是担保债权的实现，如果债权已经获得清偿，自然抵押权已无意义而应随之消灭。债权人的债权履行期限已届至而债务人仍未履行，则可能会损害债权人之利益，为确保债权人的利益不受损害，债权人即可行使担保物权。这里的未受清偿，不独指债权全部未受清偿，并指债权一部分未受清偿。所谓债权，指的是本金债权，而非指由该债权所生的利息债权。所谓清偿期，是指应为清偿的时期，如果债权约定了明确的期限，清偿期就比较好判断，清偿期届至仍未受偿即可实行抵押权；如果债权未明定清偿期，债权只需已届债权人得请求清偿时而未受清偿者，抵押权人即可实行抵押权。还有就是未受清偿是债权人的原因所导致，如果是因债权人无正当理由拒绝接受导致债务无法按时清偿，则也不应立即行使抵押权，毕竟是债权人自己的原因导致的未受清偿。

在实行抵押权时，还要注意主债权的诉讼时效。我国《物权法》第202条规定："抵押权人应当在主债权诉讼时效期间行使抵押权；未行使的，人民法院不予保护。"若主债权因超过了诉讼时效，债务人就享有了抗辩权，债务人得以主债权人超过诉讼时效为由拒绝履行。抵押权具有从属性，抵押权是为担保主债权而存在的，抵押权的成立、转移和消灭，均应从属于主债权。所以，当主债权超过诉讼时效时，抵押人也可援引债务人的抗辩权利对抗债权人，当债权人要求实行抵押权时，抵押人就可以据此对抗抵押权

---

① 谢在全：《民法物权论》下册，中国政法大学出版社1999年版，第634页。

人，抵押权人的抵押权就不能顺利实现。

在我国《最高人民法院关于适用〈中华人民共和国担保法〉若干问题的解释》第 12 条第 2 款规定："担保物权所担保的债权的诉讼时效结束后，担保权人在诉讼时效结束后的二年内行使担保物权的，人民法院应当予以支持。"从该条规定上来看，承认了抵押权因诉讼时效期间再加二年期间届满而消灭的观点。如何理解二年的期间，还是有分歧的，有认为该二年期间为诉讼时效，笔者认为诉讼时效主要针对的是债权请求权，债权人在一定期间内不行使请求权，"法律不保护躺在权利上睡大觉的人"，可以因已过时效，引发债务人对其的抗辩，债务人可以不再履行对其的债务，而抵押权是担保物权，担保物权是支配权，它是对抵押人提供的特定物的交换价值的支配，支配权不应因一定期间经过而消灭，所以，基于民法的一般原理，该二年期间不应理解为诉讼时效较为妥当。也有人认为该二年期间为除斥期间，如我国台湾地区的"民法"第 880 条规定："以抵押权担保之债权，其请求权已因时效而消灭，如抵押权人，于消灭时效完成后，五年间不实行其抵押权者，其抵押权消灭。"该五年期间大都认为是除斥期间，除斥期间经过，抵押权消灭。笔者认为，除斥期间适用于形成权，而抵押权作为支配权性质的物权，自然不会因除斥期间经过而消灭。我国《最高人民法院关于适用〈中华人民共和国担保法〉若干问题的解释》第 12 条第 2 款的规定与我国台湾"民法"第 880 条规定的法理还是一致的。但在笔者看来，这也是没有必要的，正如上文笔者所述，抵押权作为从属性的权利，从属于主债权，主债权已过诉讼时效，抵押人当然可以援引债务人的抗辩对抗债权人，所以无须再为抵押权设置诉讼时效或除斥期间。至于主债权超过诉讼时效，抵押人愿意选择接受抵押权人实行抵押权的，法律也不应加以干涉。

我国《物权法》还规定当发生约定的实现抵押权的情形时，亦可实行抵押权。抵押权通常情况下都是基于当事人的意思而设立，当然在设定动产抵押权时亦可约定动产抵押权实现的情形。这里需要说明的是，实现动产抵押权条件的约定应是有效的，不能对抗善意第三人，在权利发生冲突时，也应按照权利实现的优先次序来实行，否则会损及其他当事人的利益。

（二）动产抵押权的实现方式

我国《物权法》第195条规定，"债务人不履行到期债务或者发生当事人约定的实现抵押权的情形，抵押权人可以与抵押人协议以抵押财产折价或者以拍卖、变卖该抵押财产所得的价款优先受偿。协议损害其他债权人利益的，其他债权人可以在知道或者应当知道撤销事由之日起一年内请求人民法院撤销该协议"。"抵押权人与抵押人未就抵押权实现方式达成协议的，抵押权人可以请求人民法院拍卖、变卖抵押财产。""抵押财产折价或者变卖的，应当参照市场价格。"这一条文是对抵押权实现的总的规定，并无区分不动产抵押权和动产抵押权，当然动产抵押权的实现亦适用之。高效、低廉的抵押权的实现方式，才符合现代动产担保交易之本旨，也才能更有利于抵押权人的抵押权的实现，更有利于社会公共利益之维护。而我国抵押权的实现方式过于简单，通过协议的方式来实现抵押权，能不能达成协议也是未知，就算是达成协议亦可能因有害于第三人而被撤销，抵押权的实现成本比较大，另外向法院申请拍卖、变卖抵押物，往往又会因烦琐的司法程序、高额的诉讼费、律师费、拍卖费、变卖费、评估费等而费时费力费财，实在与动产担保交易追求的高效、便捷、灵活的价值相去甚远。笔者认为，应该完善我国动产抵押权的实现方式，采取灵活的多种方式并存的实现方式，以确保动产担保制度核心价值的实现，具体方案如下。

1. 确保动产抵押权实现协议的执行力

我国《物权法》规定，抵押权人可以和抵押人通过协议的方式实行抵押权。如果抵押权人和抵押人达成抵押权的实现协议，自然应该按照协议履行。如果当事人反悔不愿履行，抵押权人可以申请法院强制执行，法院通过审查在不损害债务人和第三人利益的情形下，就应该强制执行，而无须通过烦琐的诉讼程序来解决，这才符合高效便捷的价值。

2. 加强法院实现动产抵押权的执行力

我国《物权法》规定，如果当事人不能达成抵押权的实现协议，则抵押权人可以申请法院拍卖或变卖。当然，通过申请法院对抵押物进行拍卖或变卖是实现抵押权的重要方式。在我国物权法实施之前，按照以前的《担保法》的规定，抵押权人与抵押人不能达成协议的，只能向法院提起诉讼。也就是通过诉讼的方式，首先要确认抵押权的存在，然后再进行执行，按照诉讼程序，实现抵押权的成本就非常大，我国的民事诉讼程序实行的是二审终审制，一个案件从立案受理到法院判决的生效，再到裁判的执行，往往需要很长的时间，这显然与动产担保权的实现要求高效、便捷的目的背道而驰。在我国物权法中修改了担保法中的表述，直接规定，可以申请法院拍卖或者变卖。所以，在抵押权人提出动产抵押权实行的申请时，法院只需通过审查抵押权的实行条件即可对抵押物进行拍卖或变卖，当然在对所获价款的分配时，亦不能损害债务人及第三人的正当利益。

3. 有必要引入私力救济

所谓私力救济，是指权利人凭借自己的力量强制侵害人，以捍卫自己受到侵犯的合法的权利的制度。私力救济在民法上又称为自助行为，这是人类早期较为流行的一种权利救济方式，但私力救济仅凭一己之判断强制他人容易感情用事、有失公允，也易滋生暴力事件，近现代文明国家为维护社会秩序，多以公力救济，倘若遇时机紧迫，而不及法院或其他有关机关之救助时，则例外亦不得不容许私力救济。私力救济有迅捷及时的优势，在动产担保权的保护上可资利用。

美国《统一商法典》有规定，债务人到期不履行债务的，抵押权人可以占有或控制抵押物。但这种占有或控制必须是以和平的方式进行，不得使用暴力。和平占有或者控制抵押物后，抵押权人可以出卖、出租、许可使用或者以其他方式处分抵押物的一部分或全部，以处分的收益清偿自己的债务，这种处分在商业上应当合理。加拿大《魁北克民法典》规定，债务人不履行债务的，抵押权人可以要求抵押人交付抵押物，这种交付可以是抵押人的自愿交付，抵押权人取得占有后，可以自己管理或者委托第三人对抵押物进行管理，以管理所得的收益清偿自己的债务，抵押权人获得清偿后，应当将抵押物返还给抵押人；或者以抵押物折价抵债，但这种折价应当是公平合理的；或者抵押权人可以拍卖或者变卖抵押物，拍卖或者变卖在商业上应当合理。我国台湾地区的"动产担保交易法"也规定了抵押权的实现方式有拍卖、变卖两种方式，拍卖或变卖可以是自行拍卖、变卖；也可以是申请法院强制进行。在德国、日本实务上发展起来的让与担保，即为规避法定的繁杂的设定和实行方式，其实行多采用自力救济的方式。

  由于动产的流动性大，会对动产抵押权的保护不利，动产抵押权极易受到损害，所以引入私力救济的方式尤其必要。私力救济方式对于动产抵押权的实行比较便捷，能够更好地保护抵押权人的利益，实现动产抵押权的价值。但在通过私力救济的方式实行动产抵押权时，也需注意债务人和第三人利益的保护，不能因只顾交易的效率，而忽略公平，要做到担保权人、抵押人以及第三人的利益平衡。因此，需要明确私力救济方式实现动产抵押权时的条件。动产抵押权人自行实现抵押权须具备以下条件：（1）债务人不履行到期债务。债务已到期，无正当理由债务人不履行，使债权人的债权不能受偿。（2）抵押人的行为有害于债权。抵押人的行为致使抵押物的价值有所减少或可能致使抵押权人的抵押权不能实现，抵押权人保全抵押权的请求遭到拒绝，抵押权人就可以占有抵押物，自行实现抵押权。（3）实行抵押权不妨害债务人及第三人的权利。抵押权的私力救济的方式虽能较好地保护抵押权人的利益，但往往也会因抵押权人只顾自己抵押权的实现而不顾债务人特别是第三人的正当利益，所以，在抵押权人通过私力救济的方式实行动产抵押权时以不违反秩序和遵守债务人和第三人保护条款为必要。

  在动产抵押权人通过私力救济的方式实行动产抵押权时，也须注意具体方式要合法。动产抵押权人可以对抵押物进行占有，动产抵押物不似不动产，占有抵押物是实现动产抵押权的重要保障，动产抵押权人欲自行实行其抵押权必先占有抵押物，其抵押物为第三人所占有，亦必追踪取得占有后，始得出卖。自行占有抵押物时，应预先通知相关之人，即债务人、抵押人以及占有抵押物之人，并说明自行占有的理由，以免损害其他当事人的合法利益。除非是在紧急情况下，如抵押物有被隐匿或被转移的危险时，可以径行自行占有，为保护抵押人以及第三人的利益，要求抵押权人除非有特殊情况，不得于一定期限内处分抵押物。另外，还应设置抵押物的回赎制度，以对相关利益主体进行救济。回赎制度是指抵押权人自行占有抵押物后，债务人或第三人得通过履行债务以取回对抵押物的占有，并使抵押权消灭的制度。

动产抵押权人占有抵押物后，可以通过拍卖或变卖的方式，卖得价款优先受偿。考虑到抵押权人、抵押人以及第三人之间的利益平衡，拍卖或变卖，应当公平合理，在对所得价款进行分配时，亦不能损害其他第三人，甚至是优先次序之人的利益。

4. 订立契约取得抵押物的所有权

不论是通过私力救济还是公力救济，最终实现抵押权常见的方式就是拍卖或变卖，只不过有的是自行拍卖或变卖，有的是申请法院拍卖或变卖。上面已经论述了通过订立动产抵押权实现协议的方式，由抵押权人与抵押人达成协议，将标的物进行折价或者拍卖、变卖亦是抵押权实行方式之一种。订立契约取得抵押物的所有权，其实也是通过协议的方式实现抵押权的具体形式，但此种形式是抵押权人可以取得抵押物的所有权，并不是通过拍卖或变卖的方式获得价款，有可能会损及抵押人和第三人的利益，因此，在此单独作为一种形式进行分析，订立契约取得抵押物的所有权，须注意两点：

第一，须明定订立契约取得抵押物所有权的要件。订立取得抵押物所有权的契约，首先，须是抵押人与抵押权人为之，抵押人将抵押物的所有权转移至抵押权人，需要抵押人是有权处分，转移抵押物所有权的契约合法有效，需要符合契约的成立和生效要件。其次，取得抵押物所有权的契约须于债权清偿期届满后订立，因为订立契约取得抵押物的所有权乃是抵押权的实行方式之一，债权清偿期未届满时，自然抵押权人还不能实行抵押权。再次，须为受偿而订立，倘若非为清偿而订立，例如系因通常之赠予或互易而订立抵押物所有权转移之契约，则不属抵押权实行之范围。为清偿而订立契约，其内容无非是将抵押物所有权转移至抵押权人，抵押权人的债权于受抵偿之范围，归于消灭。最后，须无害于其他第三人之利益。倘若该标的物上还设立有其他抵押权或者是留置权等，则不能损害其他利益主体的正当利益。

第二，须注意流押契约之禁止。所谓流押契约，又称流抵契约，是指于设定抵押权当时，或与债权清偿期届满前，约定债权届清偿期而未受清偿时，抵押物所有权即归抵押权人所有的约款。自罗马法以来，此种约款大多为法律所禁止，故称为流押契约之禁止。之所以如此规定，是考虑到债务人与债权人从来都是经济生活中两大对立的阵营，两者相较，债权人的经济地位往往较债务人为优，换言之，债务人往往是经济上的弱者，债权人往往是经济上的强者。债务人之借债，每每是为急迫困窘之时，如债权人趁此之机与债务人订立流押契约或流质契约，以价值较高的抵押物担保小额债权，债务人不能清偿到期债务，则担保物所有权归属于债权人，实乃有违公平。基于民法公平原则及对等正义观念，为保护作为弱者的债务人的利益，近现代各国民法大多禁止流押或流质契约。所以，订立契约取得抵押物所有权的动产抵押权实行方式也要注意流押契约，倘若该契约为流押契约，则应无效，只能通过其他方式实行动产抵押权。

六　小结

在动产上设定抵押权，由于不需要转移标的物的占有，抵押人仍然占有标的物，并继续使用抵押物、获取收益，亦有可能对标的物进行处分。这里的处分可能是抵押人转让抵押物，也可能再在抵押物上设定动产担保，如此一来便会出现动产抵押权与受让人的所有权以及其他担保权的竞存。抵押权本质上就是当债务人不能履行到期债务抵押权人就抵押物拍卖或变卖获得的价款优先受偿的权利，那么动产抵押权人与受让人、其他担保权人势必存在冲突。有冲突就需要具体的规则解决之，动产抵押权冲突的解决规则亦是动产抵押制度的重要内容，同时动产抵押权冲突的解决也关系着动产抵押权的实现。

　　动产抵押权是抵押权人对抵押物交换价值的支配权，抵押人作为动产标的物的所有人继续占有、使用标的物，是继续支配着抵押物的使用价值，那么抵押人能否为转让的处分呢？对于此点，有限制主义与不限制主义之分。限制主义主要是限制所有权人的处分权，不能转让或者经抵押权人同意始能转让。不限制主义则对所有权人的处分权未加限制，可以转让其所有权。当然，限制主义的出发点可谓不错，乃是为防止所有人任意转让抵押物妨害抵押权人的抵押权的实现。但事实上又能如何阻止抵押人对抵押物的转让呢？尤其是动产抵押权的设立采行的是公示对抗主义，而动产所有权则是以占有为公示方式，倘若抵押人将抵押物转让与第三人，就会出现抵押人、抵押权人与第三人之间的纷争，这不是一个限制转让的规则就能万事大吉的，所以笔者不建议采限制主义，况且作为所有权人只不过是将物的交换价值交由抵押权人支配，其对标的物的处分权并未失去，只要不损害抵押权人的抵押权，抵押人还是可以处分抵押物的。那么，当抵押人将标的物转让与第三人后，紧接着就要考虑受让人的所有权与抵押权人的抵押权的保护问题，如果受让人取得完整的所有权，抵押权人的抵押权就不能实现，如果抵押权人享有追及的权利，受让人的所有权就是不完整的，应该优先保护哪一方当事人的利益，这牵涉到抵押权人与受让人的利益平衡问题，所以应当用利益衡量的观点来平衡受让人的所有权与抵押权的冲突。在平衡抵押权人与受让人利益时，当然亦应遵循物权的公示公信原则，所以，当动产抵押权进行了公示，公示就可以对抗第三人，作为第三人的受让人在受让标的物所有权时就应该知悉动产抵押权的存在，因此，受让人不能取得完整的所有权，抵押权具有追及效力，当债务人不能履行到期债务时，动产抵押权人仍可以就该抵押物实行抵押权，受让人所受的损失应由抵押人赔偿。当动产抵押权未进行公示时，因为动产所有权以占有为公示方式，善意第三人信赖占有所为的交易应该受到保护，如果第三人对动产抵押权不知情则可以取得完整的所有权，抵押权就失去了追及的效力，抵押权人所受到的损失应由抵押人赔偿，如果第三人并非善意第三人，当然不能取得完整的所有权，抵押权人的抵押权仍具有追及的效力。

　　若是抵押人在抵押物上又设定其他担保，亦无限制的理由，当然也会因此出现担保权竞存的情形，动产抵押权就会与其他担保物权发生冲突。当抵押人在抵押物上又设定动产抵押，会出现双重抵押权的问题；当在标的物上既有抵押权又有质权，就会出现动产抵押权与质权的冲突；当在标的物上既有抵押权又有留置权，就会出现动产抵押权与留置权的冲突。由于担保物权本质上是优先受偿之权，当发生担保权竞存的情况，就需要厘清各担保物权的优先顺位。各担保物权优先次序的标准，并不是一个简单的标准，要根据权利发生的原因、次序、是否公示、公示的先后，甚至权利实行的先后等的不同，本着权利人利益平衡的原则进行判定。

在发生双重抵押时，主要有三种情况：一是动产抵押权有的经过公示，有的未进行公示，则公示的优先于未公示的。二是动产抵押权均进行公示的，则看公示的先后顺序，先公示的优于后公示的。三是动产抵押权均未公示的，为公平起见则按照债权比例清偿。

在动产抵押权与质权发生冲突时，从质权与动产抵押权的理论出发，判断动产抵押权与质权的优先顺位，需要区分抵押权与质权发生的先后。先押后质场合，主要有两种或者三种情况：一是若动产抵押权已经公示，则抵押权优先于质权。二是若动产抵押权未进行公示或者在质权成立之后才进行公示，还要区分质权人善意与否，质权人为善意的，质权优先于抵押权，质权人为恶意的，抵押权优先于质权；先质后押场合，则要看动产抵押权发生的原因，又有两种情况：其一，如是出质人设定的，则质权优先于动产抵押权。其二，如是质权人设定的，还要看质权人设定动产抵押是否经过所有人的同意，不同意则是无权处分，除非第三人为善意，方能善意取得动产抵押权，抵押权优先于质权，第三人为恶意的，第三人则不能取得抵押权；若是经过出质人同意而设定的动产抵押权，第三人取得动产抵押权，则要看哪一个先实行，抵押权先实行的抵押权优先，质权先实行的则质权优先。

在动产抵押权与留置权发生冲突时，我国物权法仅规定留置权优先于抵押权，显然过于简单，未能考虑到此两种权利发生的先后、原因等诸多因素。在先押后留场合，一般是留置权优先于动产抵押权，当然也需要考虑留置权发生的原因，按照一般商业常规发生的留置权恒优先于动产抵押权，不管动产抵押权是否经过公示。但是若留置权的发生是由当事人恶意串通、意图损害抵押权人的权利，则留置权不能优先于动产抵押权。留置权优先于抵押权，需要留置权人为善意第三人，这里的善意并不依知情与否来判断，而是依留置权的发生是否依商业常规来判断。在先留后押场合，与动产抵押权与质权的冲突类似，主要有两种情况：一是由所有人设定动产抵押时，留置权优先于动产抵押权；二是由留置权人设定动产抵押时，则需要看留置权人是否为有权处分，留置权人为无权处分的，第三人为善意第三人的，可以善意取得动产抵押权，抵押权优于留置权，第三人为恶意的，则不能取得动产抵押权；留置权人经过所有人的同意而设定的动产抵押，则要看此两种权利的实行期限，留置权先实行的留置权优先，抵押权先实行的，抵押权优先。

  动产抵押权的实现是动产抵押发挥其功能的关键一环，我国物权法未区分动产抵押权与不动产抵押权的实现，而是统一地规定两种实现方式，一是通过协商的方式，二是通过申请法院拍卖或变卖的方式。这两种方式对动产抵押权的实现当然适用。我国物权法规定的抵押权的实现方式还是过于简单，鉴于动产担保制度设立的核心价值乃是高效、便捷，动产抵押权的实现方式也应该采取灵活、高效、便捷的多种方式。建议可以引进私力救济的方式来实现动产抵押权，当债务人不能清偿到期债务，有害于抵押权人利益时，在不损害抵押人和第三人利益的前提下，抵押权人可以占有抵押物，或者对抵押物自行拍卖或变卖，也可以与抵押人订立取得抵押物所有权的契约，但流押契约是禁止的，只要不损害抵押人和第三人的正当利益，这些都可以作为动产抵押权的实行方式。

案例7　动产抵押物的转让受让人能否取得所有权？

1. 案情简介

  甲公司向乙银行借款 200 万元人民币，甲以其一套生产设备（价值 200 万元）作为抵押，双方订立了抵押合同，并办理了抵押登记。后来甲公司转产，改变了公司经营范围，于是将其原有生产设备（包括抵押给乙银行的生产设备）转让给了丙公司，乙银行对甲抵押物的转让行为并不知情,在甲公司无力偿还债务时,乙银行就该设备申请实行抵押权,法院将该套设备进行了查封,准备予以拍卖,丙公司对此提出异议,认为该设备所有权属于自己,乙银行无权行使抵押权。

2. 案例分析

本案的案情较为简单、事实清楚,即甲作为债务人以其一套生产设备进行抵押,抵押期间未经抵押权人同意,将该设备转让给了丙,甲无力偿还借款,抵押权人要求行使抵押权,而买受人主张标的物已归其所有,在其所有物上不存在抵押权。所以,本案争议的焦点也比较突出,即动产抵押物抵押期间未经抵押权人同意能否转让,抵押物的转让对抵押权有何影响,受让人能否取得物的所有权,对受让人有无影响。

(1) 从我国现有法律规定角度分析

根据我国《物权法》第191条第1款的规定:"抵押期间,抵押人经抵押权人同意转让抵押财产的,应当将转让所得的价款向抵押权人提前清偿债务或者提存。转让的价款超过债权数额的部分归抵押人所有,不足部分由债务人清偿。"第2款的规定:"抵押期间,抵押人未经抵押权人同意,不得转让抵押财产,但受让人代为清偿债务消灭抵押权的除外。"抵押期间,抵押物的转让,经过抵押权人同意可以转让,但应将所得价款提前清偿债务或提存;未经抵押权人同意,则不得转让,除非受让人代为清偿以消灭抵押权。这样的规定较好地保护了抵押权人利益。如果未经抵押权人同意,受让人也不代为清偿,那么抵押人是不能转让抵押物的。而我国《担保法》第49条规定:"抵押期间,抵押人转让已办理登记的抵押物的,应当通知抵押权人并告知受让人转让物已经抵押的情况;抵押人未通知抵押权人或者未告知受让人的,转让行为无效。转让抵押物的价款明显低于其价值的,抵押权人可以要求抵押人提供相应的担保;抵押人不提供的,不得转让抵押物。抵押人转让抵押物所得的价款,应当向抵押权人提前清偿所担保的债权或者向与抵押权人约定的第三人提存。超过债权数额的部分,归抵押人所有,不足部分由债务人清偿。"我国《担保法司法解释》第67条规定:

"抵押权存续期间，抵押人转让抵押物未通知抵押权人或者未告知受让人的，如果抵押物已经登记的，抵押权人仍可以行使抵押权；取得抵押物所有权的受让人，可以代替债务人清偿其全部债务，使抵押权消灭。受让人清偿债务后可以向抵押人追偿。如果抵押物未经登记的，抵押权不得对抗受让人，因此给抵押权人造成损失的，由抵押人承担赔偿责任。"从我国《担保法》和《担保法司法解释》来看，对抵押物是否可以转让有着明显不同的规定，《担保法》要求抵押人负担通知义务，只有在不通知而转让的情形下，转让行为才无效，而《担保法司法解释》则并没有否定转让行为的效力，而是赋予抵押权人有追及的效力，可以追及抵押物的所在而行使抵押权，只有在抵押权未登记的情况下，抵押权才不得对抗善意受让人。从我国现有的法律规定来看，法律条文是相互矛盾和冲突的，那么具体法律适用时该何去何从呢？按照一般法律适用的规则，新法优先于旧法，《担保法》是之前颁布实施的，而《物权法》相对于《担保法》而言，属于新法，应优先适用《物权法》的规定。所以，依照我国《物权法》第191条的规定，抵押期间，抵押人未经抵押权人同意，不得转让抵押财产。本案中，甲未经抵押权人同意将抵押物转让给丙是不符合法律规定的，丙作为受让人也未代债务人清偿债务以消灭抵押权，丙不能取得抵押物，抵押物应返还给抵押人，由抵押权人行使抵押权。我国《物权法》第181条规定："经当事人书面协议，企业、个体工商户、农业生产经营者可以将现有的以及将有的生产设备、原材料、半成品、产品抵押，债务人不履行到期债务或者发生当事人约定的实现抵押权的情形，债权人有权就实现抵押权时的动产优先受偿。"第189条第2款规定："依照本法第一百八十一条规定抵押的，不得对抗正常经营活动中已支付合理价款并取得抵押财产的买受人。"从这两个条文来看，当事人以现有的以及将有的生产设备、原材料、半成品、产品等动产进行抵押的，抵押权人不得对抗正常经营活动中已支付合理价款并取得抵押财产的买受人，从本条的意思来看，抵押人是可以转让抵押物的，而且不得对抗正常经营活动中已支付合理价款并取得抵押财产的买受人。那么该两条法律规定是否与第191条的规定相冲突呢？笔者认为第 181 条和第 189 条规定的抵押为动产浮动抵押，是一种特殊的抵押担保，抵押人和标的物都与一般的抵押有所不同，动产浮动抵押的抵押人是企业、个体工商户、农业生产经营者，这些都是营利性组织，而抵押物是抵押人现有的以及将有的生产设备、原材料、半成品、产品，作为一个营利性组织首先要保障其正常的生产经营，其财产，包括设备、材料等是正常经营活动的基础，而半成品、产品将来都是要走向流通领域的，不允许转让，生产经营活动就无法正常运转，如果以该财产作为抵押，法律强行规定不允许转让，是不合理的，只能是导致生产经营停滞，转让之后如果抵押权人可以对抗买受人，作为消费者或者买家都必将承担着巨大的风险，严重影响商品的正常流通和交易，所以，法律规定，抵押权人不得对抗正常经营活动中已支付合理价款并取得财产的买受人。买受人既然也支付了合理价款，抵押人的总体财产也没有因此而减少，只不过是财产的形态发生变化而已，所以也不会真正影响到抵押权人的利益，这也正是浮动抵押与一般抵押有着不同规定的原因。那么，本案案涉标的物也是生产设备是否应适用浮动抵押的规定呢？当然不应该，浮动抵押要求订立抵押合同时标的物不固定，而一般动产抵押，抵押权设定时抵押物已经确定下来，本案中，甲明确以自己的一套生产设备抵押给乙，并办理了抵押登记，抵押物自始至终是确定的，不存在浮动情形，因而属于一般的动产抵押，在法律适用上也就只能适用一般抵押物转让的规定。虽然本案可以通过运用法律适用的一般原理即新法优于旧法，来具体选择适用的法律，并不一定就代表这样处理的结果就是一个理想的选择，涉及抵押物转让的法律问题还很多，在理论和实务界存有很大争议。法律适用的最终目的不是找到哪一条法律进行适用，而是要妥善地处理纠纷，公正合理地解决矛盾。下面笔者就从应然的角度来分析该案的解决之道。

（2）抵押人能否转让抵押物的理论学说

关于抵押人未经抵押权人同意能否转让抵押物以及抵押人转让抵押物将产生的法律后果这一问题，理论界主要有五种学说：一是追及效力说；二是涤除权说；三是物上代位说；四是代为清偿说；

五是限制转让说。

a. 追及效力说

追及效力说,是指抵押人转让抵押物时,无论是否经过抵押权人的同意,抵押物都可以转让,抵押物转让后并不影响抵押权人的权利,当债务人不能履行债务时抵押权人可以实行抵押权,就抵押物进行变价,卖得价金优先受偿,无论抵押物转让与何人,抵押权人都可以追及物之所在实行抵押权。追及效力说的理论来源于物权的追及效力,物权是权利人对特定物的直接支配,享受其利益并排除他人干涉的权利,在效力上物权有排他效力、优先效力和追及效力以及物上请求权四大效力。物权的追及效力,是指物权成立以后,其标的物不论辗转到何人之手,物权权利人均可追及标的物之所在,而主张权利。抵押权作为物权的一种类型,当然也具有排他效力、优先效力、追及效力等,当抵押人将抵押物转让给第三人,而债务人届期又未清偿其债务时,抵押物所有权虽已移转于第三人,但基于物权的追及效力,抵押权人仍可径直追及抵押物之所在行使抵押权,并由变卖抵押物所得的价金优先受偿。总之,抵押人可以转让抵押物,抵押人转让抵押物也不会影响抵押权人实行抵押权。

b. 涤除权说

所谓涤除权,是指在发生抵押财产转让的情况时,抵押财产的受让人向抵押权人支付一定的代价以消灭抵押权。涤除权在罗马法时期就已经存在,法国民法典正式确立了涤除权,之后为日本所采纳。该说认为,抵押人可以转让抵押物,转让抵押物时无须征得抵押权人的同意,为保护抵押权人的利益,受让人可以选择通过向抵押权人支付一定代价的方式消灭抵押权,从而获得完整的所有权。

c. 物上代位说

物上代位说,来源于担保物权的代位性。所谓担保物权的代位性,是指担保物权的标的物毁损、灭失,因而收到保险金、赔偿金或补偿金时,该保险金、赔偿金或补偿金即为担保物权标的物的代替物,从而担保物权人可就它们行使权利。抵押权的标的物毁损灭失时,抵押人获得的保险金、赔偿金或补偿金可以作为抵押物的代位物，抵押权人就代位物优先受偿，也可以就抵押物转让时所获得的价金作为代位物，优先受偿，既可以保障物的流转，保障抵押人的权利，也可以保障抵押权人的权利不会因抵押物的转让而受到损害，同时，对于受让人而言，也可通过市场交易取得物的所有权。

d. 代为清偿说

代为清偿，又称替代清偿，是由债务人以外之第三人代替债务人清偿其对抵押权人之债务，通过消灭抵押所担保的主债权的方式达到消除抵押权之目的。替代清偿乃基于抵押权之从属性，主债权消灭，作为其担保的抵押权也当然随之消灭。但抵押权同时具有不可分性，只有使主债权全部消灭，抵押物上的抵押权始归消灭。代为清偿说，允许抵押物的转让，但受让人要想取得抵押物的完整所有权，应该代替债务人完全清偿债务，债务人的债务完全清偿，债权人的主债权消灭，抵押权自然失去依附，抵押权消灭，受让人即可取得该标的物的物权。

e. 限制转让说

限制转让说认为，抵押权的设定是为担保债权人债权的实现，如果抵押物流转与第三人之手，不利于抵押权人实行抵押权，因此，为保护抵押权人的权利，抵押人在转让抵押物时，如果经过抵押权人的同意，可以转让，但应将转让所得价金用于提前清偿债务或者提存；如果未经抵押权人的同意，抵押人不得转让抵押物，抵押人违反禁止性规定进行的转让，转让行为无效，受让人也不能取得标的物的所有权。我国当前立法就采取了限制转让说这一观点。

关于抵押物能否转让，笔者认为还要从物权本身特性、货物流转的社会需要以及抵押人、抵押权人、受让人三者的利益冲突与平衡角度进行综合分析。首先物权是支配权，所有权人有对物进行占有、使用、收益、处分等权能，作为抵押人一般是物的所有权人，设定抵押无须转移对标的物的占有，抵押人仍可行使占有、使用、收益等权能，既然抵押人是所有权人，当然在不损害抵押权人权利的同时，其处分权能也不应受到限制，所以，其转让抵押物只要不危及抵押权人的权利都应是允许的。其次商品经济社会货物流转是社会常态，不应加以限制或禁止，虽然抵押物设定了抵押，抵押权人也只是对标的物的交换价值进行支配,只有在债务人不履行债务时,抵押权人才可以行使抵押权。只要抵押人的转让行为不危及抵押权人的权利实现,允许商品货物的流转是大势所趋。最后抵押权作为担保物权,基于物权的追及效力,即便是抵押人将抵押物转让给第三人,当抵押权实行的条件具备时,抵押权人也可以追及物的所在行使抵押权,不会影响抵押权人的利益。所以,允许抵押物的转让比较合理,因此,笔者不赞同限制转让说,比较认同追及效力说。至于涤除权说和代为清偿说,这两种观点比较近似,都是为保护抵押权人的利益,要求受让人支付一定代价以消灭抵押权。所不同的是涤除权说,是受让人通过对标的物的估价选择向抵押权人支付标的物的价金,以换取物的完整的所有权;而代为清偿说,是受让人通过代替债务人清偿债务的方式通过消灭主债权来消灭抵押权的方式,而换取抵押物的所有权。笔者认为这两种观点都把风险较多地转移给受让人,不太妥当。

(3) 动产抵押物转让所涉法律关系的理论解说

基于以上的分析,笔者认为抵押物可以转让,抵押权人基于物权的追及性,可以通过追及物之所在,以保障抵押权的顺利实现。对于动产抵押权,因为动产所有权的公示方式为占有,登记只是起到对抗的效力,登记与否并不影响抵押权的成立,就有登记的动产抵押权和未登记的动产抵押权,考虑到受让人对公示的信赖,在处理动产抵押权转让法律纠纷时还要具体情况具体分析:

a. 抵押物转让合同的效力

对于抵押物转让的法律行为所涉及的法律关系,考虑到区分原则,则有抵押物转让债权合同关系以及抵押物物权变动的物权行为法律关系。就抵押物转让债权合同而言,抵押人与第三人就标的物转让事项达成一致协议,符合合同的成立和生效要件,在当事人之间就存在合同关系。因债权合同为负担行为,无须考虑标的物是否特定以及订立合同之人是否为有权处分,当事人有相应行为能力,意思表示真实,标的合法、不违反公序良俗等,只要不具有合同无效或效力瑕疵情形,转让合同都是有效的,若因一方当事人的原因致有违约的表现,另一方当事人即可追究其违约责任。而抵押物物权的变动，则要有让与所有权的合意以及不动产的登记和动产的交付。本书主要讨论的是动产抵押物的转让，只要将标的物交付受让人就可发生物权的变动，受让人就可以取得物的所有权。

b. 登记的动产抵押权，抵押物转让时抵押人、抵押权人、受让人之间的法律关系

因为在转让的标的物之上已经设定有动产抵押权，买受人虽然根据转让行为能够取得物的所有权，但此时就会出现一物之上同时存在抵押权和所有权，二权利哪一个权利优先关系到抵押人、抵押权人、受让人的直接利益，所以必须妥善处理。抵押权人的抵押权和受让人的所有权的冲突的解决，关键还是要看物权的公示，只有经过公示才具备公信力。抵押权人的权利若经过登记而公示，那么就意味着抵押权具有了对抗善意第三人的效力，受让人就不能以其所有权对抗抵押权人的抵押权。即便其不知有抵押权的存在，也是如此，因为该动产抵押权已经登记，就有了公信力，可推定其他第三人应知，若是不知当属重大过失，抵押权当然可以对抗受让人的所有权。即当债务人不履行债务时，抵押权人可以追及物的所在来实行抵押权，作为第三人的受让人不能与之对抗。此时，保障了抵押权人的抵押权顺利实现，其利益得以维护，而作为受让人，其从抵押人处受让的所有权因被抵押权人实行抵押权，其所受让的所有权受到损害，只能通过其与抵押人之间的转让合同来进行救济，可以追究抵押人的违约责任。

c. 未登记的动产抵押权，抵押物转让时抵押人、抵押权人、受让人之间的法律关系

假若，动产抵押权未经登记，抵押权仍可成立，因抵押权的设定无须转移标的物的占有，实际上抵押权并不具有外在的表征，第三人不能从外部查知该动产上有抵押权的存在，除非是当事人转让抵押物时已经告知抵押权的存在，或者受让人从其他渠道已经知悉抵押权的存在。未登记的动产抵押权，在抵押人向第三人转让抵押物时，只要转让合同合法有效，标的物交付给受让人，所有权便发生转移，受让人取得标的物的所有权。那么，此时受让人的所有权与抵押权人的抵押权仍需判断孰为优先。根据公示对抗主义基本原

理，只有经过公示的物权才能对抗善意第三人，由于动产抵押权未经公示，第三人若为善意，既不知且无重大过失情形，那么抵押权人的抵押权就不能对抗善意第三人，也就是说受让人如果是善意第三人，便可以获得一个完全的物权，抵押权人不能再追及标的物实行抵押权，目的是保护交易安全，保护交易过程中的善意第三人。如果债务人不能履行到期债务，而动产抵押权人的抵押权又不能实现，此时抵押权人的利益受到损害，为平衡当事人之间的利益关系，抵押权人可以就抵押人从受让人处获得的价金优先受偿，也可以通过追究抵押人的侵权责任、抵押合同中的违约责任等对其进行救济。

所以，在处理抵押人、抵押权人、受让人之间的法律关系时，并不能采取"一刀切"的方法，而是要具体问题具体分析，遵循公平的基本原则合理解决当事人之间的利益冲突。

案例8　动产抵押权与动产质权并存时的优先顺位
——刘某与咸阳金泰投资担保有限公司、咸阳迅达汽车服务有限公司侵权责任纠纷一案

1. 本案的基本情况

（1）本案的判决书文号：陕西省咸阳市中级人民法院（2016）陕04民终689号。

（2）本案的所涉当事人：

上诉人（原审被告）咸阳金泰投资担保有限公司。

被上诉人（原审原告）刘某。

2. 一审法院查明的事实

2011年3月23日，刘某（与原告刘某并非同一人）在咸阳市秦都区农村信用合作联社申请企业贷款，被告咸阳金泰投资担保有限公司（以下简称金泰公司）提供担保，张某用其所有的陕D×××××号思域牌小轿车为刘某提供反担保抵押，但未办理抵押登记。2011年7月11日，原告刘某与张某及姚某签订质押协议，约定张某以其陕D×××××号小轿车为质押物，质押给原告，质押

期限从 2011 年 7 月 11 日起至 2011 年 8 月 10 日止，核定借款 10 万元整。该车后一直由原告刘某使用。2015 年 2 月 3 日晚，被告金泰公司委托被告咸阳迅达汽车服务有限公司（以下简称迅达公司）将该车拖走，原告于 2015 年 2 月 9 日与张某到公安机关以车辆丢失为由报案。

3. 一审法院的认定和处理

一审法院认为，公民、法人的合法的民事权益受法律保护，任何组织和个人不得侵犯。被告金泰公司与张某签订的反担保抵押合同及相关协议不违反法律规定，但未依法办理登记，因此不得对抗善意第三人。原告与张某以书面形式签订质押协议并将车辆交付，质押协议自质物移交于原告占有时生效，质押期限届满后，张某未偿还借款，原告继续留置质物，符合法律规定。被告金泰公司委托迅达公司未经质权人同意，将诉争车辆拖走占有，侵犯了原告的合法权利，被告金泰公司应将车辆返还，如不能返还，则应按照该车市场价值予以赔偿。被告迅达公司虽受金泰公司委托，但在接受、执行受托事务时，其行为应符合法律规定，其明知金泰公司并非诉争车辆的所有权人且不具有占有该车的权利时，仍然执行受托事务，故应与被告金泰公司承担相同的民事赔偿责任。

依照《中华人民共和国民法通则》第 5 条，《中华人民共和国物权法》第 179 条、第 180 条、第 188 条、第 212 条，《最高人民法院关于适用〈中华人民共和国担保法〉若干问题的解释》第 79 条、第 95 条之规定，判决：第一，被告金泰公司于本判决生效之日起十日内向原告刘某返还陕 D×××××号思域牌轿车，如不能返还，则按照 2015 年 2 月该车的市场价值予以赔偿。第二，被告迅达公司承担连带的返还或赔偿责任。如未按本判决指定的期间履行给付金钱的义务，应当依照《中华人民共和国民事诉讼法》第 253 条之规定，加倍支付迟延履行期间的债务利息。案件受理费 2300 元，由迅达公司、金泰公司承担。

4. 当事人的上诉和答辩情况

金泰公司不服，向二审法院提起上诉，其上诉称，本案争议标的物陕 D×××××思域车车主张某一车二抵属诈骗行为，本案应先刑后民，移送有关司法机关。上诉人抵押权在先，抵押权优先于质押权，原判反其道而行之，完全错误。被上诉人刘某不是陕D×××××思域车车主，无权要求返还车辆，本案应追加车主张某为本案当事人。上诉人追回车辆的行为无过错，请求撤销原判，依法改判。

被上诉人辩称，本案不存在刑事案件，也谈不上先刑后民一说。本案车辆是动产且已交付被上诉人，上诉人虽然签订抵押合同，但未办理抵押登记，故本案质押权优先于抵押权。被上诉人对车辆享有质权，要求上诉人返还车辆符合法律规定，故本案不存在追加车主张某的问题。原判正确，请求驳回上诉，维持原判。

原审被告迅达公司称，其公司在现场履行了其应尽的义务，同意上诉人的上诉意见。

5. 二审法院查明的事实、认定和处理

经审理，二审查明的事实与一审判决查明的事实一致。

二审法院认为，上诉人认为本案争议标的物陕D×××××思域车车主张某一车二抵属诈骗行为，本案应先刑后民，因公安机关对此并未立案，故本案不涉及先刑后民问题。《最高人民法院关于适用〈中华人民共和国担保法〉若干问题的解释》第79条规定，"同一财产法定登记的抵押权与质权并存时，抵押权人优先于质权人受偿"。本案上诉人虽对争议车辆享有抵押权，但其抵押权未经登记，被上诉人与张某以书面形式签订质押协议并将车辆交付，质押期限届满后，张某未偿还借款，被上诉人继续留置质物，符合法律规定，故上诉人的抵押权不能对抗被上诉人对争议车辆享有的质押权。又因质押权为法定物权，当物权受到侵害时，权利人可以通过和解、调解、仲裁、诉讼等途径解决，故被上诉人作为质权人要求返还车辆并无不当，上诉人认为不应向被上诉人返还车辆及应追加张某的上诉理由依法不能成立。

综上，原判认定事实清楚，适用法律正确，应予维持。上诉人的上诉理由不能成立，其上诉请求法院依法不予支持。依据《中华人民共和国民事诉讼法》第170条第1款第（1）项之规定，判决如下：驳回上诉，维持原判。二审诉讼费2300元，由上诉人咸阳金泰投资担保有限公司承担。本判决为终审判决。

6. 本案的解析

本案中上诉人（原审被告）金泰公司因刘某向信用社借款，为刘某提供保证担保，金泰公司为了担保自己的保证债权要求刘某提供反担保，张某以自己的汽车作为抵押为刘某进行担保。根据案件中双方当事人提供的证据以及法院查明的事实，刘某与信用社存在着借款合同，金泰公司与刘某存在着保证合同，金泰公司与张某存在着抵押合同，事实明确，无争议。根据我国《合同法》《担保法》《物权法》的规定，这些合同关系皆有效成立。根据我国《物权法》第180条的规定："债务人或者第三人有权处分的下列财产可以抵押：（一）建筑物和其他土地附着物；（二）建设用地使用权；（三）以招标、拍卖、公开协商等方式取得的荒地等土地承包经营权；（四）生产设备、原材料、半成品、产品；（五）正在建造的建筑物、船舶、航空器；（六）交通运输工具；（七）法律、行政法规未禁止抵押的其他财产。抵押人可以将前款所列财产一并抵押。"抵押权的设立，可以以交通运输工具等动产作为标的物，而张某提供的汽车可以在该物上设定动产抵押权。我国《物权法》第188条规定："以本法第一百八十条第一款第四项、第六项规定的财产或者第五项规定的正在建造的船舶、航空器抵押的，抵押权自抵押合同生效时设立；未经登记，不得对抗善意第三人。"张某为刘某与金泰公司之间的保证债务订立动产抵押合同是在2011年3月23日，动产抵押合同生效时抵押权设立，即金泰公司就该汽车于当日便享有了动产抵押权，但当事人并未就动产抵押权进行登记。之后，2011年7月11日，张某又将该车质押给被上诉人刘某（原审原告），质押期限2011年7月11日至2011年8月11日。原审原告刘某取得质权。因刘某未履行对金泰公司的保证债务，金泰公司实行抵押权，发现抵押物在原告刘某处后强行拖走，原告刘某以质权受到侵害为由提起诉讼，一审法院支持了原告的诉讼请求，被告金泰公司不服，才提起上诉。本案中金泰公司与原告刘某各不相让，即金泰公司以抵押权为理由，刘某以质权为依据，双方展开了诉讼活动。所以，双方当事人谁的主张能够得到法院的支持，关键还是看动产抵押权和质权的优先顺位。

动产抵押权和动产质权，都是设立在动产之上的担保物权。动产抵押权不需要转移标的物的占有，抵押合同生效时，抵押权设立；动产质权需要转移标的物的占有，除要有质押合同外，还需要将标的物交付给质权人。本案中先在张某的汽车上设定了动产抵押权，后又在该车上设定了动产质权。也正是因为动产抵押无须转移标的物的占有，张某作为所有人，继续占有、使用标的物，当然作为汽车的所有权人对该车的处分权也没有限制，张某又将该标的物设定质押才有了可能性。同一标的物上存在着抵押权和质权，构成了权利冲突的现象，物权是支配权，具有排他性，抵押权和质权并存时，需要厘清优先顺位，才能更好地实现权利人的权利，公平解决纠纷。在评判动产抵押权和动产质权的优先顺位问题时，不仅需要考虑抵押权和质权成立的先后顺序，最重要的还需要考虑公示与否以及公示的先后顺序。因为动产质权的设立需要交付，也就是说必须有明确的公示，而动产抵押权则并不以登记为生效要件，可以公示，也可以不进行公示，笔者主要以动产抵押权为参照，从登记的动产抵押权和未登记的动产抵押权两个角度进行分析。

（1）登记的动产抵押权与动产质权的优先顺位

传统的抵押权建立在不动产之上，不动产的公示方式为登记，不动产抵押权的设定也需要登记，不动产之上设定的双重抵押权只需看登记的先后顺序即可。而动产抵押权，因抵押物是动产，动产的公示方式为占有，通过转移占有的方式设定的担保物权一般是动产质权，动产质押也因质押人失去了占有不能继续使用标的物，而质权人也不能使用标的物，造成物的浪费闲置，才有了动产抵押的产生。虽抵押权无须转移占有，方便对于标的物的利用，但如果抵押权人的抵押权无法通过公示的方式让第三人知悉，抵押权就会因丧失公信力而对抵押权人造成大大的不利。所以，动产抵押权也可通过登记的公示方式来赋予其公信力。但考虑到市场经济的效率价值以及尊重当事人的自由选择，动产抵押权可以进行登记公示，也可以不进行登记，是否登记并不影响动产抵押权的设立，只不过未经登记就不能对抗善意第三人，只有经过登记，才能产生对抗善意第三人的效力。在交易过程中,动产抵押权的设立与动产抵押权的登记可能会出现时间上的偏差,即有可能是动产抵押合同的生效发生在前,动产抵押权已经成立,过后才履行登记手续。而动产质权的设立,则必须转移占有,没有进行占有的转移,质权不成立,动产质权的设立时间与动产质权的公示时间具有时间上的一致性。所以简单地从抵押权和质权设立的时间上来判断二者的先后顺序有所不妥。因为只有登记的动产抵押权才相当于完整意义上的抵押权,才能发生对抗效力,这里可以对抗的第三人,当然包括质权人。所以当同一动产上既设定抵押权,又设定质权时,判断登记的动产抵押权与动产质权的优先顺位,就看动产抵押权的登记是先于动产质权设定,还是后于质权的设定,如果登记在先,则动产抵押权先于质权优先受偿;如果登记后于质权的设定,则动产抵押权后于质权优先受偿。

当然,这里也会有动产抵押权登记对抗效力的妥当性的问题,因为动产物权是以占有为公示方式,选择信赖动产的占有公示而与抵押人进行交易的第三人,因不知动产抵押的存在,与抵押人进行交易,动产抵押权是否应该对其发生对抗的效力?例如第三人因未查阅动产抵押登记簿,抵押人也未告知其抵押情形,仅仅就是信赖了动产的占有,就在该标的物上设定了动产质权,其质权能否对抗已经先行登记的抵押权?笔者认为这里存在着一个风险分配的问题,第三人可能因为仅仅是信赖了动产的占有,并不知登记的动产抵押权的情形,缺乏"恶意",但法律只能通过利益考量选择一方承担交易中发生的较大风险,如果动产抵押权经过登记公示仍不能具有对抗效力,那么动产抵押权就失去了存在价值,考虑到社会经济生活中对动产担保交易的需求,赋予登记有对抗效力,那么无疑会让此后与占有人进行交易的第三人承受着较大的风险,考虑到第三人的利益的保护,可以通过加强处分人的告知义务以及承受更多的民事责任的方式来对第三人利益进行平衡。通过法律明确登记的动产抵押权有对抗效力,也要求在动产交易中第三人要尽到更多的注意义务来降低自己的风险。

（2）未登记的动产抵押权与动产质权的优先顺位

未登记的动产抵押权与动产质权的优先顺位，也不能简单地通过设立的先后顺序来进行判断。动产担保交易过程中，有可能会出现当事人对动产抵押权未进行登记，而动产抵押权已然在抵押合同有效成立时设定的情形。而为了担保债务的履行，所有人可能早于抵押权的设立或者在抵押权设立之后，在该动产上设定质权，此时，也会出现动产抵押与动产质押并存的情形。由于，动产抵押权未经登记，不具有对抗效力，而动产质权势必要转移占有，所以，无论动产抵押权设立先于质押或者后于质押，质权已经有着明确的公示，动产质权都会具有优先顺位。

总之，于动产之上同时存在动产抵押权和动产质权时，判断动产抵押权和动产质权的优先顺位关键是看谁公示在先，登记在先的动产抵押权优先于动产质权受偿，先设立的动产质权优先于登记在后或设立在后的动产抵押权。就本案而言，由于金泰公司的抵押权未进行公示，未登记的动产抵押权不得对抗善意第三人，此后抵押人又将该物出质于原告刘某，刘某享有质权，金泰公司的抵押权不能优先于刘某的质权，所以，金泰公司为实现自己的保证债权，强行拖走质押物，是对刘某质权的侵害，金泰公司若想实现其抵押权，只能等到刘某的质权实现完毕之后，就该车的剩余价值优先受偿，或者等到刘某的质权消灭之后再就该抵押物优先受偿。

结　论

随着商品经济的逐步发达，人们之间的交易活动渐趋频繁，民法债权制度也走向兴盛，为保障债权的实现，担保制度随之发达。典型的担保物权主要有抵押权、质权和留置权，留置权具有法定性，因法定的原因出现，方能成立留置权，因而，民商事交往中应用最多的还是抵押权和质权。由于设定质权需要转移标的物的占有，出质人既将物作为担保，便失去了占有而不能继续使用标的物、获取收益，而质权人也只是对质押物的交换价值享有支配权，造成资源的浪费，相反抵押权因无须转移标的物占有，抵押人虽将标的物的交换价值交由抵押权人支配，但仍可对标的物的使用价值享有支配权，所以这也为抵押赢得了"担保之王"的美誉。由于物权的特征和本质属性，决定了物权法以公示公信为原则，而动产与不动产的本质差别也决定了在物权法中不动产物权以登记、动产物权以占有为公示方式，所以传统的抵押权建立在不动产之上，质权主要建立在动产之上。但随着商品经济的发达，融资成为企业发展的急迫需求，尤其是对中小企业而言，其不动产较少甚至没有，而动产又是自身发展不可缺少之资产，如何通过担保进行融资成为一个难题。在民商事实践中，逐渐开辟了新的路径，动产抵押即是解决这种难题而在实践中产生的新型担保制度。

动产抵押的出现亦是备受争议，既有大加褒扬者，也有大肆批判者，在各国和地区的立法中也是如此，既有明确规定动产抵押制度者，有不愿承认动产抵押制度者，也有有限承认动产抵押制度者。我国《物权法》虽认可了动产抵押，但也始终是过于粗糙，适用起来难免捉襟见肘，学理上对动产抵押的研究也不可谓不多，但较为系统、全面、深入的研究，亦是有必要的。笔者即通过对动产抵押制度的历史考察，在对各国和地区动产抵押立法比较分析的基础之上，对动产抵押制度的意义、动产抵押制度争议和成败的关键，以及动产抵押权的设定、效力、冲突以及实现做了深入探讨，下面笔者就把通过研究所得结论做一总结性的阐述。

动产抵押，是债务人为担保其债务的履行，对债务人或第三人所有的动产不转移占有地设定抵押，当债务人不能偿还债务时，抵押权人可以就抵押标的物拍卖或变卖所得价金优先受偿的担保方式。动产抵押制度突破了传统抵押只能在不动产之上设定的局限，把抵押物的范围扩至动产，有利于克服动产质押的不足，实现物尽其用，满足交易主体融资担保的需求。但是动产所有权是以占有为公示方式，动产交易的相对人只要是信赖占有的外观公示与之交易就应该受到保护，而动产抵押中，所有人虽在标的物上设定了抵押权，却仍然占有标的物，如何彰显抵押权呢？也就是说动产抵押权如何公示，才能让第三人知晓抵押权的存在？承认动产抵押制度的立法例中，一般都是以登记为动产抵押权的公示方式。这就带来一个问题，动产所有权以占有为公示方式，动产抵押权以登记为公示方式，在动产交易中到底是应该信赖占有还是信赖登记呢？这一立法模式不可避免地造成了动产抵押权与动产所有权之间的冲突。所以动产抵押权缺乏较好的公示方式，成为这一制度的硬伤，也是大多数学者和国家立法反对动产抵押的最有力依据。

因此，动产抵押权的公示制度是动产抵押制度成败的关键，只要解决了动产抵押权的公示方式，动产抵押制度面临的难题和责难就不攻自破。笔者认为，动产抵押权的公示方式的难题，并非不可攻破，但按照现在大多数国家和地区采取登记的方式进行公示是不可取的，毕竟动产所有权是以占有为公示方式，而动产抵押权以登记为公示方式，这就会产生不可调和的矛盾，信赖占有则动产抵押权登记变得毫无意义，信赖登记则会要求在动产交易过程中交易人要查询动产抵押登记簿，从而增加了当事人的交易成本和风险。所以，笔者建议，根据动产标的物的特征采取综合多样的公示方式，如对于目前一般采登记为其公示方式的"准不动产"——机动车辆、船舶、航空器等，则可采用登记的方式，对于适合采用在标的物上刻字、贴标签等的，可在动产标的物上进行刻字、贴标签，对于没有适合公示方法的，可遵照当事人的意思进行设定动产抵押权，当然经过公示的动产抵押权即具有对世性、公信力，未进行公示的动产抵押权不具有公信力。我国物权法规定动产抵押权是以登记为公示方式，而笔者建议采登记和辅助公示方法相结合的公示方式，以救其穷。

  动产抵押的设定是动产抵押权产生的最主要原因。在理论上动产抵押的设定有意思主义、书面主义、登记主义、登记对抗主义等不同主张，之所以有如此不同的主张，主要是基于价值判断的不同，有的考虑到交易的安全，有的考虑到交易的便捷。由于民法乃私法，私法自治是其重要原则，而作为民法上有行为能力的个人也都应有自己的理性，我们应该相信每一个理性的人是自己利益的最佳判断者，不应把自己的意志强加于每个个人，所以动产抵押的设定亦应遵循此原则，动产抵押的设定宜采意思主义，当然书面形式可以为将来的纷争提供更有力的证据，公示则使得动产抵押权有公信力，动产抵押的设定采不采书面形式，进不进行公示悉由当事人自己做主。另外，为了在法律逻辑上更好地区分当事人的法律行为的意义，应采物权行为和债权行为的区分原则，在动产抵押设定过程中既有在当事人之间产生债的关系的债权行为，亦有产生抵押权的物权行为，不同的行为其应有的法律效果是不同的。将私法自治贯彻到底，在动产抵押权公示立法模式上亦不将公示作为抵押权的生效要件，而是赋予其对抗效力，动产抵押权进行了公示便可对抗善意第三人，不进行公示不具有对抗效力，只能在当事人之间产生效力；在可供抵押的标的物范围上，也不加限制，全由当事人自己做主，更能方便当事人进行动产担保交易。这种立法模式，都是综合考虑了交易的高效、便捷、安全价值后，所做出的选择。

  动产抵押权的效力制度可谓是动产抵押制度的核心，动产抵押权效力的设计既要考虑到动产抵押制度的特征，还要考虑到交易便捷、安全的价值，因此，需要运用利益衡平的方法来确定动产抵押交易中各方当事人的权利和义务。抵押人占有并继续使用抵押物，难免会对抵押物为一定处分，这便会直接导致抵押权人与第三人的利益冲突，解决该问题应本着利益平衡的原则，当动产抵押权进行了公示，抵押权人的抵押权就具有了公信力，可以对抗善意第三人，未公示的动产抵押权不得对抗善意第三人，这里的第三人需要是善意，第三人的范围也比较广泛，包括一切与抵押人进行交易之人，亦包括债权人在内，也就是说动产抵押权未经公示，就算是一般债权人也难以对抗。那么，对于未公示的动产抵押权连一般债权人也不能对抗，还能是物权吗？回答是肯定的，在当事人之间设定的抵押权仍然是存在的，如果没有第三人的出现，动产担保交易当事人都能恪守诚信的话，动产抵押权同样能发挥抵押权的功能。在处理抵押权人与第三人的冲突时，关键是看公示，这也是保护交易安全秩序的需要。

在抵押人与抵押权人之间，因动产抵押权是通过当事人的意思即可设立，动产抵押权在抵押人与抵押权人之间的效力，主要是看意思的效力。抵押权人享有抵押权，当债务人不能清偿到期债务时，可以实行抵押权，抵押权人也有保全权，也有损害赔偿请求权等。在抵押人与第三人之间，第三人能否取得标的物之物权，则依据物权法的规定来处理。第三人不能取得完全物权，或者不能取得物权，则根据双方当事人之间的合同来处理双方的纠纷，根据合同法来判断双方的权利义务关系。

另外，为保障动产抵押权人抵押权的实现，动产抵押权效力制度中也须明确动产抵押权效力所及标的物的范围。笔者认为，动产抵押权一般情况下可以及于加工物、附合物、混合物，但应以标的物的原有价值为限，还要考虑到所有权的变动情况，具体问题具体分析；动产抵押权的效力不能及于从物和孳息，至于抵押物的代位物，因抵押物虽已消灭，但其价值转移至代位物了，动产抵押权的效力可以及于代位物。

动产抵押权在抵押人处分抵押物时，如转让标的物或在标的物上设定担保等，都会发生动产抵押权的冲突问题。笔者认为，在动产抵押权与受让人的所有权发生冲突时，抵押权人能否对标的物享有追及权，要看动产抵押权公示与否，经过公示的动产抵押权，受让人不能取得完整的所有权，抵押权人在实行抵押权时可以追及该抵押物；未公示的，善意的受让人可以取得完整的所有权，抵押权人受到损害，只能要求抵押人承担相应责任。在发生双重抵押时，公示的优先于未公示的，都进行公示的以公示的先后顺序，都未公示的则按债权比例受偿。在动产抵押权与质权发生冲突时，则要依据权利的发生时间、原因、公示等多种因素来判断二者的优先次序。先押后质场合，公示的动产抵押权优先于质权，质权优先于未公示或公示在后的抵押权，需要以质权人是善意为条件。在先质后押场合，要看抵押权的发生原因，出质人设定的动产抵押权，质权优先于抵押权，质权人设定的动产抵押权，需要判断质权人是否为有权处分，无权处分的，第三人为善意的，善意取得的抵押权优先于质权；有权处分的，需要判断二者的实现顺序，先实行的优先。在动产抵押权与留置权发生冲突时，亦不能简单地以留置权优先于动产抵押权为标准，亦应区分二者发生的先后顺序。在先押后留场合，按照一般商业常规发生的留置权优先于动产抵押权，在先留后押场合，由所有人设定动产抵押时，留置权优先于动产抵押权；由留置权人设定动产抵押时，则需要看留置权人是否为有权处分，留置权人为无权处分的，第三人善意取得动产抵押权，抵押权优先于留置权；留置权人经过所有人的同意而设定的动产抵押，则要看此两种权利的实行期限，先实行的优先于后实行的。

  我国《物权法》动产抵押权的实现方式，仅规定通过协商的方式与申请法院拍卖或变卖的方式。鉴于民法的私法自治的属性以及动产抵押权的特征，建议引入私力救济的方式，当债务人不能清偿到期债务，有害于抵押权实现时，动产抵押权人可以占有抵押物，并可以自行拍卖或变卖抵押物，只要是不损及抵押人和第三人的利益即可。这样，可以大大地保障动产抵押权的实现。

  总之，动产抵押制度是在现实交易中为便于当事人融资担保而发展起来的制度，有其存在的巨大价值，没有必要对之进行限制，只要是能适应现实经济生活，便于交易，都应该承认。当然，在具体制度设计中，亦应扬长避短，以最大限度发挥其价值，本书运用了比较分析、价值分析等方法，尤其是本着私法自治的精神，充分尊重当事人的意思，依据交易便捷、交易安全的原则，运用利益衡量的方法，对动产抵押制度做了探讨，以期对今后动产抵押制度的研究有所启发，对动产抵押制度的法律适用有所帮助，对完善我国动产抵押制度有所助益。

参考文献

一 中文文献

（一）专著、译著

［1］陈本寒：《担保物权法比较研究》，武汉大学出版社2003年版。

［2］陈朝璧：《罗马法原理》，法律出版社2006年版。

［3］陈卫佐：《德国民法总论》，法律出版社2007年版。

［4］高圣平：《动产抵押制度研究》，中国工商出版社2004年版。

［5］何美欢：《香港担保法》，北京大学出版社1995年版。

［6］梁慧星、陈华彬：《物权法》，法律出版社1997年版。

［7］梁慧星：《民法总论》，法律出版社1998年版。

［8］梁慧星：《中国民法典草案建议稿》，法律出版社2005年版。

［9］刘宝玉：《担保法疑难问题研究与立法完善》，法律出版社2006年版。

［10］刘春堂：《判解民法物权》，中国台湾三民书局1987年版。

［11］刘德宽：《民法诸问题与新展望》，中国政法大学出版社2002年版。

［12］马俊驹、余延满：《民法原论（第3版）》，法律出版社2007年版。

［13］梅仲协：《民法要义》，中国政法大学出版社1998年版。

［14］强力：《金融法通论》，高等教育出版社2010年版。

［15］沈达明：《法国/德国担保法》，中国法制出版社2000年版。

［16］ 史尚宽：《民法总则》，中国政法大学出版社2000年版。

［17］ 史尚宽：《物权法论》，中国政法大学出版社2000年版。

［18］ 苏永钦：《寻找新民法》，北京大学出版社2012年版。

［19］ 孙鹏、肖厚国：《担保法律制度研究》，法律出版社1998年版。

［20］ 王闯：《让与担保法律制度研究》，法律出版社2000年版。

［21］ 王利明：《中国民法典学者建议稿及其立法理由》，法律出版社2005年版。

［22］ 王轶：《物权变动论》，中国人民大学出版社2001年版。

［23］ 王泽鉴：《民法学说与判例研究》第1册，中国政法大学出版社1998年版。

［24］ 王泽鉴：《民法学说与判例研究》第2册，中国政法大学出版社1998年版。

［25］ 王泽鉴：《民法学说与判例研究》第8册，中国政法大学出版社1998年版。

［26］ 王泽鉴：《民法物权2用益物权·占有》，中国政法大学出版社2001年版。

［27］ 王泽鉴：《民法总则》，中国政法大学出版社2001年版。

［28］ 魏振瀛：《民法》，北京大学出版社、高等教育出版社2000年版。

［29］ 肖厚国：《物权变动论》，法律出版社2002年版。

［30］ 谢怀栻：《外国民商法精要（增补本）》，法律出版社2006年版。

［31］ 谢在全：《民法物权论》上册，中国政法大学出版社1999年版。

［32］ 谢在全：《民法物权论》下册，中国政法大学出版社1999年版。

［33］ 徐国栋：《绿色民法典草案》，社会科学文献出版社2004年版。

［34］ 徐国栋：《民法典与民法哲学》，中国人民大学出版社2007年版。

［35］许明月：《抵押权制度研究》，法律出版社1998年版。

［36］郑成良：《现代法理学》，吉林大学出版社1999年版。

［37］郑玉波：《民法总则》，中国政法大学出版社2003年版。

［38］周枏：《罗马法原论》，商务印书馆1994年版。

［39］［奥］凯尔森：《法与国家的一般理论》，沈宗灵译，中国大百科全书出版社1996年版。

［40］［德］迪特尔·梅迪库斯：《德国民法总论》，邵建东译，法律出版社2001年版。

［41］［德］鲍尔、施蒂尔纳：《德国物权法》下册，申卫星、王洪亮译，法律出版社2006年版。

［42］［德］K. 茨威格特、H. 克茨：《比较法总论》，潘汉典等译，法律出版社2003年版。

［43］［德］卡尔·拉伦茨：《德国民法通论》，王晓晔、邵建东等译，法律出版社2003年版。

［44］［德］卡尔·拉伦茨：《法学方法论》，陈爱娥译，商务印书馆2003年版。

［45］［法］盖斯旦：《法国民法总论》，谢汉琪等译，法律出版社2004年版。

［46］［美］戴维·M. 沃克：《牛津法律大辞典》，邓正来等译，光明日报出版社1989年版。

［47］［美］艾伦·沃森：《民法法系的演变与形成》，李静冰、姚新华译，中国政法大学出版社1992年版。

［48］［美］哈罗德·J. 伯尔曼：《法律与革命》，贺卫方译，中国大百科全书出版社1993年版。

［49］［美］E. 博登海默：《法理学：法律哲学与法律方法》，邓正来等译，中国政法大学出版社2004年版。

［50］［日］舟桥谆一：《物权法》，有斐阁1990年版。

［51］［日］远藤浩、川井健：《新版民法（3）·担保物权》，有斐阁1998年版。

［52］［日］铃木禄弥：《物权的变动与对抗》，渠涛译，社会科学文献出版社1999年版。

［53］［日］我妻荣：《债权在近代法中的优越地位》，王书江等译，中国大百科全书出版社1999年版。

［54］《我妻荣民法讲义Ⅲ·新订担保物权法》，申政武、封涛、郑芙蓉译，中国法制出版社2008年版。

［55］［日］近江幸治：《担保物权法》，祝娅等译，法律出版社2000年版。

［56］［日］山本敬三：《民法讲义Ⅰ·总则（第3版）》，解亘译，北京大学出版社2012年版。

［57］［意］彭梵得：《罗马法教科书》，黄风译，中国政法大学出版社2005年版。

［58］［英］巴里·尼古拉斯：《罗马法概论（第2版）》，黄风译，法律出版社2004年版。

［59］《日本民法典》，陈国柱译，吉林大学出版社1993年版。

［60］《德国民法典》，杜景林、卢谌译，中国政法大学出版社1999年版。

［61］《意大利民法典》，费安玲等译，中国政法大学出版社2004年版。

［62］《美国统一商法典及其正式评述》第1卷，高圣平译，中国人民大学出版社2006年版。

［63］《法国民法典》，罗结珍译，中国法制出版社1999年版。

［64］《美国统一商法典》，潘琪等译，中国对外经济贸易出版社1990年版。

［65］《魁北克民法典》，孙建江、郭站红、朱亚芬译，中国人民大学出版社2005年版。

［66］《瑞士民法典》，殷生根、王燕译，中国政法大学出版社1999年版。

（二）论文集

［1］陈本寒：《动产抵押制度存废论——兼评我国民法（草案）对动产抵押与让与担保制度之规定》，载邹海林《金融担保法的理论与实践》，社会科学文献出版社2004年版。

［2］王泽鉴：《动产担保制度与经济发展》，载梁慧星《民商法

论丛》第 2 卷，法律出版社 1994 年版。

［3］尹田：《法国不动产公示制度》，载梁慧星《民商法论丛》第 16 卷，法律出版社 2000 年版。

［4］［日］近江幸治：《日本民法的展开——特别法担保法》，载梁慧星《民商法论丛》第 17 卷，香港：金桥文化出版有限公司 2000 年版。

（三）论文

［1］董学立：《美国动产担保制度研究》，博士学位论文，山东大学，2006 年。

［2］高圣平：《动产担保交易制度研究》，博士学位论文，中国政法大学，2002 年。

［3］彭凤英：《论动产抵押担保制度的完善》，硕士学位论文，湖南大学，2007 年。

［4］魏葳：《论动产抵押物的转让与抵押权的效力》，硕士学位论文，中国政法大学，2006 年。

［5］赵启龙：《论我国动产抵押制度的完善》，硕士学位论文，华东政法大学，2008 年。

［6］邹立婷：《论动产抵押制度——以我国〈物权法〉的相关规定为视角》，硕士学位论文，华侨大学，2007 年。

（四）期刊文献

［1］陈信勇、徐继响：《论动产让与担保与动产抵押之雷同》，《法学论坛》2004 年第 4 期。

［2］丁京萍：《物权公示公信原则与可抵押动产范围之探讨》，《江西财经大学学报》2003 年第 6 期。

［3］高圣平：《美国动产担保交易法与中国动产担保物权立法》，《法学家》2006 年第 5 期。

［4］黄家镇：《破解动产抵押的"戈尔迪之结"——论〈物权法〉动产抵押的完善》，《河北学刊》2008 年第 6 期。

［5］李定毅：《动产浮动抵押担保的风险与防范》，《法学杂志》2009 年第 3 期。

［6］梁上上、贝金欣：《抵押物转让中的利益衡量与制度设

计》,《法学研究》2005 年第 4 期。

[7] 刘光:《论动产抵押法律制度的完善》,《山东财政学院学报》2004 年第 4 期。

[8] 刘生国:《动产抵押公示方式选择的思考》,《武汉大学学报》(社会科学版) 2000 年第 2 期。

[9] 刘文涛、魏文超:《动产抵押交易中的权利冲突——浅析抵押权的公示》,《法学论坛》2000 年第 5 期。

[10] 屈茂辉:《物权公示方式研究》,《中国法学》2004 年第 5 期。

[11] 屈茂辉:《动产物权登记制度研究》,《河北法学》2006 年第 5 期。

[12] 孙鹏、杨会:《论动产抵押物的转让——兼析动产物权公示方式之调整》,《西南政法大学学报》2005 年第 4 期。

[13] 谭九生:《论动产抵押权与留置权的效力冲击》,《商业研究》2004 年第 13 期。

[14] 王闯:《动产抵押论纲》,《法制与社会发展》1995 年第 1 期。

[15] 王利明:《抵押权若干问题探讨》,《法学》2000 年第 11 期。

[16] 王利明:《试论我国不动产登记制度的完善》上,《求索》2001 年第 5 期。

[17] 王利明:《试论动产抵押》,《法学》2011 年第 1 期。

[18] 王磊:《论我国动产抵押制度的现存缺陷及其完善》,《政治与法律》2001 年第 5 期。

[19] 王卫国、王坤:《让与担保在我国物权法中的地位》,《现代法学》2004 年第 5 期。

[20] 王应富、李登杰:《动产抵押权登记对抗效力论》,《江西师范大学学报》2008 年第 4 期。

[21] 魏盛礼:《一般动产抵押:一种法律理论的虚幻》,《南昌大学学报》(人文社会版) 2005 年第 6 期。

[22] 温世扬、廖焕国:《论抵押权物上代位性与物上追及力之

共容》,《法学》2001 年第 6 期。

[23] 熊进光:《论我国动产抵押登记制度的缺陷及其完善》,《河北法学》2004 年第 5 期。

[24] 徐洁:《论动产抵押物的转移与抵押权的效力》,《中国法学》2002 年第 3 期。

[25] 尹田:《法国物权法中动产与不动产的法律地位》,《现代法学》1996 年第 3 期。

[26] 叶军、孔玲:《以物权公示原则为中心分析动产抵押的可行性》,《法制与社会发展》2003 年第 3 期。

[27] 张长青:《论动产抵押》,《政法论坛》2006 年第 4 期。

[28] 张弛:《关于动产担保制度的思考》,《法学》2003 年第 4 期。

[29] 张力:《论抵押物转让中物上代位与物上追及的制度关系》,《甘肃社会科学》2003 年第 6 期。

[30] 张晓娟:《论我国动产担保物权公示方法之改造与完善》,《学术论坛》2008 年第 8 期。

[31] 张晓娟:《突破物权法对动产担保客体之限制与扩展担保客体范围之见解》,《现代财经》2009 年第 3 期。

[32] 张再芝、孟勤国:《一般动产抵押的可行性研究》,《东华理工大学学报》(社会科学版) 2008 年第 3 期。

[33] 赵志军:《动产抵押后的抵押物转让》,《研究生法学》2001 年第 2 期。

[34] 周渊:《浅析我国动产抵押登记制度的不足与完善》,《法学研究》2005 年第 6 期。

[35] 朱庆育:《抵押物转让效力之比较研究——兼评我国担保法第 49 条》,《政法论坛》2000 年第 2 期。

[36] 邹海林:《抵押物的转让与抵押权的效力》,《法学研究》1999 年第 3 期。

[37] [日] 加贺山茂:《日本物权法中的对抗问题》,于敏译,《外国法评译》2000 年第 2 期。

二 外文文献

[1] Douglas G. Baird, Thomas H. Jackson, *Security Interests in Personal Property*, 2nd ed., Mineola: The Foundation Press, Inc. 1987.

[2] Elizebeth Cooke, *Modern Studyes in Property Law*, Vol. 1, Oxford: Hart Publishing, 2001.

[3] Joseph J. Norton, Mads Andenas (eds.), *Emerging Financial Markets and Secured Transctions*, London: Kluwer Law International, 1998.

[4] Michael G. Dickson, Wolfgang Rosener, Parl M. Storm, *Security on Movable Property and Receivables in Europe*, Oxford: ESC Publishing Limited, 1988.

[5] Michael Bridge, Robert Stevens (eds.), *Cross-Broder Security and Insolvency*, London: Oxford University Press, 2001.

[6] Nell B. Cohen, "International Secured Transactions and Revised UCC Article 9", *Chicago-kent Law Review*, Vol. 74, 1999.

[7] Ronald. A. Anderson, *Anderson on the Uniform Commercial Code*, Volume 4, 2nd ed., New York: The Lawyers Co-Operation Publishing Co, 1971.

[8] Robert. L. Jordan, William D. Warren, Steven D. Walt, *Secured Transations in Personal Property*, 5th, New York: Foundation Press, 2000.

[9] Thomas W. Merrill and Henry Smith, "Optimal Standardization in the Law of Property", *The Numerus Clausus Principle*, *Yale Law Journal*, Vol. 110, 2000.

[10] Thomas W. Merrill and Henry Smith, "The Property Contract Interface", *Columbia Law Review*, Vol. 101, 2001.

后　　记

　　经过多次修改完善，书稿终于收官，激动而释然。从理论研究走到实务领域，再从实务领域回到理论研究，兜兜转转中，成就了自己理论与实践结合的经历。

　　动产抵押法律制度的研究，缘起于自己多年的银行工作经历。不动产抵押是银行授信业务中最常采用的担保方式，对于缓解银行授信风险起到了举足轻重的作用。但是，对于资产实力羸弱、资金需求迫切的中小企业而言，不动产抵押却是个高门槛的担保方式，融资难一直掣肘着中小企业的发展。银行虽然有心为中小企业提供授信支持，但中小企业本身抗风险能力弱，又无法提供缓释风险的有效担保，在现有的授信模式下，银行难以找到为中小企业提供资金支持的有效路径，终是难以突破中小企业融资难的困境。不突破现有的金融产品设计框架，不突破现有的担保模式，就难以解决中小企业授信问题。在多方探寻之下，动产抵押制度进入了研究视野。动产抵押作为一种新型的担保方式，扩大了抵押权的标的范围，为不动产较少的中小企业提供了更多的融资担保方式的选择；但由于该制度对传统物权体系形成了挑战，因此一直备受争议，而且由于法律规定不详尽，导致操作性差，在现实中较少运用。一个良好的法律制度，却因为制度设计问题难以产生良好的社会效用，这不得不说是一种遗憾。因此，我开始了对动产抵押法律制度的研究。经过多年的不断探索，动产抵押法律制度的研究基本完整且成体系。

　　此次自己的学术成果能够公开出版，万分欣慰，这是对自己艰苦付出的一种认可与肯定。但由于本人才疏学浅，此书与实务的结合仍显单薄，并不如预期理想，希望在未来的工作学习中，通过不断的积累将该论题带入更实务的操作领域。

在此，特别感谢深圳市社会科学院"深圳学派建设丛书"项目对本书出版的大力支持。另外，要感谢我的丈夫，从大学到现在，是他陪我走过了长长而又短短的25年，风雨路程，一直默默地给予我支撑和帮助。

谨以此书，致谢所有在书稿的写作和出版过程中关心、帮助过我的人！

李　珏

2019年5月25日